HISTOIRE GENERALE

DES

INSECTES.

Ou l'on expose clairement la maniere len-
te & presqu' insensible de l'accroissement de leurs membres, & ou l'on decoûvre evidemment l'Erreur
ou l'on tombe d'ordinaire au sujet de leur
prétendué transformation

PAR

JEAN SWAMMERDAM

Docteur en Medecine.

Avec des Figures.

A UTRECHT,

Chez **JEAN RIBBIUS.** cIɔ Iɔc LXXXV.

A MONSIEUR
MONSIEUR
THEODORE
de
VELTHUYSEN,
SEIGNEUR
de
HEEMSTEEDE, WILLESKOOP, KORT-HEESWYCK, &c. &c.

ONSIEUR

Le Pere de l'Eloquence Romaine m'enseigne par sa
sentence d'orée, le chemin que je dois prendre pour vous

faire

faire voir le grand desir que j'ay, a vous tesmoigner ma reconnoissance, pour tant de faveurs, graces & bien-faits que j'ay receu de vostre Generosité, depuis le Temps que j'ay eu l'honneur de vous connoistre. L'Ingratitude (dit il) est la racine de tout vice. Pour ne me pas rendre donc coupable de ce crime, & pour satisfaire aucunement a mon devoir, je prens cette occasion par les cheveux, & je viens en tout humilité vous offrir ce present Ouvrage. Le nom de son Autheur si celebre & qui est connu de tous les Sçavans Hommes, qui luy ont donné toute leur approbation, & qui en ont fait une estime particuliere, ne vous est pas inconnu sans doute, & vous n'ignorez pas non plus que son Autheur l'avoit dediée en la Langue *Hollandoise* a quatre Excellens Hommes fort renommez tous *Bourguemaisters Regents* de la celebre ville *d'Amsterdam*, qui pour son Excellence l'ont regardée d'un œil favorable, & qui ensuite l'ont protegée contre les attaques mortelles de l'Envie.

Or pour avoir un digne Imitateur des dits Seigneurs, & qui eut la bonté de prendre cet Ouvrage (traduit en Francois) sous sa protection, je n'ay pas balancé long-temps dans le choix d'un personnage qui en fut digne & capable: & passant plusieurs autres, j'ay pris la hardiesse de m'addresser à vous, *MONSIEUR*, me promettant que je ne me suis pas mespris, mais au contraire que cet ouvrage ne recevra pas moins d'Esclat de vous, a cause des belles qualitez que vous possedez, qu'elle en à eu dans sa langue naturelle, parceque tout le Monde sçait que vous estes un digne Descendant de tant d'Hommes de qualité parmy lesquels (pour ne pas les nommer tous) n'ont pas esté les moindres, *MESSIEURS* vos deux *GRANDS PERES*, a sçavoir les *SIEURS THEODORE de VELTHUYSEN, & GUIL-LAU-*

LAUME vander STRATE, qui tout deux ont fer-
vy & regnez en qualité de *Bourguemaiſtres*, cette Ville *d'U-
trecht* avec grand honneur & reputation, & dont le dernier eſtoit de plus un Aſtre brillant dans la Medicine, a
raiſon dequoi les Illuſtres *PRINCES d'ORAN-
GES*, n'ont pas fait difficulté de commettre a ſes ſoins
leur vie & leur ſanté. Je paſſe encor par deſſus cette
conſideration, qu'il a plû au Ciel de vous alliër par Mariage, a une des plus conſiderables familles de la *Hollan-
de* qui eſt celle des *de GRAEVEN*, & dont ſont ſortis tant d'Hommes celebres, qui tous ont ſouſtenu les
plus grandes Charges tant en la ditte *Province* qu'en la
Ville *d'Amſterdam*, avec gloire.

Apres ces conſiderations *MONSIEUR*, je vous
ay choiſy, disje, pour Protecteur de cet exellent Livre,
eſperant que vous ne prendrez pas en mauvaiſe part la liberté que je prens de mettre voſtre nom dans ſon Fron-
tiſpice, m'appuyant ſur la bonté, dont vous m'avez
touſjours honoré, vous priant au reſte, d'accepter le
preſent que je vous fay, & le regarder d'un œil favorable, comme il vous eſt offert avec un Cœur ſincere, &
reconnoiſſant.

l'Eſperance que j'ay de voir bien réuſſir mon deſſein eſt
fondée ſur l'experience que j'ay de voſtre curioſité que
vous avez à penetrer dans les choſes naturelles, lors
meſme que vous cerchez la tranquillité de l'Eſprit & le
repos du Corps, dans la Solitude, en paſſant le temps
paiſiblement ſur vos Terres, ou vous rencontrez journellement, ſans doute, parmy pluſjeurs autres raretez,
que la Nature & l'Art nous produiſent, auſſi quantité
d'Inſectes pour vous divertir dans la contemplation de
leurs Generation de leurs Accroiſſement, & de leurs Operations eſtranges, en y conſiderant la puiſſance incon-

cevable

cevable de la Main de Dieu, à sa gloire & à la louange de son grand Nom.

Acceptez donc *MONSIEVR* cette Ouvrage precieuse de soi même , & âjoustez à toutes les faveurs que j'ay receu de vostre Generosité, encor cette Grace de croire que je suis & demeureray toute ma vie.

MONSIEVR

Vostre tres humble & tres affectioné Serviteur

GUILLAUME DE WALCHEREN.

PREFACE.

Yant remarqué que l'*Histoire des Insectes*, mise en l'umiere par le *Sieur* Swammerdam *Docteur en Medecine*, en sa langue *Maternelle* a été re-cuë, nonseulement avec un contentement singulier & approbation generale des grands *Amateurs de Lettres*, mais encore des plus Sçavans Hommes de ce Siécle : qui tous ont admiré l'industrie & la sagesse de ce *Grand Genie*, qu'il a fait paroître en découvrant le Principe, *la* Generation, *la* Vie, L'operation & L'issuë de ces petits *Animaux*, à la gloire de *Dieu* (qui est leur *Createur* aussi bien que de toutes les autres *Creatures*) en la description desquels il a d'eployê, dans un stile tout à fait extraordinaire, son *Esprit* & la promptitude de son jugement vif & penetrant, qu'il s'étoit acquis par une application infatigable dans la recherche de la nature des choses, & par des experiences certaines des dits *Insectes*. J'ay pris *Conseil* avec un de mes *Associez*, qui auparavant avoit mis cet *Ouvrage* sur la *Presse* & donné au *Publicq*, en luy proposant s'il ne seroit pas bien necessaire (veu que ledit Traitté est une *Piéce* fort curieuse & tres utile à tous ceux qui font profession de penetrer dans les secrets de la *Nature*) de le faire traduire en *François*, pour rendre service non seulement à la *France* en particulier, mais encore à tous ceux en general, qui n'entendant pas le Bas Allemand; parlent & entendent bien la langue *Françoise*. Qui d'abord aprouva ma proposition, & avoüa mon dessein. *De plus* parce qu'il y à parmy eux beaucoup d'Hommes tres Sçavans, & des *Genies incomparables*, à qui cette *Ouvrage* agréera indubitablement. Apres donc avoir donné dans cette pensée, j'ay pris la resolution de faire travestir cet exellent Traitté dans laditte *Langue* sans épargner ny les frais ny les travaux qui devoient en resulter inevitablement, croyant obliger non seulement par la les beaux

Esprits

Esprits de la France, qui se font admirer par la connoißance parfaitte qu'il sont tant en Philosophie qu'en tous les autres Arts & Sciences telles qu'elles puißent être ; mais encore à tous ceux qui font profeßion d'être des Amateurs de la langue Françoise, & qui se picquent d'être experimentez dans la recherche exaĉte des choses Naturelles.

Je n'ose pas douter que tous Hommes Sçavants, à qui cette Ouvrage tombera entre les mains, ne luy faßant un accueil favorable, & qu'il leur agréera infailliblement, en vûë de sa valeur & de son merite ; veu qu'il traitte à fond d'une matiere qui n'a pas encore été decouverte d'une façon si intelligible & si evidente ; & dont les plus Sçavants Auteurs tant Anciens que Modernes ont ignoré la verité eßencielle, y ayant tous erré großierement, comme nôtre Auteur le montre au doigt. Approuvez mon deßein (Amy leĉteur) & lisez avec attention ce beau Traitté, en vous des embaraßent de tous les prejugez qui pouroyent vous envelopper l'Esprit, & vous détourner du deßein de vouloir penetrer à fonds dans la nature de ces Inseĉtes ; ou vous rencontrerez des merveilles qui jamais ont été découvertes, & des veritez puißamment établies par nôtre Swammerdam ; sur le pied desqu'elles vous vous sentirez peut être aiguillonné d'un desir puißant à vouloir penetrer, à son imitation, dans les choses qui nous ont été cachées jusqu'aujourd'huy afin d'en receuiller une satisfaĉtion singuliere pour recompence de tous vos soins & travaux que vous y aurez employé.

HISTO

HISTOIRE GENERALE

DES

INSECTES.

Ou l'on expose clairement la maniere lente &
presqu'insensible de l'accroissement de leurs membres, &
ou l'on découvre evidemment l'erreur ou l'on tombe
d'ordinaire au sujet de leur prétenduë transformation. Le tout divisé en quatre parties, suivant
les dégrez differens dont leurs membres s'é-
tendent & poussent, pour ainsi dire,
leurs boutons.

CHAPITRE I.

Qui contient les raisons & les motifs, qui ont porté
l'Auteur à Composer cet ouvrage, & ou l'on
voit la division de ses parties.

Uand nous Considerons avec soin la
nature des plus petites creatures & la
structure de leurs corps, & que nous
les comparons avec les plus grandes,
nous nous sentons obligez non seulement de les mettre en Parallèle, mais
même d'élever les plus petites au des-
sus des plus grandes. Et certainement, lorsque l'on Exa-

A   mine

mine avec attention l'inſtinct & les inclinations des u-
nes, & la maniere d'agir des autres, on eſt obligé d'avoüer,
qu'elles reçoivent toutes leur agitation & la détermination
de leurs mouvemens de quelqu'eſprit doüé d'intelligence,
qui étant incomprehenſible dans les plus grandes Creatures, ſe trouve encore plus impénétrable dans les plus petites. De plus comme la diſpoſition exacte des membres,
l'arengement inimitable des muſcles, & le cours regulier
des veines & des nerfs, que nous découvrons en diſſequant
les grands animaux, nous étonnent avec raiſon ; de même auſſi lors que nous appercevons les mêmes choſes dans
les plus petits, nous en ſommes tellement ſurpris, que
nous en demeurons comme interdits. Enfin nôtre étonnement s'augmente, lorsque nous remarquons dans ces
petits animaux, des muſcles, des veines & tous les
membres neceſſaires, dont la délicateſſe ſurpaſſe infiniment le trenchant le plus délié de nos couteaux : &
nos yeux & nos mains étans également inutiles dans cette
occaſion, nous rendent incapables d'en faire la moindre
diſſection, & par conſequent ne pouvans découvrir leurs
parties, il nous eſt entierément impoſſible, de pénétrer
jamais bien la nature interieure de leur être. Et tout ce que
nous pouvons apprendre de la ſtructure du corps de ces
petits animaux ne conſiſte que dans un dénombrement
que nous faiſons des parties que nous avons autrefois découvertes dans le corps des animaux plus grands. & il faut
avoüer que, ſi nous ſommes incapables de faire la diſſection
des plus petits animaux, nous ne reuſſiſſons pas mieux,
lorſqu'il s'Agit de démêler le tiſſu & l'entrelacement admirable des entrailles des plus grands : car la pointe de nos
couteaux étant trop groſſiere pour nous faire paroître les
parties delicates des petits animaux eſt encore moins propre à nous découvrir les extremitez des nerfs des veines &
des

des autres parties qui se trouvent dans les grands animaux.

Veu donc que nôtre connoissance ne s'étend pas plus loin dans les petits animaux que dans les grands , & que nous n'avons pas eu jusques icy d'experiences suffisantes pour pouvoir juger sûrement de leur constitution naturelle & de l'arengement merveilleux de leurs parties ; on ne peut pas douter que ce ne soit un jugement temeraire & precipité de ces gens , qui assûrent , que les grandes creatures sont parfaites , mais que les petites sont imparfaites & défectueuses & ne sont que des productions de la pourriture , Engendrées par hazard comme la vermine : ce qui est proprement changer l'ordre immuable & constant de la nature dans quelque evenement casuel. De plus il faut considerer , que les plus petits animaux comme les cirons & les mites , qui se forment d'un œuf presqu'invisible , ont pour le moins des principes aussi considerables & aussi perceptibles que les plus grands animaux. Et lorsque je considere ces choses avec application , je trouve certainement, que le principe Evident & sensible d'une petite fourmi dispute, pour ainsi dire , le prix & la dignité aux plus grandes creatures: & si l'Auteur de la nature n'eût mis des bornes à cet animal pour l'empêcher de croître (cequi consiste peut être dans la foiblesse , ou dans la force du Cœur , qui selon les dégrez de son mouvement peut vaincre & repousser plus ou moins la pesanteur de l'air , qui le comprime, & ainsi peut étendre ses membres plus ou moins loin suivant la force de son agitation) il y a bien de l'apparence qu'il auroit surpassé les plus grands animaux en grandeur : & même toute petite qu'elle est , il n'y a rien qui puisse empêcher qu'on ne l'éleve au dessus des plus grandes creatures , quand on considere ses qualitez admirables: Car si l'on remarque ses soins & sa diligence , sa force merveilleuse , son zéle sans exemple , & l'amour extraordinair &

A 2

incon

inconcevable, qu'elle à pour ses petits, qu'elle conduit journellement dans les lieux ou ils peuvent trouver la nourriture qui leur est convenable, & qui même lorsqu'ils sont coupez en deux en remporte les piéces comme entre ses bras avec toute la tendresse imaginable; on sera contraint d'avoüer, que dans les grandes creatures que l'on veut faire passer pour parfaites, on ne trouvera jamais un Exemple semblable à celui cy, ni qui puisse disputer le premier rang à ces petits animaux: or ce n'est pas nôtre dessein de traiter icy de la nature, de la constitution, ni de la production admirable de ces petites bêtes qui semblent n'avoir point de sang: nous avons seulement entrepris de parler des changemens étranges qui leur arrivent, & qui non seulement égalent l'accroissement des autres animaux, mais qui même le surpassent infiniment.

Mais comme nous n'avons pû accomplir la promesse que nous avions faite au public il y à deux ans dans nôtre *a* traité de la respiration, en ayant été empêché par une malheureuse fiévre tierce dont je fus attaqué pour lors, j'ai été obligé de la differer jusques a present, & pour y satisfaire nous allons exposer ce que j'avois promis, je veux dire le changement Essentiel de la chenille dans une *b* Nymphe dorée ou Chrysalite, & nous parlerons en même temps de la nature & des differentes faces que prennent ces insectes, soit avant leur changement dans une nymphe dorée, ou soit apres qu'ils en ont pris la forme. Tellement que nous jugeons qu'il est absolument necessaire de proposer premierement les divers dégrez des changemens qui leur arrivent, & dont l'intelligence parfaite nous fournira les moyens de concevoir clairement & distinctement tous les étranges & les divers états ou ces petits animaux se trouvent, & nous servira comme de pinceau pour peindre la diversité de leurs formes dans leurs couleurs naturelles, & pour leur donner

ner

a Pag. 61.
lib. de re-
spir.

b Chrysa-
lis.

ner tout le luftre & tout l'éclat, qu'elles ont en effet. A-
finque par ce moïen les efprits curieux puiffent trouver un
fondement ferme & affûré pour appuier les experiences
particulieres que nous raporterons de temps en temps, &
fur lequel foit pofé le peu que nous allons mettre au jour.
Et certes il nous femble que ce n'eft pas peu de chofe d'a-
voir donné des principes & des régles dans la nature des
chofes, par le moïen defquelles nous pouvons reduire en u-
ne claffe toutes les transformations prétendües & chimeriques de ces animaux, qui different infiniment les uns
des autres dans la ftructure de leurs corps, & dont nous
comprendrons tous les divers changemens fous trois ou
quatre efpeces : ayant de plus à Confiderer les premiers
principes de leur formation, qui fe prefentent à nos yeux
fous la forme de petits œufs.

Mais par ce qu'il eft de même du changement de ces petits animaux, Comme d'une tresbelle peinture, qui par
la longueur du temps fe trouvant couverte de craffe & de
faleté ne nous reprefente fes figures que confufément &
fous d'autres formes qu'ils n'ont en effet ; auffi fi nous
voulons concevoir clairement la forme naturelle de ces
petits animaux, il faut neceffairement les nettoyer de leur
craffe & de leurs ordures, afin de leur rendre leur premier
jour & leur premiere beauté. Il eft donc à propos, avant
que de parler des efpéces ou des dégrez des changemens,
de nettoïer ces peintures admirables de la nature, des ordures & des impuretez dont plufieurs gens doctes & d'autre rang les ont fouillées, nous ayant reprefenté les changemens clairs & manifeftes de ces animaux fous des formes
confufes & Embaraffées:& pour cet effet il faut delivrer nôtre efprit des préjugez groffiers ou il étoit au fujet de ces petites creatures, & nous défaire entierement des idées fauf-
fes que quelques Philofophes nous en avoient données, a

 fin

fin de les repreſenter enſuite dans leur état naturel, & de
leur rendre leur luſtre & leur éclat.

Or nous avons trois choſes à obſerver dans ce traité, &
premiérement nous propoſerons l'unique fondement de
tous les changemens qui arrivent aux inſectes, & afin que
perſonne ne ſe trompe au mot de changement, nous avertirons icy le lecteur que nous n'entendons par là autre choſe,
dans la ſuite du diſcours que cet accroiſſement lent &
preſqu'inſenſible de leurs membres. Secondement nous
ferons voir comment on à raporté l'Hiſtoire de ces changemens d'une maniere obſcure & confuſe, & enſuite nous
en ferons une deſcription veritable & diſtincte. Et en troiziéme lieu nous propoſerons quatre diverſes eſpeces de changemens, ſous leſquelles nous comprendrons tous ceux
des inſectes qui n'ont qu'un même principe.

CHAPITRE II.

Ou l'on fait voir le veritable principe de tous les chan-
gemens qui arrivent aux inſectes qui nous ſont con-
nus ; qui n'eſt autre choſe qu'une Nymphe *; &*
ou l'on explique la maniere dont les
vers & les chenilles en pren-
nent la forme.

Omme il n'y a rien (ſelon l'opinion vulgaire) de
plus admirable dans tous les changemens de la
nature, que de voir une chenille prendre la forme d'un animal volant ; auſſi lorſque nous faiſons reflexion ſur la nature de ce changement, & que nous
conſiderons la conformité qu'il à non ſeulement avec la
formation des autres animaux, mais même avec la maniere dont les plantes & les fleurs bourgeonnent & pouſſent

leurs

leurs boutons : nous découvrons, contre le sentiment ordinaire, que leur changement n'a rien de plus étonnant
que celui des plantes & des fleurs ; & que tout ce que l'on
y trouve d'inconcevable ne subsiste que dans nôtre imagination : si bien que nous remarquons que cet étonnement
ne procede que de l'ignorance ou l'on est au sujet de la nature & de l'essence d'une *a Nymphe*, ou *b Nymphe dorée*,
dans laquelle l'animal est renfermé, comme une fleur dans
son bouton.

    Mais avant que d'entrer plus avant en matiere, il est ab-
solument necessaire de sçavoir que le seul principe de tous
les changemens qui arrivent tant aux œufs des insectes,
qu'aux vers ou aux chenilles, dont ils prennent la forme,
dépend d'une connoissance claire & distincte de la *Nymphe*, quoi que l'on remarque quelque difference entre la
a Nymphe & la *b Nymphe dorée*, à qui l'on donne ce nom
à cause de sa couleur. Mais cette difference est si peu considerable, quand ou les regarde de prês, que l'on n'y
peut pas découvrir aucune marque qui les distingue essentiellement les unes des autres. Or il faut dire la même chose des nymphes des vers à soye, que les Philosophes ont
mis au nombre des nymphes dorées.

    Mais afin de mieux comprendre le principe des
divers changemens des insectes, & de le prouver
contre les divers sentimens des Philosophes : il faut
premierement sçavoir qu'une Nymphe, (que l'on
nomme diversement en flamand selon la ressemblance
de sa figure avec plusieurs choses) n'est autre chose que
le changement d'un ver ou d'une chenille, ou pour parler proprement, ne consiste que dans l'acroissement de
leurs membres & dans la maniere dont ces petits animaux
bourgeonnent & poussent, pour ainsi dire, leurs boutons :
ou bien l'on peut dire que cet accroissement du ver ou de
la

la chenille est animal même sous la forme d'une nymphe,
qui nous represente comme en petit tous les membre de celui qui en doit naître.   Et lors que l'on considére la chose de
prés, on trouve que le ver ou la chenille ne se changentpas
veritablement en une Nymphe, mais que croissans peu à
peu ils en prennent insensiblement la forme & deviennent
l'animal même : & cette nymphe ne se transforme pas
non plus en un animal volant, mais le ver ou la chenille,
apres s'être dépoüillez de leur peau, & avoir pris la forme d'une nymphe, deviennent un animal volant. Or
tous ces changemens arrivent de la même maniére que
dans les poucins & dans les petites grenoüilles , qui ne
se transforment pas effectivement en poules & en grenoüilles , mais qui le deviennent en croissant.

C'est pour cette raison que dans la nymphe (ainsi nommée par Aristote) on peut discerner tous les membres &
toutes les parties de l'animal qui s'en doit former, aussi bien
que dans l'animal même:& ce que je trouve d'admirable,&
que je pense n'avoir encore jamais été remarqué par personne,c'est cette disposition & cet arrangement admirable des
membres que l'on découvre visiblement dans le ver , lorsque l'on le dépouille avec adresse de cette peau delicate ,
dont il est revêtu.Or afin d'eviter la confusion ou l'on tombe d'ordinaire , lors qu'on se sert de divers mots pour marquer une même idée , nous avertirons icy le Lecteur que
dans la suite du discours nous entendrons par le mot de
nymphe,les insectes mêmes qui n'ont encore que la forme
de vers ou de chenilles.

De plus il faut considerer que l'arengement & la situation reguliére des membres que l'on découvre dans la nymphe dés fourmis, des mouches & des abeilles, ressemblent
merveilleusement bien à celle de ces animaux ; toute la difference qui s'y trouve, ne consistant que dans la couleur

&

& dans la solidité du corps, qui dans léspace de trois jours se rencontrent aussi dans la nymphe de quelques uns, lorsqu'ils sont dépouillez de cette peau delicate, dont ils étoient revétus.

Cest à cause de la grande ressemblance qui se trouve entre *la nymphe* & l'animal qui s'en doit former, que ceux qui ont écrit l'histoire des Insectes, ont donné le nom d'Abeille, de mouche & de fourmi aux nymphes de ces animaux; ce que l'on peut voir dans *Aristote histoire des animaux livre cinq, chapitre dixneuf.* Et le docte *Moufet* dans son livre des insectes, ou il fait un chapitre exprez de la *a Nymphe dorée*, dans la quelle il ne reconnoît aucunes parties sensibles, ne fait pour tant aucune mention de la *nymphe* : à cause sans doute qu'il aura remarqué que les membres de la *nymphe* paroissent si visiblement; que l'on ne peut presque pas douter quelle ne soit l'animal même qui en doit sortir, & dont elle represente la forme. & c'est assûrément la raison, qui l'a empêché d'en parler dans ce chapitre la.

Mais comme d'un erreur il en naît souvent une autre, aussi l'incomparable *b Harvé* s'égarant aussi bien que *Moufet*, au sujet de la nature de la nymphe dorée, à mis même la *nymphe* des abeilles au nombre des *Nymphes dorées*, dans lesquelles, suivant le sentiment de *Moufet*, d'*Aristote*, & d'*Aldrovandus*, il imagine une Metamorphose plus agreable & plus ingenieuse, que veritable & conforme a la nature des choses : ce qui vient apparemment de ce que n'ayant pû remarquer distinctement toutes les parties de la *nymphe*, il l'a conceüe sous la forme d'un œuf, suivant en cela l'exemple d'*Aristote*, d'*Aldrovandus* & d'une infinite d'autres.

Cependant comme nous avans remarqué ci devant quelque petite difference entre la *nymphe* & la *nymphe*

dorée.

B

a Chrysa-
les.

b Lib. de
Gen. Ani.
Exer. 50.

dorée, aussi nous trouvons, qu'il y a bien plus de conformité & de ressemblance entre la *nymphe* d'une fourmi ordinaire & la fourmi même, qu'il ne s'en trouve entre les
mouches & les abeilles, & la nymphe dont elles se forment.
Et la même difference qui se trouve entre la *nymphe* & la
nymphe dorée, se rencontre aussi entre les nymphes mêmes: mais comme les *nymphes* ne different que tres peu
des animaux qui s'en forment, & que la difference même
de la *nymphe* & de la *nymphe dorée* n'est qu'accidentelle;
aussi trouvons nous que toutes ces diversitez sont fort peu
considerables. Or *a* Aristote n'admettant qu'une même
forme dans les *nymphes*; & niant absolument que l'on
puisse remarquer aucune forme visible, ni aucuns membres apparens dans les *nymphe dorées*; a mieux aimé les
comparer à un œuf.

Or pour parler particulierement de la *b nymphe dorée*,
ainsi nommée à cause de sa couleur d'or (ce nom ne pouvant convenir a toutes les *nymphes*, a cause qu'elles sont
autrement colorées) il est necessaire de sçavoir que contre
le sentiment d'Aristote, d'Harvé & d'une infinité d'autres
nous y avons découvert, non seulement toutes les parties
de l'animal qui s'en doit former, mais mêmes que nous y
avons apperceu l'animal tout entier; de la même façon
que nous avons dit des autres *nymphes*, dont nous avons
parlé cy devant. Or comme nous avons remarqué que
la *nymphe* d'une fourmi est differente de celle d'une abeille, & que la *nymphe* de l'abeille differe aussi de celle d'u-
ne mouche; de même nous avons découvert que la *nymphe dorée* est differente de toutes celles, dont nous venons de parler. Mais pour montrer cela plus clairement,
par exemple, dans la *nymphe dorée* d'un papillon; nous
allons exposer distinctement dans les trois sortes de *nymphes* & dans la *nymphe dorée*, en quoy une *nymphe* dif-

fere

a Hist. an.
l. v. c. 19.

b Chrysa-
lis ou Au-
relia.

fére de l'autre, & nous donnerons ensuite des marques,
par lesquelles ou pourra distinguer facilement les *nymphes dorées* d'avec toutes les autres, & qui nous serviront aussi a découvrir en quoy toutes les *nymphes* different des animaux, qui en naissent : afin que par ce moïen
nous puissions exposer nettement la difference ou la conformité, qui se trouve entr'elles, & que nous fassions remarquer distinctement la forme du corps & la disposition
des membres de l'animal qui s'en doit former.

Or ce qui distingue premiérement la *nymphe* de la fourmi, de celles des autres, est qu'elle lui ressemble mieux,
que les nymphes des mouches des abeilles & des papillons
ne ressemblent a ces animaux : & cela vient de ce que la
fourmi ordinaire n'a point d'ailes, mais de petits pieds seulement & de petites cornes, que l'on peut voir aussi distinctement dans la *nymphe* que dans la fourmi même, lorsqu'elle est parvenüe a sa juste grandeur : seulement avec
cette difference, que les petits pieds & les petites cornes,
de la Nymphe se présentent a nos yeux comme pliez &
entrelacez ensemble, au lieu qu'ils nous paroissent dans
la fourmi même, beaucoup plus étendus & plus distincts;
ce qui, comme l'on peut voir ne fait pas une difference
fort considerable. Et cependant, a cause qu'on n'a pas
bien remarqué tout cecy dans les *nymphe dorés*, il est
arrivé que la connoissance la plus essentielle des insectes
est demeurée jusques ici, comme ensevelie dans l'ignorance, & dans l'obscurité : & que de la on est tombé dans
l'erreur d'une transformation imaginaire.

La seconde difference, qui fait que la *nymphe* de la
mouche s'éloigne de la forme de la mouche même, est aussi ce qui met de la diversité non seulement entr'elle & les
autres insectes, mais aussi entre sa nymphe & celle des
autres : & cette difference de la mouche & de sa nymphe

con-

consiste principalement dans la situation differente de leurs ailes, la mouche ayant les ailes étenduës des deux côtez de son corps, & la *nymphe* les ayant aux côtez situées entre ses jambes & entrelacées ensemble de la même maniere que les pieds & les cornes de la *nymphe* d'une fourmi ordinaire : mais l'on ne peut remarquer aucune difference considerable entre la *a trompe* & les petites cornes qui sortent de la tête de la *nymphe*, & entre ces mêmes parties dans la mouche même.

a Probos-
cis.

En troiziéme lieu il y a de la difference non seulement entre l'abeille & sa *nymphe*, mais elle differe même tant des *nymphes* des autres insectes, dont nous avons parlé, que de ces insectes mêmes : car quoy que cette *nymphe* ait encore, outre ses jambes & ses petites cornes, quatre ailes, & comme une espece *b* de *langue* & de *trompe* resserrée en dedans, on remarque cependant que toutes ces parties ont toute une autre situation dans l'Abeille & nous y paroissent bien plus distinctement que dans sa *nymphe*. Car les ailes de cette *nymphe* situéez aux côtez, sont pliées & entrelacées entre ses pieds de même que dans la mouche ordinaire ; & cette petite trompe presqu'impercitble dans la mouche & dans sa *nymphe*, met une difference considerable entre la *nymphe* de l'abeille ; a cause qu'elle est située plaisamment entre ses jambes, qui sont resserrées en dedans.

b Probos-
cis.

Enfin tous les membres des *nymphes*, dont nous avons parlé, se font assez facilement remarquer : & quoy que l'on y découvre par cy par là quelque peu de difference ; elles conviennent pour tant en ce point, quelles representent toutes non seulement la forme de l'insecte qui s'en doit former, mais aussi qu'elle font l'insecte même : & l'on remarque qu'elles changent de peau aussibien que la chenille, & qu'elles ne s'en font pas plûtôt dépoüillées

qu'el-

qu'elles semblent prendre une nouvelle forme , & comme
se transformer en un autre animal : ainsi que *a Liba-*
vius nous décrit fort exactement ce changement de peau
dans les vers a soye.

Mais ce qu'il y a encore de remarquable, c'est que ces
petites jambes, ces ailes, cette trompe & ces petites cornes, aussibienque le reste de leurs parties sont environnées d'une membrane également épaisse par tout ; & que
tous ces petits membres de la *b nymphe* semblent déja
commencer a se remuer , & nous paroissent comme plo-
yans & flexibles ; y aiant quelque petite distance entre
ces parties, qui empêche qu'en se touchant elles ne viennent à s'attacher & se coller ensemble : & c'est cette petite distance qui faisant quelqu'ombre avec tous ces divers
membres, nous done par là le moïen de découvrir la vraye
structure de leurs corps, & d'en distinguer toutes les parties. Or dés le moment quelles se changent, leur corps
nous paroît aussi blanc que de la nége.

Mais pour ce qui est des *c Nymphe dorées* , dont quelques unes aussi prennent la couleur blanche, lorsqu'elles
viennent à se changer , il n'est pas si facile d'en discerner
les parties ; parce que leurs ailes, leurs jambes & le reste
de leurs membres sont tellement joints & collez ensemble, quils semblent tous ne faire qu'un tissu. Tellement
qu'en ne les regardant qu'exterieurement , on ne peut
pas si bien en découvrir la forme distincte : & cest ce qui
a donné occasion a plusieurs de tomber dans un erreur,
dont nous allons parler incontinent.

Ce qu'il y a encore de fort remarquable , dans ces nymphes , c'est qu'apres leur changement , la substance de
leur corps corps devient si flexible , si tendre & si molle ,
quelle paroît presqu'aussi fluide que l'ean même : cequi
a donné occasion a *Gasa* de les nommer invalides, com-

a Observ.
Hist.
Bomb.
l. 1*.c.xxj.*

b Nym-
pha.

c Chrysa-
lis.

B 3 me.

me le tres docte *Aldrovandus* a fort bien remarqué, c'eſt
à dire ſans force & ſans defenſe: & elles conſervent cette
qualité molle & fluide, presque jusques au renouvelle-
ment de leur peau. Or nous expoſerons en ſon lieu les
raiſons & la néceſſité de cette fluidité, que *a Moufet* ſemble en quelque façon avoir reconnuë dans quelques *nym-*
phe dorées, lors qu'il dit. *Quand Pline écrit que la*
Nymphe dorée a le corps dur, je croi que cela ſe doit en-
tendre de la chenille. Et les petites membranes, dont
ces nymphes ſe dépoüillent, ſont même ſi delicates &
tellement envelopées & entortillées enſemble, qu'il n'eſt
presque pas poſſible de les découvrir, à moins que d'a-
voir une expérience conſommée dans ces ſortes d'operations: ce que nous ferons voir, au grand étonnement
de tout le monde, lors que nous parlerons des expériences que nous avons faites ſur les abeilles.

Or, pour venir à la quatriéme différence, nous allons
traiter à preſent de la *nymphe dorée* d'un papillon, qui
eſt incomparablement plus grande que les autres; &
afin que le lecteur ſçache de quelle *nymphe dorée* &
de quel papillon nous entendons parler: nous choiſirons
la *nymphe* d'un de ces papillons que *b Moufet* a miſe entre
les douze eſpéces de ceux qui volent de jour, & qu'il nous
a dépeint dans ſes figures; ou bien nous prendrons la même que *Godart* nous décrit dans la vingt & uniéme expérience de la premiere partie de ſon livre: & apres avoir fait
comparaiſon de la *nymphe dorée* avec ſon papillon, nous
comparerons enſuite cette même *nymphe* tant avec la
nymphe d'une fourmi, d'une mouche & d'une abeille,
qu'avec ces animaux même: afin de découvrir exactement la diverſité, qui s'y rencontre.

Et la difference qui ſe trouve entre le papillon & ſa *nym-*
phe dorée, & entre les *nymphes* des inſectes, dont nous
                                                    avons

avons parlé , & ces infectes même , confifte dans les ailes , qui dans le papillon paroiffent fort grandes & fort é-
tenduës , & fituées fur le dos tout contre les épaules ; mais
qui dans la *nymphe dorée* font comme pliffees] & ramaf-
fées enfemble ayans la grandeur & la figure de la moitié de
l'ongle du petit doigt , & qui , apres fêtre courbées vers le
ventre , fe couchent deffus immediatement.

Enfin il nous faut confiderer cette petite *a trompe* , qui a *Probof-*
fe courbant en rond nous represente affez bien dans le pa- *cis.*
pillon la figure & la grandeur d'une tête d'épingle , & eft
placée entre les *b fourchons* : mais qui dans la nymphe b *Furca.*
dotée , fe couche de long fur le ventre entre les ailes. Tout
prês de cette petite trompe on voit fortir les jambes fituées d'une maniere inimitable , dont nous rendrons raifon ailleurs dans quelque unes de nos expériences : & ces
jambes ont toute une autre fituation dans la nymphe dorée que dans fon papillon. Enfin tout proche de là on découvre les petites *c cornes* , qui dans le papillon font droi- c *Anten-*
tes & fituées au deffus des yeux. Or tous ces petits mem- *næ.*
bres font difpofez dans un ordre fi net & fi diftinct , que
même dans la *d nymphe dorée* l'on peut facilement apper- d *Chry-*
cevoir toutes les parties de l'animal , comme le corps , les *falis.*
ailes , les jambes , les petites cornes & la trompe ; il n'y
a que les petits *e fourchons* , qui y paroiffent un peu plus e *Furcæ.*
obfcurément ; quoy que l'on ait auffi affez de peine a les
diftinguer dans le papillon même.

De plus cette petite peau , dont les membres de la *nym-*
phe dorée font revêtus , eft bien plus délicate aux endroits , ou elle les envelope interieurement , que là ou
elle les couvre par dehors : à quoy il faut ajoûter que toutes ces parties font tellement unies & collées enfemble ,
que l'on les prendroit toutes pour un même corps uni &
contigu , a moins que d'avoir cette adreffe de les décou-

vrir, que nous enseignerons dans la suite: & c'est assûre-ment faute de cetre invention que le Sieur *Moufet* ne nous a pas pû donner une description exacte de la *a Nym-phe dorée*: car il nie, aussi bien qu'*Aristote*, que l'on y puisse distinguer aucunes parties. *Elle n'a*, dit il, *ni bouche ni aucuns membres perceptibles.*

En fin *b Libavius* se trompe aussi dans cette matiere; car bien que, lorsqu'il parle de la *c Nymphe* des vers à so-ye, il avoüe que l'on y découvre quelques marques de jambes, d'ailes & de cornes, il nie pour tant en suite, qu'on y puisse distinguer aucuns membres perceptibles. *Dans la partie de devant*, dit il, *on voit des traces de pieds & de cornes, & dans la partie de derriere on peut voir aux côtez quelques marques d'ailes.* & un peu plus bas il dit *que l'on n'y peut appercevoir aucuns membres di-stincts.* Et le Sieur *Godart*, qui n'a pas mieux pénétré la nature de la *d Nymphe dorée*, que *Moufet* & tous les au-tres, y pretend trouver quelque ressemblance avec la face de l'homme, comme l'on peut voir par ci par là dans les figures qu'il nous a données des *Nymphes dorées*; & au lien de nous proposer simplement leur forme & la maniere plaisante, dont elles se presentent a nos yeux, il s'amuse a nous en faire des descriptions chimeriques suivant les prejugez de son imagination. Mais comme il se trompe grossierement au sujet de la *e Nymphe dorée*, aussi n'a t'il pas mieux rencontré lorsquil nous a voulu représenter la chenille, qui n'est pas environnée de poils, comme il se le figure, mais dont le corps est parsemé de petites poin-tes tres aiguës, qui ne ressemblent pas mal à des épines fort déliées, & qui ont peu pres la même figure, que la chenille qu'il nous dépeint dans la vingt & sixieme de ses experiences.

De plus les membres de la Nymphe dorée, qui sont

joints

Notes marginales :

a *Chrysa-lis.*

Neque os illi, in-quit, ne-que aliud in an fe-sû mem-brum.

b *Obser. Histo. bomb. l. c. xxi.*

c *Necy-dalus.*

Inde à parte an-teriore, inquit ty-pi pedum & cornu-um sunt, à posteri-ore ver-sus latera vestigia alarum.

Nulla videas membra distincta.

d *Chrysa-lis.*

joints & collez ensemble, s'endurcissent avec le temps, ou bien cette peau dont ils sont revêtus, & qui auparavant étoit si molle & si tendre, venant à se sécher peu à peu, devient insensiblement dure & roide, changeant ensuite cette couleur verte qu'elle avoit, en une veritable couleur d'or: Enfin cette roideur & cette dureté s'augmente, jusqu'à ceque la *nymphe dorée*, ou plûtôt le papillon même sous la forme de cette *nymphe*, s'étant dépoüillé de la peau dure ou il éroit renformé, vienne apres à paroître sous la même forme qu'il avoit lorsqu'il en étoit encore envelopé : & tout le changement, qui arrive ici, vient de ce que ces membres foibles, & qui auparavant etoient mols & fluides comme l'eau même, acquerans ensuite de la force & de la fermeté, deviennent à la fin tout à fait roides & inflexibles.

Or apres que la *Nymphe dorée* s'est dépoüillée de cette peau ou de cette membrane dont nous avons parlé : l'on voit aussitôt ses ailes pousser & s'étendre tout visiblement & d'une maniere admirable : & l'on remarque que ses jambes aussi bien que le reste des membres s'allongent & se dressent, en se disposant de la même maniere que dans le papillon même.

De plus, puisque ces ailes, dont nous venons de parler, croissent si subitement, qu'il n'est presque pas possible d'en remarquer la maniere, si ce n'est apres une longue experience ; il ne faut pas aussi trouver étrange que les meilleurs esprits & les plus hûreux à faire des découvertes se soient trompez dans cette occasion. Comme il est arrivé a *Harvé* & a une infinité d'autres. Or *Harvé* suppose une transformation au dedans de la *Nymphe dorée*, a qui sans raison il donne le nom d'œuf parfait. Mais il est certain que son sentiment combat toute sorte d'experiences, puisque cette pretenduë transformation ne se trouve ni au dedans

C

dans

dans ni au dehors nes *Nymphes dorées.* Aussi *Harvé* a-
yant été malhureux dans la recherche de cette verité, ne
nous en a jamais pû donner aucune idée, & l'exposition
qu'il en fait est entierement inintelligible, car apres a-
voir nié que les membres poussent & s'étendent dans la
Nymphe dorée, il se va figurer, au lien de cela, une Metamorphose inconcevable. Or ce que nous disons ici ne se
dit que par parentêse, & nous ne nous étendrons pas davantage sur cette matiére, à cause que dans nos experiences particulieres nous avons entrepris de décrire la maniere
dont les ailes poussent & s'étendent, & d'y faire voir en
même temps tous les changemens qui arrivent de jour en
jour tant aux œufs des insectes, qu'à leurs *Nymphes dorées*; jusqu'à ce qu'en fin elles viennent à paroître sous
la forme de chenilles ou de papillons.

Quand on considere avec application la différence accidentelle, & la conformité qui se trouve tant entre les *nymphes* même, qu'entre les *Nymphes dorées* & leurs papillons, comme aussi entre les *nymphes*, dont nous avons
parlé, & les insectes qui s'en forment; on est obligé d'a-
voüer, que la *nymphe* ne differe point essentiellement de
la *Nymphe dorée*, parce-qu'elles representent toutes deux
assez distinctement les parties de l'animal : quoique je con-
fesse pourtant que l'on a un peu moins de peine à découvrir la forme de l'insecte dans la *a nymphe*, que dans la *b
Nymphe dorée* : mais tout cela ne dépend que de l'œil qui
les considere & de la main qui en fait la dissection : car si
on les examine toutes deux avec une grande exactitude,
on ne trouvera rien de caché dans l'une non plus que dans
l'autre. Et afin que personne, suivant le sentiment de
Harvé, ne s'aille imaginer un œuf par fait, qui se transforme avec le temps; nous osons bien promettre ici non
seulement de découvrir dans les *nymphes* tous les membres

a Nym-
pha.
b Chry-
salis.

bres des insectes : mais même de les faire voir dans l'instant & au commencement de leur changement, aussi distinctement, qu'au milieu & dans la fin. Si bien que quelque forme extravagante que *Godart* & les autres puissent donner aux *nymphes*, on ne nous en proposera jamais aucune, ou nous ne fassions voir toutes les parties de l'animal.

Quelqu'un me pourra peut être ici demander pourquoi les membres nous paroissent dans la *a nymphe* plus distinctement, que dans la *b Nymphe dorée* ? & pourquoi ces membres ne se collent pas ensemble ? ou quelle est la raison pourquoi la peau, dont la *nymphe* se dépoüille, est plus delicate que celle de la *nymphe dorée*, qui est enfermée dans une peau dure, d'ou elle sort comme un poussin hors de l'ecaille ? Je répons qu'il est tres difficile de rendre raison de toutes ces differences, & que dans cette matiere aussi bien que dans toutes celles qui sont obscures & cachées, nous devons emploïer tous nos soins pour en découvrir la verité par les experiences que nous faisons sur les choses naturelles, plûtôt que de l'aller chercher dans nôtre raison, qui est naturellement foible & sujette à se méprendre. Et il est indubitable, que si nous ne suivions pas exactement les régles & l'ordre constant & immuable, que le tres sage createur à établi dans la nature, nous nous tromperions même à tous momens dans les experiences que nous ferions sur les êtres naturels, & les raisons même, que nôtre esprit nous fournit, nous jetteroient infailliblement dans l'erreur.

Or puisque cette matiere est d'une recherche si curieuse, nous employerons tous nos soins pour exposer ce que la nature nous en à découvert. Nous voyons donc premierement que les *nymphes* des fourmis, des mouches & des abeilles demeurent toûjours renfermées dans un lieu

a Nympha.
b Chrysalis.

fort

fort humide, où la peau exterieure de leurs membres pourroît tres difficilement s'endurcir : car nous trouvons les
nymphes des fourmis sous la terre, & celle des mouches
dans la chair, qui se gâte, & dans les animaux, qui se pu-
trefient, ou bien ailleurs dans quelques lieux fort humides.
Et pour ce qui est des *nymphes* des abeilles, on les trouve
non seulement cachées dans des lieux humides, mais elles
sont même ensevelies dans la cire, & revêtuës d'une membrane aussi delicate que celles des vers à soye : & de plus
lors qu'elles viennent à se changer, leurs membres sont extraordinairement humides, & quelques unes d'entr'elles
pesent bien deux fois autant que l'abeille qui s'en doit former.

Et ce qu'il y a ici d'admirable & qui merite fort dêtre remarqué, c'est que leurs membres, dont la consistence &
la couleur ressemblent assez à celle du lait, n'ont pas le
moindre mouvement, avant que toute cette humidité se
soit dissipée par une transpiration insensible ; & dans tout
ce temps là elles ne rejettent aucuns excremens, comme
a *Aristote* même le temoigne.

2 *Histoire
des anim.
h. v. c.*
XXIX.

Mais tout au contraire les *nymphes* des papillons, qui
volent, de jour (nous les considererons à l'avenir dans un
état un peu plus avancé que les *Nymphes dorées*) se trouvent en plein air, ou elles se changent immediatement ;
y ayant une grande partie d'entr'elles, qui nont point du
tout d'envelope ; si bien que leur peau exterieure, étant
exposée à l'air toute nuë, s'y durcit facilement : & lorsque les *nymphes* se dépoüillent, la peau, qu'elles quittent,
conserve encore la même forme qu'elle avoit, lors qu'elle
les environnoit, sans se plier ni se rouler ensemble. à quoi
l'on peut encore ajoûter, que la peau, qui environne la
nymphe de ces escarbots cornus, que l'on trouve sous la
terre, est encore beaucoup plus déliée, que la membrane,

dont

dont les *nymphes dorées* ordinaires sont revêtuës.

Or j'avoüe franchement que je ne sçai pas, si les raisons, que nous avons rapportées, sont la cause, qui fait que la *a nymphe dorée*, s'endurcit, & la *b nymphe* point; ou bien que la *nymphe* est environnée d'une membrane fort delicate, & que ses membres ne se collent pas: mais au contraire que la peau dont la *nymphe dorée* est revêtuë est aussi dure qu'une écaille, & que tous ses membres sont unis & collez ensemble. Car puisque les *nymphes* des abeilles meurent lorsqu'elles viennent à s'endurcir en plein air, & que les *nymphes dorées* ne peuvent pas vivre quand elles sont renfermées dans un lieu humide: je ne sçaurois m'imaginer, que des choses, qui s'engendrent réglément tous les ans suivant l'ordre constant & tres sage de la nature, soient si casuelles, que de dépendre de l'air: quoique j'avoüe pourtant que l'humidité est la seule cause qui empêche les *nymphes* de devenir dures & fermes; & qu'au contraire l'air & la sécheresse sont la cause necessaire de la dureté ou de la fermeté que l'on sent dans les *nymphes dorées*. De plus considerans que la membrane, dont les *nymphes dorées* sont revêtuës, n'est pas égale par tout, mais au contraire qu'elle est bien plus épaisse là ou elle est exposée à l'air, qu'aux endroits ou elle ne l'est pas, & ou elle couvre les membres en dedans: & ayans remarqué tout le contraire dans les *nymphes*, que nous trouvons environnées d'une membrane également épaisse par tout, & qui à cause de sa delicatesse, ne peut pas si bien les defendre contre la sécheresse de l'air; lors, disje, que nous considerons toutes ces choses avec attention, il nous est impossible de nous persuader, que l'humidité qui se trouve dans les *nymphes*, ou bien que la fermeté, qu'acquerent les *nymphes dorées*, soient quelque chose de casuel: à moins que nous ne fussions si fous & si déraisonnables.

C 3

que

a *Chrysa-*
lis ou Au-
relia.

b *Nym-*
pha.

que de dire que ces petites creatures ne naiſſent que par hazard, & ne s'engendrent que de corruption & de pourriture: ce qui ſeroit proprement douter de cette providence & de cette ſageſſe admirable que la natute fait paroître
dans les ſoins qu'ell' à de couvrir & délever ces petits animaux, en leur fourniſſant toutes les choſes neceſſaires
pour leur ſubſiſtance.

De la Maniere dont les vers & les chenilles prennent la forme de Nymphes.

A Yant déja propoſé l'unique fondement de tous les
changemens qui arrivent aux inſectes, & ayant enſuite prouvé que ce n'eſt rien qu'une *nymphe*, dont toutes
ſortes de vers & de chenilles prennent la forme avec le
temps; ou plûtôt que tous ces changemens ne conſiſtent
qu'en ce que les membres s'étendent & pouſſent, pour
ainſi dire, leurs boutons; excepté pourtant ces petits animaux, qui ne ſortent point de leur œuf, avant que d'a-
voir atteint toute leur force & leur perfection; ou, pour
mieux dire, qui cachans ſous l'œuf la figure d'une *nymphe*, en ſortent en ſuite ſous la forme d'un animal par fait,
comme nous verrons plus bas. Or avant que de paſſer à
nôtre ſecond point, nous jugeons qu'il eſt tres neceſſaire
d'expoſer la maniere dont tous ces changemens arrivent,
& de faire voir en même temps la forme des animaux, qui
ſouffrent ces changemens, dont nous avons parlé.

Puis donc que dans la forme des animaux, lors qu'ils
viennent à pouſſer & à s'étendre en forme de *nymphe*, on
trouve une diverſité preſqu'infinie & fort difficile à décrire: nous repreſenterons ici la principale différence qui s'y
rencontre; en conſiderant premierement les vers qui n'ont
point de pieds, puis apres ceux qui n'en ont que ſix, &

en

en suite ceux qui en ont un plus grand nombre : car nous remarquons qu'entre les animaux, qui prennent la forme de *nymphe* ou de *nymphe dorée*, il y en à une partie qui n'ont point de jambes, quelques uns en ont six, & les autres en ont un plus grand nombre. Or quoi que nous trouvions une grande diversité entre ces trois sortes d'animaux ; cependant la différence que nous remarquons dans la troiziéme sorte (je veux dire de ceux qui ont plus de six pieds) ne nous paroît pas moins considerable : & de tout ce grand nombre de pieds, que nous découvrons dans les vers, les six de devant meritent le plus d'être remarquez ; & dans les vers qui n'ont point de pieds, la partie, que nous nommons la poitrine dans d'autres animaux, est ce qu'il y à de plus remarquable.

Or pour rendre raison, de ce que nous proposons principalement ici la différence qui se trouve entre les petits animaux qui ont des pieds & ceux qui n'en ont pas : il est premierement tres curieux de sçavoir que dans les vers, qui n'ont point de jambes, cette partie, que nous nommons la poitrine, ne se change, ni ne se déplace jamais, & que dans les vers & dans les chenilles, qui ont peu ou beaucoup de jambes, les six de devant ne se perdent jamais, & que l'on ne peut pas appercevoir, qu'elles changent aucunement de situation, comme le Sieur *Godart* nous veut faire accroire contre toute apparence de verité. Car ces jambes, dont nous venons de parler, demeurent perpetuellement dans la plus part de ces petits animaux, sans se déplacer le moins du monde. Et ce qu'il y à ici d'admirable, c'est que nous avons remarqué dans un grand nombre de ces vers à six pieds, lors qu'ils viennent à pousser & à s'étendre en forme de *nymphes*, que le changement, qui arrive à leurs jambes est si peu considerable, que j'ose bien assûrer qu'il est entierement imperceptible,

quel-

quelque transformation chimerique , que tous les Philosophes se soient figurée dans leur imagination.

Or ces experiences nous serviront comme d'une lumiere tres pure , pour nous éclairer dans l'obscurité de ces
changemens, & si nous les suivons avec toute l'exactitude requise elles nous feront voir sans peine de quelle maniere se font les changemens embroüillez & confus de ces a-
nimaux que l'on imagine ordinairement sans pieds. Mais
comme nous ne voulons rien prouver ni conclure de l'un
à l'autre en supposant quelque dénombrement des parties,
que nous avons autrefois découvertes dans de plus grands
animaux ; nous nous attacherons plûtôt aux experiences
que nous avons faites. Or nous voyons prémiérement
dans les vers, que l'on prétend n'avoir point de pieds ,
que les ailes , les pieds , les cornes, & le reste des membres, qui sortent des environs de leur poitrine incontinent
apres leur changement , ne se forment pas en un instant,
& que cette vîtesse & cette promptitude avec laquelle les
parties croissent n'est pas une transformation ; puisque
nous avons remarqué que ces membres, qui dans le ver
étoient déja tout formez & attachez aux mêmes endroits,
ont déja poussé leurs boutons & se sont étendus avec le
temps sous la peau dont ils étoient, revêtus. Si bien que
cette peau venant à se crever , ouvre par ce moïen le passage à toutes les parties, qui commençans à paroître , font
prendre ensuite au ver la vraye forme de la *nymphe.*

C'est ainsi que nous pouvons montrer dans ce ver des
pieds, des cornes , & des ailes, & tout le reste des membres, qui sont cachez sous la peau ; comme nous avons
fait voir autrefois à Monsieur *Thevenot* , homme tres celebre pour la grande connoissance qu'il à de toute sorte de
sciences ; quand nous fîmes changer le ver d'une abeille
en *nymphe* , en crevant seulement la peau au dessus de la
tête.

tête, pour faire fortir les membres qui êtoient cachez deffous. En fuite nous avons fait encore la même expérience
en préfence de Monfieur *Magallotti*, homme tres expert dans la recherche des myfteres de la nature ; lorfque
nous lui montrâmes fort diftinctement dans une chenille
tous les membres d'un papillon : & qui plus eft nous pouvons encore, toutes les fois que nous voulons, faire changer les chenille en *Nymphes dorées*.

Mais afin d'expliquer clairement par une comparaifon
palpable le principe de tous ces changemens, & la maniere dont ils fe font : nous dirons feulement que la *nymphe*,
ou la *nymphe dorée* (nous ne parlons ici que des *nymphes*
de ces animaux, que l'on imagine fans pieds, à caufe que
dans les autres le changement eft fi vifible, qu'il n'a befoin d'aucune expofition) *n'eft autre chofe qu'un ver, qui
cachant fous fa peau des pieds, des ailes & tous les autres membres, qui croißent avec lui, vient en fuite en
fe dépoüillant à nous repréfenter diftinctement toutes
ces mêmes parties.* Or il eft certain que ce changement,
que l'on nomme mal à propos tantôt une transformation,
& tantôt une mort & une refurrection, n'a rien en foi de
plus caché ni de plus furprenant, que les herbes les plus
viles & les plus chetives qui croiffent dans nos champs ; car
quoi qu'on les méprife jufqu'a les fouler aux pieds ; elles
ne laiffent pourtant pas d'agir de la même maniere que ces
petits animaux : car elles commencent avec le temps à
bourgeonner par ci par là & à pouffer des boutons, qui venans en fuite à s'ouvrir, nous préfentent de tres jolies fleurs,
& femblent par là reconnoître la main liberale de celui qui
les cultive.

Or fi nous voulons même comparer ces vers avec les
animaux, qui ont du fang, nous verrons qu'il n'y à pas
la moindre différence dans la maniere dont les membres

D

des

des uns & des autres viennent à pousser & s'étendre : mais il faut remarquer qu'entre tous ces animaux qui ont du sang , la grenoüille est celui dont les changemens ont le plus de raport avec ceux   , qui arrivent aux vers car elle vient, aussi bien qu'eux, a se changer en une veritable *nymphe* ; comme nous verrons plus bas dans l'explication de nos figures ; ou nous ferons comparaison de la *nymphe* de la grenoüille avec celle du ver & avec le bouton d'une fleur.

Tellement que les mêmes changemens , que nous voyons dans les creatures vegetatives , se rencontrent aussi dans celles , qui sont doüées de sentiment : Notre grand Dieu & Createur étant entiérement incomprehensible & inimitable dans ses ouvrages ; qui ne dependans que d'un tres petit nombre de loix & de régles , conviennent tous ensemble d'une maniere impenetrable à l'esprit humain , & dans , tous lesquels il fait paroître qu'il est veritablement bon, admirable & digne de toute sorte d'adorations.

Quand on examine ceci avec attention , on découvre incontinent l'erreur de ces gens, qui prétendent prouver la resurrection des morts par les changemens manifestes , qui arrivent naturellement à ces animaux : or ce point de nôtre creance est non seulement au dessus des forces & de l'ordre de la nature ; mais il n'a pas même le moindre raport ni la moindre conformité avec eux. Aussi est ce un sentiment , que nous n'admettons , que par la seule foi, qui n'est autre chose qu'une science certaine des choses qu'on ne voit pas. Et ceux là ne tombent pas dans une erreur moins grossiere , qui des changemens naturels qui arrivent à ces animaux , & à qui ils donnent faussement le nom de transformations , prétendent conclure une transmutation dans les métaux ; Comme en tr'autres à voulu faire Monsieur de Maïerne dans la dédicace , qu'il à mise

au

au devant du traité que Moufet a écrit des insectes ; s'expliquant en ces termes. *Si les animaux*, dit il, *se transforment, pourquoi n'arrivera t'il pas la même chose aux metaux.*

Mais pour passer plus avant , nous disons qu'il est encore plus facile de comprendre le changement qui arrive aux vers à six pieds , (cequi ne consiste que dans les ailes qui leur sortent) dans lesquels nous remarquons , que les membres s'étendent fort lentement ,! & poussent d'une maniere aussi nette & aussi distincte , que les branches des arbres , des herbes & des fleurs : & nous trouvons que ces vers, dans la maniere dont ils croissent , ont encore bien plus de raport avec le bouton d'une fleur ou les membres d'une grenoüille , que n'en ont les vers sans pieds , dont nous avons parlé. Et certes ce n'est pas sans raison, que nous sommes surpris, deceque tant de gens tres doctes, tres experts & d'un esprit si pénétrant , & qui durant plusieurs siecles ont travaillé de temps en temps avec soin & avec application à la recherche de ces changemens, se soient neantmoins si malhureusement trompez , pour ne pas dire si lourdement & si grossierement. Car avec leurs ornemens chimeriques & leurs imaginations ils ont obscurci & sali, pour ainsi dire , les diverses faces que prennent ces animaux , à mesure que leurs membres *bourgeonnent* , & s'étendent. Et ils ont tellement embroüillé cette matiere, qu'ell'est demeurée non seulement inintelligible à ceux qui n'en avoient point de connoissance : mais que même les esprits les plus pénétrans dans les mysteres de la nature , s'y sont tous malhureusement trompez ; comme il est arrivé à *Aldrovandus* , à *Moufet*, à *Libavius*, à *Goedart* & à une infinité d'autres ; qui sont non seulement dans des doutes continuels & chancellent à tous momens, mais qui même ont été aveuglez de leurs prejugez, jusques

à

à nier L'evidence & la verité des experiences , qu'ils voyent devant leurs yeux.

CHAPITRE III.

Ou l'on fait voir comment on à corrompu & embrouillé ci devant le veritable principe des changemens naturels , qui arrivent aux insectes : & ou ayant expliqué ce que c'est qu'une nymphe *, on la rétablit pour ainsi dire dans son état naturel.*

a Nympha.
b Chrysalis.

Nous avons déja montré clair comme le jour , que les *a nymphes* & les *b nymphes doreés* sont l'animal même & qu'elles sont cachées dans le ver , ou plûtôt sous sa peau de la même maniere qu'une fleur tendre & qui commence à pousser est renfermée dans son bouton, car en effet les membres de la *nymphe* croissans peu à peu sous la peau , qui les couvre, viennent en suite à s'étendre tellement , que la peau en étant comme forcée , se creve incontinent pour leur ouvrir le passage ; de même qu'une fleur en croissant fait fendre le bouton ou elle étoit contenuë : & c'est proprement dans cet état, ou se trouve l'animal lors que ses membres qui étoient auparavant cachez , viennent à paroître , que consiste l'essence veritable de la *nymphe* , & la connoissance que l'on peut avoir des changemens naturels , qui lui surviennent. Nous ne nous amuserons pas à raporter ici ni à refuter les erreurs d'un grand nombre de personnes , qui se sont trompées non seulement au sujet de la forme des *nymphes* & des *nymphes doreés* , mais même à l'égard de la maniere dont elles se changent : tant à cause que

nous

nous avons resolu de venir au plûtôt à la fin de nôtre seconde proposition, que parceque nous avons déja clairement démontré toutes ces choses, & que la verité toute
simple & toute nuë suffit pour convaincre puissamment
l'errreur & pour en dissiper les nuages. Or il est certain que
c'est à force de se méprendre & de tomber dans l'erreur,
que l'on à gâté cette matiére, & que l'on la remplie de ténébres & d'obscurité.

Mais quoique nous sçachions fort bien que le docte
Moufet se trompe au sujet des vers à soye, dont il nous
propose le changement pour un exemple de ceux, qui arrivent à tous les autres insectes; & quoique son sentiment
soit entiérement contraire à la verité & aux experiences [a]
que nous avons faites, nous ne laisserons pourtant pas de
l'exposer ici; tant parceque son livre, qui à beaucoup de
réputation, se trouve entre les mains de lapluspart de
ceux, qui s'appliquent à rechercher la nature des insectes
& les changemens, qui leur arrivent, qu'a cause qu'il est
fondé non seulement sur ses propres experiences mais même sur celles de *Wotton*, de *Gesner*, de *Pennius* & de
plus de quatre cents écrivains, entre lesquels se trouve le
fameux *Aldrovandus*; & aussi parcequ'il à composé son
ouvrage suivant les régles du célébre Philosophe *Aristo-*
te, dont il observe la methode avec tant d'exactitude,
qu'il ne s'en éloigne presque jamais : voici comment il s'explique dans son *a* livre des insectes : *ce que je trouve ici de*
curieux, dit il, *& qui merite fort d'étre remarqué,*
c'est que *dans le changement de la nymphe des vers à*
soye la tête vient à former la queüe de ces papillons qui
volent de nuit, & la queüe de ce ver forme la tête de
ces mêmes papillons ce qui arrive aussi à toutes les chenil-
les, qui se changent en nymphes dorées. Et encore dans
ce même livre, lors qu'il parle expressements des *nymphes*

D 3 dorées,

[a] *Inf. Th.* lib. 11. c. 1. Illud pulchrum, inquit, & observatione dignum; caput bombicis caudam papillionis in Metamorphosi illa Aureliana constituere; caudam vero caput quod in reliquis item Erucis omnibus in Aureliam versis contingit.

dorées, il dit b *qu'elles n'ont ni bouche ni aucun membre perceptible.* Or nous ne jugeons pas à propos de nous étendre ici davantage, parceque ces sentimens sont visiblement contraires aux expériences certaines que nous avons faites, & que l'on les peut facilement refuter par les preuves que nous avons données ci dessus. Mais ce qui m'étonne fort c'est que ce docte Anglois ne nous ait pas pû donner la moindre idée, ni la moindre connoissance de la maniere, dont se font ces changemens; & que non seulement il se soit malhûreusement mépris dans des choses, dont la recherche & la découverte étoient si faciles à faire; mais que même il ait fait tomber dans la même erreur d'autres gens tres exacts & fort pénétrans; comme il est arrivé a ces Messieurs Anglois dans le a livre, qu'ils ont fait des plantes, qui croissent aux environs de Cambrige. Cependant *Moufet* dans ce même chapître ne laisse pas de conclurre tres bien contre *Aristote*, que la *nymphe dorée* de la chenille n'est pas veritablement un œuf: voici ses propres termes: *Aureste*, dit il, *quelle conformité ou quelle ressemblance y à t'il entre l'œuf & la nymphe dorée? car l'œuf sort d'un autre animal sans avoir vie ni mouvement; mais la nymphe dorée ne provient d'aucun, se transformant de l'un en l'autre.* Neantmoins, quoiqu'il nie avec raison que la nymphe dorée soit un œuf, il n'ose pourtant pas dire que ce soit un animal : mais il soutient que c'est quelque chose de moïen entre un animal & l'autre, imaginant un troiziéme entr'un papillon & la chenille dont il se forme. Voici encore comment il poursuit son discours. *Il est evident*, dit il, *par ce que nous avons dit ci dessus, que la nymphe dorée n'est pas un œuf, mais que la chenille se change en nymphe dorée, & qu'ensuite la nymphe dorée n'engendre pas le papillon, mais qu'elle se transforme en lui.* Or quoique cette matiére

soit

Marginal notes:

b. Neque os illi neque aliud manifestum membrum.

a Catal Plant. circa Cantab, Nasc.

Cæterum, inquit, quid hic enm ovo communionis? illud alio animali déponitur, exors actualis vitæ & motus : Aurelia à nullo deponitur, sed ab uno in aliud transformatur.

Nihilominus inquit, ovium non esse Aureliam ex prædictis satis patet,

soit fort aisée à comprendre, & que l'explication en soit facile, n'y ayant en elle aucune autre difficulté, que celle, que nous nous y figurons: Cependant *Moufet* la concevant par trop miraculeuse & impénétrable à l'esprit humain, s'en va recourir à la puissance infinie de Dieu (comme nous faisons d'ordinaire en semblables occasions, lorsque les sujets sont si obscurs & si embarrassez que nous n'en pouvons pas découvrir la verité) finissant par ces mots. *Nous sçavons tres bien*, dit il, *quelle peine ces transformations miraculeuses ont donnée à Aristote, & comment elles nous font voir que la puissance de Dieu est sans bornes.*

Mais pour ne point s'arrêter ici plus long-temps, nous laisserons, à part ce nombre de scavans, qui s'imaginent faussement que toutes les veritez du monde, aussi bienque celles, dont il s'agit ici, sont renfermées dans les anciens & Celebres Auteurs: la nature même etant si feconde & si liberale, qu'elle nous présente tous les étez la verité de ces changemens avec toute la clarté imaginable, & que même au cœur de l'hiver elle nous les fait voir tres distinctement, lorsque nous nous servons pour cet effet d'un four, ou de quelqu'aute chaleur artificielle, comme nous avons éprouvé plusieurs fois. Or nous allons faire connoître par deux ou trois exemples les faussetez manifestes, & les erreurs visibles, ou sont tombez des gens, qui ont passé toute leur vie, tant à rechercher la generation des animaux en general, qu'a découvrir les changemens qui arrivent aux insectes en particulier, & qui ont tellement obscurci & sali, pour ainsi dire, la forme naturelle & les diverses faces, que prennent ces animaux à mesure que leurs membres s'étendent, qu'ils ont rendu ces changemens tout à fait inintelligibles.

Le premier, qui se présente ici d'abord, c'est *Harvé*

estque revera Erucæ in hanc, atque hujus in papilionem transmutatio quædam dicenda non generatio. Satis scio, inquit, quàm Aristotelis ingenjum mirisica transmutatione torquent, & Des interminatam potentiam nobis commendant.

a *Chry-
falis val
Aurelia.*

b *Lib.
de Gen.
an exer.
II.*

le fecond democrite , qui contre lévidence de la verité &
de l'experience fuit le fentiment d'*Ariſtote* , & donne le
nom d'œuf parfait à la *a nymphe dorée* , (qui n'eſt autre
chofe que l'animal même)& pretend que c'eſt de cet œuf
que doit fe former l'animal par une veritable transformation voici comment il s'explique dans fon *b* livre de la generation des animaux : *telles ſont* , dit il , *les ſemences des
inſeĉtes , qu'Ariſtote appelle des vers , qui quoique imparfaites & à demi formeés , ne laiſſent pas de chercher
de quoi vivre , & qui en ſe nourriſſant croiſſent enfin
juſqu'a devenir une chenille , & d'une chenille un papillon ; ou qui d'un œuf imparfait ſe changent en œuf parfait.* Or outre que par ces paroles il donne , auſſibien
qu'*Ariſtote* le nom d'œuf parfait à la *nymphe doreé* , laquelle, felon lui, n'eſt ni chenille ni papillon ; il femble encore de plus admettre l'opinion fauſſe de *Moufet* , qui
foûtient que la *nymphe dorée* eſt quelque chofe de moïen
& comme un troiziéme entre la chenille & le papillon.
Mais il fait voir par là , ou qu'il n'a jamais connû ces infe-
ĉtes qui fe forment immediatement d'un œuf , & jamais
d'une nymphe ; ou bieu qu'il à crû que le changement ,
qui leur arrive , fe faſſe dans l'œuf même ; & ainfi que cette generation fe fait de la même maniére que dans les œufs
de poules , ou qu'ell' eſt femblable à la produĉtion du ver
d'un infeĉte, qu'il prétend fe former d'un œuf ; cequi , felon
fon fentiment , conviendroit fort bien avec la maniere dont
les petits pouſſins êclofent.

De plus, quoique le Sieur *Harvé* donne le nom d'œuf
a *Chry,
falis ou
Aurelia.*
parfait à la *a nymphe dorée* , il ne penfe pourtant pas que
l'infeĉte fen forme comme d'un principe interieur & invifible, de même qu'il pretend que les pouſſins s'engendrent
dans l'œuf ; & il ne croit pas non plus que l'infeĉte fe forme
d'une partie de cet œuf, & qu'il prenne en fuite la nourriture

ture & son accroissement de l'autre, comme il pense se qu'il arrive aux poussin dans l'écaille de l'œuf : il est d'un sentiment , dans lequel nous trouvons beaucoup plus de subtilité : voici comme il parle apres *Aristote* dans [b] le livre de la generation des animaux. *L'animal* , dit il , *ne s'engendre pas d'une partie du ver , comme les poussins dans les œufs , mais il croit tout entier , jusqu'a ce qu'enfin il devienne un animal perfait.* Or si , sans avoir égard à ce qu'Aristote à donné le nom d'œuf parfait à la nymphe dorée, on considére les paroles que *Harvé* cite de lui , & que l'on les confere avec la chose même , suivant l'etat ou elle nous paroît tous les ans dans la nature ; on trouvera effectivement qu'elles expriment & representent à peu pres la vraye constitution de la nymphe dorée. Mais *Harvé* voulant embellir la chose par de vains ornemens , & la rendre plus miraculeuse , se va figurer encore outre cela (*suivant le sentiment d'Aristote*) une transformation imaginaire : [c] *dans la generation* , dit il , *qui se fait par transformation , la matiere se transforme toute entiere , comme si on y avoit empreint un cachet.* Or cet Auteur tombe non seulement dans un erreur tres grossiere, mais de plus ne pouvant expliquer ni nous donner la moindre idée de cette transformation chimerique, il obscurcit & falsifie entierement par ses imaginations le changement naturel de ces petits animaux , si en effet on peut dire que ce soit un veritable changement.

Mais quoique cette opinion plaisante , qu'il à de la transformation, n'approche aucunement de la verité , nous ne laisserons pourtant pas , afin de la mieux comprendre , de raporter ici son sentiment fort au long, à fin qu'ensuite nous puissions voir comment nous nous trompons miserablement , & qu'elles lourdes fautes nous commettons , lorsqu'au lieu de nous attacher à des experiences convainquantes,

E

[b] *Lib. de Gen. Exer,* XVIII. E verme ita sit animal, ut non ex ejus parte , sicut ex ovo, sed totum crescat, & de articulatum animal evadat.

[c] *Lib.* II. *de Gen. an.*

quantes , nous nous amusons plûtot à suivre les raisonnemens trompeux de nôtre esprit , & les prejugez de nôtre
imagination. Nous traduirons donc ici de mot à mot ce
qu'il en dit dans son *b* livre de la Generation des animaux.
Voici comme il parle.

,, Nous avons observé , dit il , principalement dans la ge-
,,neration des animaux , que tout cequi se fait de quelque
,,chose , comme d'une matiére , se fait en deux façons ;
,,asçavoir par art , ou par nature : une chose se fait par art,
,,lors qu'ell' est formée d'une matiere , qui existoit aupara-
,,vant ; comme, par exemple, lorsqu'un menuizier fait une
,,couche de lit d'une piece de bois , ou quand un sculpteur
,,fait une statuë d'un morceau de pierre ; c'est à dire , lors-
,,que toute la matiére de la machine que l'on doit faire , en
,,à précédé la structure & la forme. Mais une chose se
,,fait par nature , quand la matiére s'engendre & prend sa
,,forme tout d'un temps ; ou bien lorsque la matiére & sa
,,forme sont , pour ainsi dire tout d'un âge. Or les ouvra-
,,ges de l'art se font encore en deux maniéres , la premie-
,,re est , par exemple , lors qu'un sculpteur taille la matié-
,,re , qu'il à déja toute prête , & qu'apres en avoir coupé
,,cequ'il y avoit de superflu , il en forme enfin une statuë ;
,,la seconde maniere est quand ce sculpteur ou bien un po-
,,tier forment cette même statuë d'argile , tant en y ajoû-
,,tant & en l'augmentant , qu'a force de la façonner , & que
,,tout d'un temps il fait sa matiere , la prepare , & lui donne
,,sa forme (& de cette sorte il vaut mieux dire que le scul-
,,pteur a fait cette statuë , & non pas qu'il lui a seulement
,,donné la forme & la figure) il en arrive de même dans la
,,generation des animaux : car les uns s'engendrent d'une
,,matiére, qui a déja été preparée , & changeans d'une for-
,,me en l'autre , toutes leurs parties naissent en même
,,temps par *a* transformation , d'ou ensuite il naît un animal

par-

„parfait, qui commence à croître : mais il y à d'autres ani-
„maux , dont les parties se forment les unes apres les
„autres & qui ensuite se nourrissent, croissent & prennent
„leur forme tout d'un temps d'une même matiére, c'est
„à dire qu'entre leurs parties , les unes naissent plûtot , &
„les autres plus tard , & qu'elles croissent & se forment en
„même temps.   La structure du corps de ces animaux
„prend son commencement & son origine d'une partie seu-
„le, par le moïen de laquelle tous les autres membres vien-
„nent ensuite à se former les uns apres les autres : & ce
„sont là ces animaux que nous disons se former par une
„*b addition* des parties , qui se forment peu à
„peu les unes apres les autres ; & c'est la proprement ce-
„que nous appellons Generation , quand une partie precé-
„de l'autre dans sa naissance.

„   Or c'est de la prémiere maniére que s'engendrent les
„insectes, ou le ver provient immédiatement d'un œuf par
„*c* transformation ; ou bien dont les prémiers principes se
„forment de quelque matiére putrefieé (soit à cause que le
„sec s'humecte , soit parceque l'humide se desséche) d'ou
„ensuite (comme d'une chenille parfaite , *ou d'une d nym-*
„*phe dorée*) s'engendrent par *e* tranformation des mouches
„ou des papillons d'une grandeur ordinaire, & qui ne crois-
„sent aucunement depuis le moment de leur naissance.
„Mais pour cequi est des animaux plus parfaits qui ont du
„sang , ils s'engendrent par une *f addition* des parties ,
„qui naissent les unes apres les autres, & ensuite apres leur
„naissance ils croissent & parviennent à la vigueur de leur
„âge , ou à leur vieillesse ordinaire. Pourcequi regarde les
„insectes, il semble que le hazard ait le plus de part à leur
„generation ; leur forme se tire de la puissance de la matié-
„re , & la prémiére cause de leur generation vient plûtôt
„d'une matiere *preéxistente* , que de quelqu' Agent exté-

",rieur : auffi font ils moins parfaits & ils **ne confervent**
",& ne perpetüent pas fi bien leur espece, que les animaux
",qui ont du fang, foit terreftres, foit aquatiques, qui tirent
",leur confervation & la perpetuité de leur efpéce d'un
",principe uniforme. Or nous attribuons la caufe premie-
",re de ceci à la nature, & à la faculté vegetative.

", Il y à donc des animaux, qui naiffent d'eux mêmes d'une
",matiére qui eft preparée d'elle même, ou par accident;
",comme il femble *a* qu'Ariftote a voulu dire par ces mots:
",*defquels*, dit il, *la matiére peut être muë d'ellemême*
",*d'un mouvement par accident, fuivant lequel la fémen-*
",*ce fe meut dans la generation des autres animaux* : Et
",il arrive la même chofe dans la generation des animaux,
",que dans l'art, car il y a des chofes, qui fe font par art &
",par accident en même temps, comme la fanté; & il y
",en a d'autres, qui ne fe font jamais fans l'art, comme une
",maifon.

", L'on dit des frêlons, des abeilles & des papillons auffi-
",bien que des autres infectes, qui s'engendrent d'une che-
",nille par transformation, qu'ils naiffent tous par accident
",fans femence, & qu'ils ne confervent ni ne perpetuent
",point leur efpéce : mais qu'un Lion ou un coq ne s'en-
",gendrent pas par accident ni d'eux mêmes, mais font pro-
",duits par la nature même, & par une faculté active & di-
",vine; & ils demandent plûtot un fujet ou une femence
",dont s'engendre leur s'emblable, que non pas une matiére
",qui concoure par hazard a leur production, comme font
",les infectes.

", Dans la génération des animaux, qui fe fait par trans-
",formation, la matiére change de forme, comme fi on y
",avoit empreint un cachet, & l'animal fe transforme tout
",d'un coup. Mais pour cequi eft des animaux, qui fe for-
",ment par une *a* addition des parties, qui naiffent les unes

apres

a Lib. 7. Metaph. cap. 9. Quorum fc. materia poteft à feipfa moveri, eo motu à cafu, quo femen movet in generatione aliorum animalium.

a Epigenefis.

„apres les autres , ils attirent la matiere à eux, la prepa-
„rent , la digerent & s'en servent tout d'un temps ; & ils
„croissent aussitôt qu'ils prennent leur forme , c'est à dire
„qu'ils croissent en se formant , ou qu'ils se forment en
„croissant. Et dans les animaux qui s'engendrent par trans-
„formation , la vertu *formatrice* taille & divise la même
„matiere homogéne , dont ils se forment ; & d'homogéne
„qu'elle étoit elle la rend hétérogéne , & apres l'avoir divi-
„sée , l'arrange & la dispose en forme de membres : & fait
„ainsi d'une matiere homogéne , une substance hétérogé-
„ne , & en forme des membres différents. Mais dans les
„animaux , qui s'engendrent par une *b addition* de parties,
„qui croissent les unes apres les autres ; lorsque la vertu for-
„matrice vient à produire d'autres parties & qui sont dispo-
„sées d'une maniere différente elle demande aussi & fait en
„même temps une autre matiere & autrement préparée ,
„qui soit plus propre à former telles ou telles parties.

C'est ici le sentiment de Harvé , que nous avons rap-
porté fort au long , & dans lequel on découvre autant de
faussetez , qu'il y à de paroles. Mais ce qui nous étonne
davantage , c'est qu'un homme si expert & tellement ver-
sé dans les mystéres de la nature se soit tellement mépris, &
particuliérement dans des choses , dont la connoissance ne
dépend que de l'experience ! Ce qui nous fait croire assûrément que son livre des insectes , qui nous manque malhûreusement , & apres lequel nous soûpirons avec tant d'ardeur , contient plûtot des experiences curieuses que des
veritez certaines , & qu'il n'y explique nullement la nature des changemens qui arrivent à ces petits animaux : C'est
ce que l'on peut voir non seulement dans ce que nous venons de citer , mais même dans tout ce qu'il écrit dans son
livre de la Generation des animaux. Mais cet Auteur si
laborieux , & inimitable dans les soins & dans la peine qu'il

*b. Epige-
nesis.*

E 3 a pri-

Harv.
Præf. de
de Gen.
An.
Quaprô-
pter
(cordate
lector)
nolo mi-
hi deGe-
neratio-
ne ani-
malium
fcribenti
quic-
quam
credas :
ipfos o-
culos tu-
os mihi
teftes &
judices
appello.
Quoni-
am enim
fcientia
omnis
perfecta
iis prin-
cipiis in-
nititur ,
quæ ex
fenfu
comper-
tis ori-
ginem
queunt ;
fingelari
cura eni-
tendum ,
ut per
frequen-
tes ani-
malium

à prife de decouvrir la verité (dequoi nous lui devons une reconnoiffance éternelle) ne mérité pas moins nos loüanges pour fa fincérité & pour fa franchife : Car bien loin de vouloir tromper perfonne , il parle aucontraire fort genereufement dans la preface du livre que nous venons de citer: voici fes propres termes. *C'eft pourquoi*, dit il, *cher lecteur , je ne prétens pas que vous me croyez dans ce que jécris de la generation des animaux ; j'apelle vos yeux à témoin , & je les prens pour juges. Car puifque toute fcience parfaite eft fondée fur les chofes que nous découvrons par les fens , il faut auffi faire tous fes efforts pour chercher la vérité en faifant fouvent des diffections de divers animaux: fi vous agiffez autrement vous verrez , qu'au lieu d'une fcience certaine & folide, vous n'aurez que des opinions vaines & chancelantes.*

Mais ce n'eft pas nôtre deffein de refuter ici tous les fentimens de Harvé en particulier, tant parceque nous l'avons déja fait fuffifamment par des preuves fenfibles, qu'a caufe de fon merite & de la fincerité qu'il fait paroître dans l'honneur & le refpect qu'il porte à ce fameux Anatomifte *fabritius ab aqua pendente.* Nous dirons feulement encore une fois que la *nymphe* n'eft pas un œuf , mais qu'ell' eft l'animal même , & que tout le changement qui lui arrive vient deceque les humiditez fuperfluës tranfpirent infenfiblement : fi bienque fes membres, qui auparavant éroient foibles & tendres, & fluides comme l'eau même , deviennent par cette tranfpiration (laquelle nous avons auffi remarquée ci devant dans la *nymphe* d'une abeille) plus fermes & plus forts, & apres être dégagez de cette humidité, qui empêchoit leur mouvement, ils fe rendent capables de forcer & de rompre la membrane qui les envoironnoit extérieurement , & cette *nymphe* s'etant dépoüillée de fa peau, employe l'humidité qui refte à étendre fes ailes , &

fes

ſes autres membres , de même que les abeilles & les papil-
ſons.

Si bien qu'il en eſt ici de même de la *nymphe* que d'un
homme , qui à cauſe des humeurs ſuperfluës & ſaleés qui
s'inſinuent dans ſes jointures, n'a pas la force de remuer ſes
membres , & dont le mouvement ne revient qu'apreſque
l'art ou la nature ont diſſipé ces humeurs. Or nous pouvons mêmes au cœur de l'hiver par le moïen d'une chaleur convenable faire prendre aux nymphes la forme de
l'animal même en faiſant évaporer l'humidité qu'elles renferment.

Enfin comme il eſt tres faux que la matiére du ver ſe
transforme en nymphe , & que cette nymphe prenne enſuite la forme de reptile, d'animal volant , ou aquatique ;
auſſi n'y at'il rien de plus vrai que tous les membres d'une
mouche, d'un papillon & ainſi du reſte, croiſſent dans le
ver peu à peu demême que dans les autres creatures , &
que cette prétenduë transformation eſt abſolument fauſſe
& ſans fondement. C'eſt pourquoi nous pouvons faire
voir non ſeulement dans la nymphe , mais auſſi dans les
vers & dans les chenilles , toutes les parties de l'animal
même : & ces membres ne s'engendrent pas tout d'un
coup mais ils croiſſent fort lentement les uns apres les autres ſous la peau qui les environne ; juſques à ce qu'enfin le
tout étant venu a la perfection le ver vienne a ſe reſſerrer
& ayant enſuite crevé cette peau , faſſe enfler en quelque
façon ſes membres, par une eſpéce de contraction , & par
l'humidité qui ſe dilate. Or ce ver ſ'étant dépoüillé fort
vîte de la peau dont il étoit reveſtu nous fait paroître incontinent tous ſes membres. Enfin l'unique fondement de tous
les changemens , qui arrivent aux inſectes, ne conſiſte pas
dans cette prétenduë transformation , mais ſeulement dans
les bourgeons ou dans les boutons que pouſſent ces nouve-

aux

diſſectiones , eadem perſpecta & explorata habeas ; ſecus ſi feceris, opinionem quidam tumidam & fluctuantem acquires, ſolidam autem & certam ſcientiam ſcientiam non aſſequēris.

aux membres en croiſſant inſenſiblement les uns apres les
autres.　Or pendant que l'inſecte ſouffre ce changement,
on lui donne en flamand de nom de *a poupée* (popken) a
cauſe qu'ayant renouvellé ſa peau il ſemble avoir quelque
convenance avec un enfant nouveau nai dans la maniere dont cet enfant eſt envelopé & enmaillotté dans ſes lan-
gès.　Mais nous nions abſolument qu'il ait la moindre reſ-
ſemblance avec la face ou la forme extérieure d'une creatu-
re humaine, ainſi que *Godart* prétend dans pluſieurs endroits de ſon livre : car la *nymphe* nous repréſente non ſeulement toutes les parties de l'animal fort diſtinctement,
mais il eſt conſtant qu'ell' eſt l'animal même, & non pas
comme mort ou enſeveli, mais veritablement vivant &
doüé de ſentiment, comme *Libavius* à tres bien remarqué en parlant des *nymphes* des vers à ſoye.　Neantmoins
tout le ſentiment, que l'on apparçoit ici, ne conſiſte que
dans le mouvement de la queüe ou du ventre, qui conſerve
ſon agitation à cauſe que dans la pluspart des *nymphes* il
n'eſt point enflé par aucune humidite, & qu'il ne lui arrive
aucun autre changement ſi ce n'eſt qu'il ſe dépoüille de ſa
peau.

Ceque nous avons dit ci deſſus étant poſé pour certain,
comme il l'eſt en effet, il eſt indubitable que ceque nous
avons raporté de *Harvé* eſt faux, auſſi bienque quantité
d'autres endroits, que nous pourrions citer de lui ; & que
le ſentiment commun des pholoſophes, touchant la generation accidentelle des Inſectes, (or il eſt tres vraiſembla-
ble que *Godart* n'a pas été de cette opinion, mais plûtôt
que ceux qui ont mis ſes livres en ordre la lui ont imputée)
ſe détruit entiérement, n'étant fondé que ſur une tranſ-
formation chimerique, laquelle ne ſe trouve point dans
la nature, & qui même ne ſe peut clairement concevoir
par l'explication que *Harvé* nous en donne, à cauſe qu'il

ſe

a Nym-
pha.

se contredit luimême en divers lieux Il y à cependant bien de l'apparence qu'il auroit reconnu la fausseté de ses propositions ; s'il n'avoit pas été imbu de prejugez ; & même nous voulons bien croire (à cause du respect & de la consideration que nous avons pour lui) que ce n'a pas été veritablement sa pensée. Mais nous soûtenons qu'il s'est conduit dans cette occasion, comme l'on fait d'ordinaire dans les choses que l'on ne peut comprendre , car ne connoissant pas la verité , il s'en va forger quelque chose, qui selon son jugement convienne le mieux avec la nature des étres : *suivant ce que dit* [a] *Aristote en parlant de la generation des abeilles. Generatio apum (inquit) ita se habere videtur , tum rationé , tum etiam iis , quæ in earum genere evenire visuntur. Non tamen satis explorata , quæ eveniant , habemus. Quod si quando satis cognita habebuntur . tunc sensui magis erit quam rationi credendum. Rationi etiam adhibenda fides , si quæ demonstrantur , conveniant cum iis , quæ sensu percipiuntur rebus. Voici le sens de ces paroles. Nous croïons (dit il) & par la raison & par les sens , que la generation des abeilles se fait ainsi que nous avons dit. Nous n'avons pourtant pas encore assez bien connu par experience toutce qui leur arrive. Que si on en acquiert jamais une connoissance suffisante , ce sera plûtôt en croiant les sens que la raison : on peut pourtant aussi s'en raporter à la raison , lorsque ce qu'elle nous démontre est conforme à ce que nous appercevons par les sens.* Mais l'experience journaliére nous apprend quelles erreurs grossieres cette methode de chercher la science à produite dans la suite du temps. Et certes il vaudroit bien mieux avoüer son ignorance , que d'abuser par de fausses imaginations une infinité de lecteurs credules , qui ne mettent jamais la main à l'œuvre pour faire des expériences, à cause qu'ils s'imaginent

a *Arist.*
Gen An.
lib. III.

F

ginent

ginent que toute la science du monde eſt contenuë dans
les livres, ſi ce n'eſt que nous aimions mieux dire que des
gens ſemblales meritent doublement cette punition, puiſ-
qu'ils négligent volontairement les occaſions de rechercher la verité.

Apres avoir vû en quelque façon que le ſentiment
d'Harvé, au ſujet des changemens qui arrivent aux inſectes, eſt appuié ſur un fondement peu ſtable, &
qu'il eſt plein de ténébres & d'obſcurité, nous allons
faire voir enſuite comment le ſieur *Godart* à ſali cette matiére par des erreurs groſſieres & par des fauſſetez manife-
ſtes. Et quoique cet homme pendant quelques années ait
découvert lui ſeul plus de particularitez dans les chenilles,
que n'ont fait tous les doctes enſemble durant pluſieurs
ſiecles; il eſt pourtant certain, que non ſeulement il n'a
pas été exempt d'erreur, mais que mêmes il à commis des
fautes ſi groſſieres, qu'il n'eſt preſque pas poſſible de les
excuſer : outre qu'il n'a pas eu la moindre connoiſſance de
la nature d'une *nymphe*. Or comme nous avons reſolu de
propoſer quelque part dans nos experiences particulieres
quelques unes de ſes erreurs les plus conſiderables, nous
en raporterons ici deux des principales par leſquelles nous
ferons voir que toutes ſes expériences ſont appuiées ſur
un fondement fort gliſſant : nous avertiſſons neantmoins
le lecteur que'nôtre deſſein n'eſt pas de décrier cet Auteur,
mais que tout nôtre but eſt de propoſer la verité toute nuë
& dans toute ſa force, en la comparant avec l'erreur : Car
il eſt certain que tant plus ſimple, que l'on la propoſe, tant
plus auſſi à t'elle de force pour convaincre puiſſamment
l'erreur.

Premierement le ſieur *Godart* ſe trompe fort, quand il
poſe que les chenilles peuvent changer avant leur temps
ordinaire, & avant qu'elles ſoient parvenuës à leur juſte
gran-

grandeur : & il ajoûte encore pour plus grand abus, que ce changement est tres défectueux, & tout à fait different de celui qui arrive suivant le cours ordinaire de la nature, voici comment il parle dans ses observations, qu'il à faites sur les changemens admirables des chenilles. Partie prémiere, fueille douze. *J'ai remarqué encore, d'it il, lorsque les chenilles viennent à se changer avant le temps ordinaire, qui leur est marqué par la nature (c'est à dire avant qu'elles ayent mangé assez longtemps) qu'apres leur changement, elles ne prennent point leur forme naturelle, mais qu'elles deviennent laides & chetives, leurs ailes, qui autrement s'etendent & deviennent colorées dans l'espace d'une demieheure, sont ici trop courtes, & se resserrent ou se retrecissent comme du parchemin que l'on à exposé au feu. Sibienque l'animal ne pouvant se servir de ses ailes ni chercher de l'aliment, est parconsequent obligé de ramper sur la terre, & de perir ensuite.* Or il continuë encore dans sa vingt huitiéme experience, dans laquelle nous voyons que c'est cette fausse opinion, dans laquelle il étoit, qui l'a contraint de donner à la chenille tous les jours de l'aliment frais ; quoiqu'elle commençât déja à souffrir du changement. Voici comment il s'explique. *Quand, dit il, j'étois un jour sans lui donner de la nourriture elle commençoit incontinent à se changer ; & si je la laissois quelque temps sans aliment, elle se changeoit en un papillon de nuit imparfait : c'est pourquoi je lui donnois à manger tantqu'elle vouloit. Car il faut remarquer que generalement toutes les chenilles viennent à se changer d'abord que l'aliment leur manque : Et encas qu'elles en soient privées avant le temps ordinaire, qui leur est designé par la nature, elles croissent ensuite apres leur changement d'une maniere tres foible & tres imparfaite. C'est pourquoi, pour*

F 2

par-

parvenir à leur perfection, il faut qu'elles mangent jusqu'a ce qu'elles cessent d'elles mêmes, & qu'elles viennent à se changer. Enfin dans sa huitiéme experience il nous donne par conjecture un exemple d'un papillon de nuit, qui étoit foible & delicat, à cause que (suivant son opinion) on lui avoit ôté sa nourriture de trop bonne heure: & dans sa *cinquante & neuviéme Experience* de la prémiere partie & ensuite, dans la *trentiéme* de la seconde, il vient comme à la cause, dont il à tiré ses fausses consequences: disant dans sa vingt & neuvieme experience (la ou il nous represente suivant son imagination un chetif animal, qui n'est ni chenille, ni papillon de nuit) *la raison pourquoi la chenille se change avant le temps, c'est à cause que la nourriture lui à manqué de trop bonne heure.* Enfin dans la vingtetneuviéme & dans la tréntieme experience de la seconde partie (ou il nous propose encore un animal imparfait & un autre qui à des ailes) il passe par dessus cette fausse proposition sans en dire un seul mot, & s'imaginant quell' est claire comme le jour & suffisamment prouvée il la tient pour convaincante & entiêrement incontestable.

Et le sieur *Godart*, dans les endroits que nous venons de citer, nous propose deux animaux, dont l'un, qui est la femelle, change par un ordre constant de la nature sans avoir jamais d'ailes; & l'autre, qui est le mâle nous paroît toujours avec des ailes lors qu'il vient à se changer, comme il arrive aussi à d'autres sortes d'animaux. Mais il est certain qu'avec toutes ses faussetez il reverse non seulement le veritable fondement des changemens naturels & le rend accidentel, mais que même il ferme, pour ainsi dire, la porte à ceux, qui n'entendent point cette matiére, & leur ôte par là le moyen d'en pénétrer la verité.

Or cet Auteur n'a pas evité luy même la punition qu'il à meritée pour nous avoir proposé des opinions si fausses

sans

fans y avoir penfé ferieufement : Car de là il eft tombé dans deux autres erreurs. La premiere eft, qu'il à employé inutilement un grand travail & un long temps à donner de l'aliment aux chenilles auffi longtemps qu'elles ont voulu manger. La feconde eft que cela l'a empêché de faire des experiences confiderables. Car étant imbu de prejugez, & fuivant plûtòt fa raifon trompeufe, que la verité de fes expériences, il s'eft rendu incapable de voir que tout le changement qui arrive aux chenilles, dont nous venons de parler, ne confifte qu'ence qu'il vient des ailes au mâle, & qu'il devient un animal foible & delicat, & que le ventre de la femelle devient plus gros.

Il me femble que c'eft un' experience des plus curieufes de voir qu'entre les papillons de nuit le mâle va prendre fon plaifir dans la fraîcheur de l'air, & fe va divertir dans les campagnes fur la verdure & fur les fleurs, pendant que la femelle à tout le foin de la maifon & des fruits de leur mariage. Et cette femelle ouvrant fes parties de derriere & les prefentant au mâle, femble par là le convier à faire fon devoir. Et lui, comme un Mari vigoureux s'approche d'elle pour perpetuer fon efpéce par fes embras femens, tellement que la nature femble nous dépeindre dans la femelle une mere de famille tres vigilante, & nous reprefenter dans le mâle un pere de famille tres fort & genereux. Et comme autrefois on à renvoyé les pareffeux aux fourmis, afin qu'a leur exemple ils devinfent plus diligens & plus laborieux : de même nous pourrions tres bien propofer l'exemple de ces infectes aux perfonnes, qui vivent déréglément dans le mariage, a finque par la contemplation de ces petits animaux il puffent reconnoître quel eft leur devoir.

Or quoique le fieur *Godart* ait fait d'affes belles expériences & qu'il nous les ait décrites affes nettément, nous allons

lons pourtant faire voir par les nôtres, comment il s'eſt trompé faute d'attention & comment il n'a tiré que de fauſſes
conſequences, & ainſi à changé le principe immuable des
inſectes en quelque choſe de caſuel. Si bien que nous ſommes
obligez de rebâtir tout de nouveau le fondement inébranlable, ſur lequel ſont appuiez tous les changemens qui arrivent aux inſectes.   Nous diſons donc premierement que
les chenilles ne peuvent jamais changer avant le temps ordinaire, qui leur eſt deſigné par la nature, c'eſt à dire avant
qu'elles ſoient parvenuës à leur juſte grandeur ſeconde-
ment que, quoique les chenilles puiſſent ſe changer, dans
le temps qu'elles pourroient encore manger, nous ſoute-
nons cependant, que cela ne contribuë en rien à leur faire
changer de forme : mais nous avoüons neantmoins qu'elles nous en paroiſſent ou plus grandes ou plus petites : ceque nous croyons n'avoir jamais été remarqué ni par *Godart* ni par aucun autre.   En troiziéme lieu nous ne prétendons pas qu'il faille neceſſairement donner dela nourriture aux chenille juſqu'aceque d'elles mêmes elles ceſſent
de manger : Car lorſqu'elles ſont prêtes à changer, l'aliment leur devient non ſeulement inutile, mais incommode
& ſuperflu ; étant certain que le ſieur *Godart* n'a pas fondé
ſon ſentiment ſur la nature même de ces animaux, mais
ſeulement ſur ſes propres imaginations ; & que ne ſuivant
pas ſes experiences avec aſſez d'exactitude, il s'eſt non ſeulement trompé ſoi même, mais en à fait tomber une infinité d'autres dans l'erreur.

Enfin pour conclurre, nous diſons que, lorſque les chenilles ſont parvenuës à leur juſte grandeur ſous la peau dont
elles ſont revêtuës, il eſt non ſeulement en leur pouvoir
de ſe changer, mais que même cela dépend comme de leur
choix ou de leur volonté : mais elles ne peuvent pourtant
pas retarder abſolûment ce changement ; à cauſe que leurs
membres

membres venans à poußer & s'étendre de plus en plus forcent à la fin la peau qui les environnoit. Cependant, quoiqu'elles puißent encore manger quelque temps apres, cela ne leur cause pourtant point d'autre changement, ſi ce n'eſt qu'elles nous paroißent ou plus grandes ou plus petites ſelon qu'elles ont pris de la nourriture, ou qu'elles en ont manqué; ainſi que nous avons déja dit ci deßus. Or apres ce temps là leurs membres ne croißent plus du tout; ce que *Harvé* à fort biem remarqué dans ſon livre de la Geration des animaux. C'eſt pourquoi ces animaux ayant atteint leur âge parfait & voulant ſatisfaire aux conditions du mariage, ne s'appliquent plus enſuite qu'a perpetuër leur eſpece, & quelques uns le font d'une maniére ſi étrange, qu'ils meritent en cela l'admiration de tout le monde.

De plus la nature nous découvre ſi clairement de quelle maniére ces petits animaux ſ'engendrent, qu'e'lle nous ouvre par là le chemin pour penétrer les vrais principes de la generation des autres animaux, dont la connoißance eſt demeurée juſques ici enſevelie dans l'obſcurité; comme nous ferons voir dans la ſuite, ſi le temps & la commodité nous permettent de continuer nos expériences.

Or afin d'expliquer nôtre ſentiment en deux mots; nous diſons qu'il ne ſe fait dans toute la nature aucune generation par accident, mais par propagation & par un accroißement de parties, ou le hazard n'a pas la moindre part: Ce qui étant ainſi, il nous ſera tres aiſé de comprendre comment un homme ſans bras & ſans jambes, pourroit cependant engendrer un fruit ſain. Et l'on peut außi par là reſoudre facilement cette fameuſe queſtion, ſçavoir, ſi pour former un animal parfait, il eſt neceſſaire que la ſemence vienne de toutes les parties du corps de celui qui engendre. Qui plus eſt, on peut entendre de cette maniére comment

Revi

Levi étant encore dans les reins de son pere, à payé la dîme avant que dêtre nai : *Car*, dit l'ecriture, *il étoit encore dans les reins de son pere lorsque Melchisedec vint audevant d'Abraham.* Enfin on pourroit même (suivant le sentiment d'un tres sçavant homme à qui nous avons fait part des secrets de nos experiences) déduire de ce principe l'origine de nôtre corruption naturelle ; en concevant que toutes les creatures ont été renfermées dans les reins de leurs prémiers peres. Or parceque ce sont des mysteres, que d'autres gens s'imaginent dépendre de leur jurisdiction. nous ne nous y arrêterons pas d'avantage ; mais nous allons examiner la seconde erreur de Sieur *Godart*, & nous découvrirons les autres, quand nous viendrons à l'examen de quelques unes de ses experiences ; nôtre dessein n'étant nullement de bâtir sur le fondement d'autrui.

La seconde Erreur dans laquelle il est tombé, se trouve dans la septante & septiéme experience de la première partie de ses ouvrages. Voici comme il parle. *Cequ'il y à ici,* dit il, *principalement de remarquable, c'est que l'on trouve le dos de l'animal, au mêmes endroits ou avoient été les pieds de la chenille ; & que cequi à été le dos de la chenille, forme ensuite les pieds de l'animal même.* Voulant dire apparemment que les pieds de la chenille deviennent le dos de l'animal, & que les pieds de cet animal se forment du dos de la même chenille. Mais enquoi il est encore plus blámable, c'est qu'il ajoûte ensuite. *Ce changement,* dit il, *se fait en fort peu de temps, & l'on le peut voir distinctement, d'abord que la chenille s'est dépoüillée de sa peau.* Nous aurions, bien occasion ici de traiter plus à fond du changement de la chenille en une [a] *nymphe dorée*, mais nous le laisserons, à cause qu'il nous semble que nous en avons déja assez dit pour le present, & que

nous

[a] *Chrysalis ou Aurelia.*

nous avons resolu de parler plus particuliérement dans un traité à part, ou nous ferons voir, tant par nôtre explication que par nos figures, où & dequelle maniére les membres de la nymphe ou du papillon sont situées & disposées dans la chenille dont ils se forment : comme nous avons fait autrefois en la presence de Monsieur *Magalotti* & de Monsieur *Thevenot*. Mais pour montrer la fausseté deccque nous avons cité du sieur *Godart*, nous dirons encore que les six pieds de devant de la chenille ne se changent jamais, & qu'il n'y arrive aucun *déplacement* perceptible. Et quoique le dit Godart (qui s'imagine être bien plus pénétrant que *Moufet*, Harvé & tous les autres, qui ne jugent que par conjecture) assûre qu'il ait vû le contraire ; nous soûtenons cependant qu'il se trompe aussi bien que tous les autres, qui disent l'avoir vû. Et nous croyons que son erreur vient de deux causes. La premiere est la vitesse avec laquelle la chenille se depoüille de sa peau, apresquoi ses membres viennent à paroître tout d'un coup, & situez tout d'une autre maniére que dans le ver. la seconde vient de certaines petites eminences comme des verües que l'on voit sur le dos de la chenille, qui se montrent incontinent apres qu'elle à changé de peau, & qui semblent être des marques des pieds de devant, Mais j'avoue que de plus subtils & plus clairvoyans que lui sy pourroient aussibien tromper ; à causeque ce changement de peau est si prompt & si subit, qu'il se fait comme en un instant. C'est pourquoi aussi Ceuxqui en ont écrit le plus exactement, & même depuis peu, ne nous en ont fait voir autre chose, si ce n'est que la peau se creve prémiérement sur la tête & sur le dos. Comme l'on peut voir dans un sçavant livre de la generation des insectes, composé par *François Redi* Medecin du *Grand Duc de Toscane*, & imprimé en Italien en lan sixcents soixante & huit, dans lequel l'Auteur prouve

G

soli-

solidement que les insectes ne s'engendrent point de corruption. C'est ceque nous voulons bien avoüer à ce sçavant medicin ; mais de plus nous pouvons facilement prouver que ce sont les insectes mêmes qui sont la cause de la corruption & de la pourriture , dont on dit qu'elles s'engendrent. Mais nous traiterons de toutes ces choses plus amplement quand il en sera temps.

Cependant, afin que nous puissions comprendre d'ou viennent ces especes de verües que l'on voit sur le dos de la chenille (que le sieur *Godart* s'imagine être des marques & des traces de jambes , qui se font changées) il faut prémierement sçavoir , qu'il y à quantité de chenilles , qui lorsqu'elles viennent à se changer , se depoüillent d'une membrane fort déliée , qui couvroit les poils dont leur corps étoit auparavant revêtu ; & si ces poils ont été tres fins & tres déliez , ils nous paroissent sur *la nymphe dorée* comme de la filasse. Mais il faut remarquer , que ces chenilles, dont nous parlons, ne sont pas effectivement revêtuës de poils , mais plûtôt de petites pointes toutes droites, qui ne ressemblent pas mal à des épines fort déliées , & lorsqu'elles se changent , elles semblent en quelque façon faire paroître sur le dos de la *nymphe dorée* quelques traces de jambes qui se seroient changées. Or c'est là la seconde cause de l'erreur du Sieur *Godart*. Mais s'il eût été un peu mieux informé, il auroit pû facilement comprendre, d'ou provient cette soye jaune qu'il dit avoir vûe sur la *b* *nymphe dorée* , dont il nous fait la description dans la *vingtiéme* experience de la premiare partie de son livre.

Or il est non seulement vrai que l'on peut voir changer la chenille en une *nymphe dorée* comme le sieur *Godart* à tres bien remarqué , & apres lui Monsieur *Francois Redi :* mais il est certain que nos experiences vont si loin, qu'en suivant exactement la nature , nous pouvons faire d'une

chenille,

Chenille, une *c nymphe dorée* & qui plus est , quelque   *c Chrysa-*
subit & quelque prompt que soit ce changement , nous   *lis, ou Au-*
nous vantons pourtant de le faire cesser entierement , & de   *relia.*
le rendre si lent que nous voulons. C'est pourquoi nous
pouvons encore produire des *nymphes dorées* , qui ne
sont changées qu'a demi: Comme nous avons fait en presence de *son Altesse serenissime le grand Duc de Toscane*
COSME TROIZIEME , lorsque Ce Prince nous fit
l'honneur & la grace de nous venir voir, & daigna bien visi-
ter nos travaux & nos occupations.

Mais afin de ramener le Sieur *Godart* de ses égaremens
nous dirons prémiérement, que les pieds de la chenille ou
du ver ne changent jamais de situation & ne sont jamais
placez sur le dos: Secondement, que ni le ver ni la chenille
ne se transforment jamais dans un autre animal , mais que
leurs membres se forment avec le temps , & croissent de la
même maniere que les ailes dans les poussins , ou les pieds
dans les petites grenoüilles. En troiziéme lieu nous soûtenons que dans toute la nature il ne se fait aucune transformation de ces petits animaux: mais que le changement, qui
leur arrive , (à l'occasion duquel on s'est si grossiérement
trompé jusques ici) ne consiste qu'enceque le ver où la che- *b Epige-*
nille croissent peu à peu sous leur peau , par une *b addition* *sis.*
des parties qui poussent & s'étendent les unes apres les autres : cequi nous paroît clairement & distinctement , lorsque ces animaux viennent tout d'un coup à se depoüiller
de la peau dont ils étoient revêtus. Mais il est vrai pourtant que leurs membres sont si mols & si fluides dans le
commencement , qu'il n'est pas possible d'y remarquer
aucun mouvement, jusqu'a cequ'enfin apres quelque jours
de transpiration , l'humidité s'étant dissipée, il deviennent
plus forts & plus fermes, & commencent à se remuër.

Or cela n'est pourtant pas general à tous , car il y à des
G 2
vers,

vers, qui ne perdent aucunement leur mouvement, & pour
le faire voir, nous allons venir à nôtre troiziéme propofi-
tion, à laquelle nous prions férieufement le lecteur de prê-
ter toute fon attention, comme étant une chofe de rres
grande confequence.

CHAPITRE IV.

Qui Contient quatre efpéces de changemens naturels,
fous lefquelles nous comprenons prefque tous
les infectes, dont le changement
dépend d'un même principe.

APres avoir tiré de la nature même des chofes
la vraye forme & la conftitution naturelle des
infectes, & avoir répréfenté; comme dans une
peinture, toutes les diverfes faces, que prennent ces animaux, lorfque leurs membres viennent à pouffer & s'é-
tendre fubitement. Nous avons encore fait voir manife-
ftement, comment cette matiere s'eft trouvée obfcurcie &
embroüillée par nos propres imaginations & par les tradi-
tions des anciens, & apres avoir nettoyé ces animaux de la
faleté & des ordures dont on les avoit couverts, nous les
avons enfuite rétablis dans leur état naturel, en pofant un
fondement inébranlable de leur generation, àlaquelle nous
faifons voir que le hazard n'a non plus de part, que les
loups en ont à la generations des brebis, ou bien les aigles
à la production des colombes. Nous allons donc traiter ici
des quatres efpeces ou des quatre dégrez de changemens,
qui arrivent aux infectes; & apres avoir nettoyé & décraf-
fé, pour ainfi dire la face de ces animaux, nous les rétabli-
rons enfuite dans leur état naturel; & leur rendrons leur
pré-

prémier jour & leur prémiere beauté. Afinque nous puisſions reconnoître la bonté & la ſageſſe infinie du Createur non ſeulement dans la generation & dans l'accroiſſement des plus petites creatures, mais auſſi dans la maniére dont il les nourrit & les entretient, & dans les changemens qu'il produit en elles : & qu'ainſi nous conſiderions avec admiration & avec reſpect ſes vertus adorables.

De la premiere eſpece des changemens naturels des insectes, ou l'on voit la maniére lente & preſqu'insensible de l'accroiſſement de leurs membres.

COmme nous remarquons que tous les inſectes proviennent d'un œuf, qu'un animal de la même eſpéce à produit (quoique la pluſpart des philoſophes ſoient d'un ſentiment contraire) auſſi nous voyons qu'entreux il s'en trouve quelques uns, qui ſortent immédiatement de l'œuf avec tous leurs membres parfaits ; comme ſont pluſieuz eſpéces d'araignes & d'autres inſectes. Il y en d'autres, qui ſouffrent quelque changement avant même que d'avoir atteint la perfection requiſe à toutes leurs parties ; & c'eſt cequi arrive à la pluſpart des vers & des chenilles. Car, lorsqu'elles viennent à ſe changer en a *nymphe* ou en b *nymphe* dorée, elles ſouffrent encore le même changement qui arrive à l'animal, lorſqu'il eſt encore renfermé dans l'œuf, dont il doit éclorre immediatement ; c'eſt à dire, que leurs humiditez ſuperfluës ſe diſſipent par tranſpiration, Comme il leur étoit déja arrivé auparavant dans l'œuf ou elles étoient renfermées. Tellement qu'entre ces animaux, les uns ſortent de l'œuf avec tous leurs membres complets ; & les autres n'en ſortent qu'imparfaits dans leurs membres. Mais Comme le a *premier*, avant que d'avoir atteint l'âge parfait,

a *Nympha.*
b *Chryſalis, ou Aurelia.*

a *C'eſt celui qui ſort de l'œuf avec tous ſes membres complets.*

parfait, & dêtre propre à la generation, renouvelle sa peau plusieurs fois , sans pourtant prendre la forme de *nymphe*: de même le *b* second se dépouille plusieurs fois de la sienne, jusqu'acequ'enfin venant à quitter la derniére, sous laquelle on lui voit prendre la forme de nymphe , il parvienne ensuite à un âge parfait ; Et dans cet état ni le premier ni le second ne changent plus jamais de peau & ne croissent point davantage : mais ils semblent aspirer tous deux avec ardeur à la propagation de leur espéce laquelle ils n'ont pas si tôt accomplie , qu'ils semblent rendre l'esprit en paix & en repos.   De plus on voit encore dans la nature des animaux , qui apres leur changement & la propagation de leur espece, ne peuvent pas vivre seulemenr quatre heures: sibien qu'il semble qu'ils ayent consumé par là tout le reste de leur force , & que la generation & le principe de vie d'un animal, cause la mort & la destruction de l'autre : ceci ressemblant assez aux poids d'une horloge , dont l'un ne descend jamais qu'il ne fasse monter l'autre. Mais nous traiterons de cette matiére plus amplement, quand il en sera temps.

    Or afin d'exposer plus particuliérement (autant qu'il est nécessaire pour le present) les expériences , que nous avons faites sur les œufs. Nous disons premiérement que nous avons découvert que tant les insectes, qui sortent de l'œuf tout parfaits , que ceux qui n'en sortent qu'en forme de vers , sont situez & disposez dans l'œuf de la même maniére, que les vers & les chenilles le sont sous la forme de *nymphe*, qu'ils ont prise ; & que ni dans l'œuf, ni sous la forme de *nymphe* ces animaux n'ont aupres d'eux aucun aliment. Mais nous ferons voir cela plus clairement , quand nous exposerons le quatriéme dégré ou la quatriéme espéce des changemens.

    Deplus les vers & les chenilles , dont nous avons parlé,

ayanr

ayant pris la forme de *nymphe* ; sont aussi fluides que l'eau même , & leurs membres étant enflez par une humidité excessive , ne sont capables d'aucun mouvement ; quoique pourtant ces animaux soient déja douez de vie & de sentiment : & nous remarquons de même , que les autres, dont nous venons de parler , ont toutes les mêmes qualitez que ceuxci ; car nous les trouvons dans leurs œufs aussi fluides que de l'eau , sans y decouvrir le moindre mouvement : Et la conformité , qui se trouve entr'eux nous paroîtra encore plus grande , si nous considerons que ceux qui ont pris la forme de *nymphe* ne sortent point avantque toute leur humidité ne soit évaporée , & que leurs membres se soient rendus asses forts , pour forcer la membrane dont ils étoient envelopez de même aussi que les autres (soitqu'ils sortent de leurs œufs tout complets , soit qu'ils en sortent imparfaits) n'éclosent jamais avantque toute leur humidité superfluë se soit dissipée par transpiration , & que leurs membres foibles & tendres soient devenus assez fermes & assez forts , pour rompre la derniére peau ou ils étoient renfermez comme dans une écaille .

Aprés avoir examiné avec soin ceque nous venons de proposer , comme étant de tres grande consequence : nous jugeons que l'œuf, où l'animal est renfermé, comme dans une *nymphe* , sans avoir aucun aliment , & danslaquel il a déja la forme de l'insecte , qui en doit sortir , peut être nommé en latin , *Nymph'animal oviformis* c'est à dire. Un animal sous la forme d'une *nymphe* qui represente la figure d'un œuf. Mais pour mettre quelque distinction nous donnerons aux autres le nom de *nympha vermiculus oviformis* , c'est à dire , un ver sous la forme d'une nymphe, qui est de la figure d'un œuf. Or nous trouvons aussi que cet œuf , ou plûtot cette membrane , dont l'animal est revêtu , doit plutôt porter le nom de peau , que d'œuf

d'œuf ou d'ecaille à caufe que l'infecte eft déja tout formé
fous fa peau, au lieu que dans les œufs l'animal , ne
commence qu'à fe former. Et c'eft ceque nous avons déja
touché en quelque façon , quand nous avons parlé des
membranes , dont les *nymphes* & les *nymphes dorées* fe
dépoüillent.

Or nous allons propofer ici quelques régles & quelques
efpéces de changemens , fous lefquelles nous comprendrons tous ceux , qui arrivent aux infectes , qui nous font
connus. Et nous confidererons prémierement le changement de ces infectes , qui naiffent immédiatement d'un
œuf, dont le changement , c'eft à dire , l'accroiffement
des membres , fe fait au dedans du corps de la mere , &
qui fe formans de petites parties invifibles mais pourtant
reellement exiftantes, croiffent enfin jufqu'ace qu'avec le
temps il en vienne un animal parfait ; fans recevoir du dehors aucun autre changement fi ce n'eft que leur humidité
fuperflue fe diffipe par tranfpiration ; & que dans un fecond
changement , lors qu'en croiffant ils prennent la forme
de nymphe (dans laquelle l'humidité exceffive s'évapore
auffi) ils fe trouvent environnez d'une envelope. Or C'eft
la prémiere & la plus fimple efpéce de tous les changemens, que nous allons propofer ici ; & apres l'avoir exposée clairement , nous pafferons enfuite à d'autres qui font
plus obfcures & plus difficiles à comprendre: & même nous
rapporterons de certains changemens dont la maniére paroit tout à fait inconcevable, & qui font d'une telle nature,
que les termes nous manquans pour les exprimer , nous
fommes obligez de leur donner le nom d'œufs , lefquels
fi nous nous contentons de confiderer à l'exterieur , fans
les examiner de pres , nous ne pourrons pas y decouvrir
aucunes parties perceptibles.

Mais pour expliquer nôtre penfée en peu de mots , nous
difons

disons que la *prémiere espéce des changemens des inse-*
ctes ne consiste qu'en ceque l'animal, qui est renfermé
dans l'œuf, sans aliment, mais avec tous ses membres
complets, vient ensuite, apres la transpiration des
humiditez superflues, à sortir de l'œuf ou, pour mieux
dire, de la membrane dont il étoit revêtu, sibien qu'a-
pres cela il ne lui arrive plus aucun changement considé-
rable : neantmoins avant que cet animal se soit suffisamment accrû par le möien de l'aliment qu'il à receu de
dehors, & qu'il soit parvenu à sa juste grandeur : il faut
qu'il change encore quelquefois de peau, comme font les
vers & les chenilles : & lorsqu'il en change pour la derniere fois, ses membres se changent aussi en quelque façon : mais quand il est dans sa derniere peau, on le doit
considerer comme une nymphe ; car apres qu'il s'en est dépoüillé, il devient d'abord propre à la propagation de
son espéce, & parvient, pour ainsi dire, à un âge viril &
parfait.

Puis donc qu'il s'en trouve à qui il arrive encore quelque changemens, apres même qu'ils ont quitté leur derniere peau ; il me semble que dans cet état c'e n'est pas
tant une *nymphe* que l'animal même ; c'est pourquoi nous
croyons que l'on lui peut bien donner le nom de *Nymp'a-*
nimal, c'est à dire, *nymphe & animal* tout ensemble :
sans que nous prétendions pourtant lier personne à ce mot;
toutceque nous en faisons, nétant que pour distinguer
mieux les divers états ou se trouvent ces animaux & pour
faire concevoir plus distinctement tous les divers changemens, qui leur arrivent dans la nature : Car c'est veritablement dans cette connoissance que consiste toute l'utilité
que nous pouvons tirer de la considerations des insectes.

De plus, lorsque nous examinons avec soins la nature
de ce changement, nous trouvons qu'il convient non seu-

H

lement

lement avec la maniére , dont croiffent les membres des animaux , qui ont dufang , mais qu'il eft même affez conforme aux changemens qui arrivent aux plantes : Cequi fe doit entendre auffi des autres efpéces de changemens dont nous parlerons dans la fuite.

Mais fi nous voulons chercher des exemples entre les animaux , qui ont du fang nous n'en pouvons jamais trouver un plus propre , que celui des grenoüilles , dans la maniére dont leurs membres croiffent : car on decouvre auffi dans ces animaux des œufs (qui font proprement ce point noir que l'on y voit) ou l'animal même eft renfermé , de même que les infectes : & la membrane dont la petite grenoüille eft rêvetuë eft de la même nature que celle des infectes : toute la difference, que nous remarquons entre ces animaux, confifte enceque lorfque la grenoüille s'engendre elle apporte fon aliment avec elle ; mais que l'infecte naît fans avoir dans fon œuf aucune nourriture.

De plus comme la grenoüille trouve la nourriture prête, incontinent apres que l'œuf ou la membrane , ou elle étoit renfermée , vient à fe crever : de même auffi les œufs ou les membranes des infectes venans à fe rompre ces animaux trouvent incontinent leur aliment prêt , les uns en étans environnez , & les autres fe trouvant placez deffus.

Mais pour aller encore plus avant, nous difons que comme la genoüille fort de l'œuf fans pieds , il en arrive de même à une infinité d'infectes : Et la conformité nous paroîtra encore plus grande , fi nous confiderons que dans les petits des grenoüilles les jambes & les autres membres croiffent les uns fous la peau , & les autres au dehors jufqu'acequenfin ils viennent à paroître fous la forme de *nymphe* : car nous voyons toute la même chofe dans les Infectes, dont les membres croiffent auffi avec le temps les uns

audedans,

au dedans, & les autres audehors de la peau, jusqu'acequ'ils viennent à se changer en veritable *nymphe*.

Enfin comme la *nymphe* de la grenoüille apres s'être depoüillée, nous fait remarquer tous les membres, que nous appercevions remuer autravers de la peau, lorsqu'ils y étoient encore renfermez atteint avec le temps son âge parfait, & devient propre à la generation & à la propagation de son espéce : aussi nous voyons que les nymphes des insectes, venans à se défaire de leur membrane, nous font voir tout de même, les membres qui etoient cazehez & deviennent ensuite propres à la propagation aussibienque les grenouilles.

Or nous nous étendrons davange sur cette matiére, quand nous parlerons des experiences que nous avons faites sur les grenoüilles & dont nous avons fait les principales en presence de son Altesse le *Grand Duc de Toscane* dont l'esprit rare & sublime aime toutes sortes de sciences, & favorise ceux qui les possedent.

Nous allons à present passer à la comparaison des plantes que nous voyons croître d'une sémence que contient déja quelques feüilles dans son germe, ou du moins quelque bourgeons : & c'est de la mëme maniére que nous voyons les insectes provenir d'une sémence, qui contient ensoi non seulement toutes les parties de l'animal, mais qui est effectivement l'animal même, enfermé dans une membrane ; & qui parvient insensiblement à la grandeur ordinaire de son espéce.

Tellement que comme nous voyons les plantes parvenir à leur âge parfait & pousser des boutons, ou les fleurs sont renfermées, comme l'insecte dans sa nymphe : de même nous remarquons aussi que ces insectes perviennent peu à peu à leur âge parfait, & bourgeonnent dans la nymphe, dans laquelle leurs membres sont disposez comme les fleurs dans leurs boutons.　　　　H 2　　　　En-

Enfin Comme les fleurs pouſſans avec le temps hors de leurs boutons & venans à s'étendre, deviennent, pour ainſi dire, capables d'engendrer & de produire de la ſemence : de même ces petits animaux ſortans de leur nymphe comme une fleur de ſon bouton, deviennent enſuite propres a la propagation, & capables de produire de la ſemence. Et comme cette generation ſe fait dans les plantes, par l'union des parties de la ſemence avec la terre & avec le ſuc & l'humidité qu'elle contient : de même auſſi la generation des inſectes ſe fait par l'union des parties fecondes & inviſibles de la ſemence du mâle avec la ſemence de la femelle, qui eſt effectivement viſible, vivante & doüée de ſentiment. *Or quand cette ſemence de la femelle a receu la ſemence du mâle elle continue & perfectionne par la vertu de cette ſemence, la vie, le mouvement & le ſentiment qu'elle avoit déja : & c'eſt proprement dans la continuation de ce mouvement, que nous croions que conſiſte la conception feconde de cette ſemence.*

Dénombrement des animaux, qui ſont compris ſous la prémiere eſpéce des Changemens Naturels des Inſectes, & auxquels on peut donner en latin le nom de Nymph'animal.

APres avoir propoſé la premiere & la plus ſimple eſpéce des changemens naturels, dans laquelle nous conſiderons l'animal comme une *nymphe*, lorsqu'étant ſorti de œuf, il vient a renouveller ſa peau pour la dernière fois : nous allons faire à preſent le de nombrement des animaux qui ſont compris ſous cette même ſorte de changemens, & à cette occaſion nous dirons combien

bien de sortes d'insectes nous avons chez nous ; & combien de *a nymphes*, & de *b nymphes dorées* nous gardons dans nos boëtes avec quantité d'autres curiositez. Et par ce moïen nous pouvons faire voir sensiblement tout ceque nous avons déja proposé, & ceque nous proposerons encore dans la suite.

a Nympha.
b Chrysalis, ou Aurelia.

Sous la prémiére sorte de changemens nous comprenons l'araigne, dont nous gardons une espéce qui nous est venuë du bresil, qui est la plus grosse & la plus dangereuse de toutes. Et nous remarquerons en passant, que cet animal a les cornes si grandes & tellement situées au dessous de la poitrine, qu'on a de la peine à les distinguer de ses pieds : mais lorsque nous venons à les considerer de pres, nous trouvons qu'elles sont pourvûës de pinces & despéce d'ongles aussi-bien qu'aucune des autres jambes : cequ'ayant ensuite éprouvé dans les autres sortes d'araignes, nous avons été obligez de conclurre qu'elles n'ont point de cornes. Et nous pouvons soûtenir avec raison contre le sentiment vulgaire, que les Araignes, que l'on dit ordinairement n'avoir que huit pieds, en ont effectivement dix. Mais parceque nous voyons dans quelques Araignes, que leurs pieds de devant ressemblent aux pinces des scorpions ; cela nous empêche en quelque façon de les mettre tout à fait au nombre des autres jambes ; y ayant de plus dans toutes les Araignes une tres grande différence entre la figure des pieds de devant & celles des pieds de derriere.

Pourcequi regarde ces parties de l'Araigne que l'on nomme ordinairement les dents ; nous trouvons que ce sont plûtôt deux pinces, deux ongles ou deux aiguillons de deux jambes ou de deux bras, que non pas des dents. Et parceque ces pinces ont beaucoup de ressemblance avec l'aiguillon des scorpions, nous jugeons aussi qu'ils blessent

sent tous deux de la même maniere, les animaux à qui ils veulent nuire : & toute la difference, qui se trouve entre l'aiguillon de l'araigne & celui de scorpion, consiste seulement enceque le prémier est situé sous la poîtrine de l'araigne, & que l'autre est placé a la quëüe du scorpion ; outre encore que dans l'Araigne il est double, mais que dans le scorpion il est simple. Nous trouvons encore que ces membres, dont nous parlons, sont composez de deux, dont on peut dire que l'un qui est environné de poil & situé contre la poîtrine, est la premiere partie du pied, & que l'autre, ou l'aiguillon est attaché, en est la seconde. Or nous remarquons de plus que c'est par ces dents pretenduës, ou plûtôt par ces aiguillons que les Araignes insinuënt leur venin, & que c'est avec eux qu'ils percent les animaux qu'ils attrapent, afin qu'apres leur avoir donné cette playe mortelle, ils en puissent sucer plus facilement toute la substance. Et nous trouvons même que dans ces sortes d'Araignes, qui sont les plus petites, & qui semblent n'être pas venimeuses, il y a de ces pinces ou de ces aiguillons, qui semblent leur être donnez pour leur défense : Mais il faut sçavoir pourtant qu'il y a une tres grande difference entre la figure des deux pinces ou des deux aiguillons des Araignes.

Nous gardons encore un'espéce d'araignes, qui est venuë de l'Amerique, dont le corps est gros & les pieds longs & velus : ses cornes égalent à peine en longueur la moitié des pieds de devant ; ses yeux sont au nombre de huit disposez en deux rangs distincts ; & ses pinces ou ses ongles sont si grandes qu'elles semblent former en elle la plus grande partie de la tête aussibienque dans les autres Araignes. Or nous nous étendrons d'avantage sur toutes ches choses, quand nous viendrons à parler des experiences particuliéres, que nous avons faites.

Nous

Nous avons encore deux sortes *a* d'Araignes, qui sautent
comme des puces, & qui attrapent leur proye d'un seul saut:
c'est pourquoy la nature leur a donné huit yeux distincts,
& une vuë tres prompte & tres pénétrante: mais il est
plus difficile de juger de la vuë des Araignes qui font des
filets ou de la toile; parceque quoyque l'on mette les doigts
devant leurs yeux ils semblent pourtant non seulement
ne point voir, mais aussi nous ne pouvons pas remarquer
qu'elles en soient surprises, ni qu'elles en prennent la suite. Mais au contraire, lorsqu'il tombe la moindre petite
bête dans leurs filets, ils les apperçoivent d'abord & sejet-
tent dessus en même temps. Ceque quelques philosophes
ayans remarqué, ils ont jugé de là que les araignes n'ont
point d'yeux, & qu'ils n'accourent à leur proye que par
l'ébranlement qu'elles sentent dans les filets de leur toile.
Et cequi les à encore portez à nier absolument cela, c'est
qu'ils n'ont pas pû remarquer avec le microscope que les
yeux des Araignes soient joints & entrelacez ensemble non
plus que ceux des scorpions. Mais quoique ces sortes d'a-
raignes ne sautent pas sur leur proye comme les *a* autres,
& qu'elles n'y accourent que lorsqu'elle est prise dans leurs
filets, cela ne suffit pourtant pas pour conclurre qu'elles
n'ont point d'yeux. Car il est certain que l'on y découvre
des yeux, disposez demême que ceux des *b* Araignes qui
sautent. Et l'on ne peut pas non plus conclurre qu'elles
n'ont point d'yeux à cause qu'ils ne sont point joints ensemble comme dans les autres insectes: parcequ'il est in-
different si leurs yeux sont entrelacez ensemble, ou bien
s'ils sont repandus parci parlà sur leur corps, comme ils le
sont en effet. Et l'on peut encore ajoûter que les yeux des
Araignes, qui sont ainsi dispersez, sont bien plus gros que
ceux qui sont joints ensemble: d'ou l'on pourroit inferer
avec raison qu'elles ont la vûe meilleure & plus parfaite

que

*a Aranea
pulex, ou
Aranea
lupus.*

*a Aranea
pulex.*

*b Aranea
pulex.*

que les autres infectes ; excepté cette forte , que nous a-
vons repréfentée dans la Tab. viii. Fig. vi. fur laquelle on
peut faire plufieurs belles remarques : la nature ayant renfermé dans les plus chetifs animaux des merveilles inexprimables : outreque les plus petites creatures ont des principes auffi confiderables & auffi perceptibles que les plus
grandes Comme nous avons déja dit ci devant.

Mais pour revenir à ces Araignes qui fautent ; nous remarquons que lorfqu'elles font un faux bond , la nature
leur fournit un fil auquel elles demeurent penduës , & qui
les empêche de tomber fubitement : Mais lorfq'uelles demeurent long-temps dans une même place , cemême fil
les empêche d'épier & d'affaillir commodément leur
proye. Or ce fil leur eft encore d'un autre ufage ; car elles s'en font comme un'efpece de toile dans laquelle elles
fe cachent , lorfque la neceffiré les y oblige , ou que l'on
les veut prendre. Nous gardons encore une forte de ces
c *Aranea* c Araignes , qui fautent , dont les pieds de devant reffem-
pulex.   blent aux pinces des fcorpions.

Nous avons encore une ꝑ Araignе , qui pour bien cou-
ver fes œufs , les porte avec elle comme dansune petite
corbeille ; cequ'elle fait avec tous les foins & toute la ten-
dreffe imaginable. Et lorfque l'on vient à lui arracher la
membrane ou elle porte ces œufs ; elle court incontinent
apres en toute diligence , de même qu'une poule à qui on
à ravi fes pouffins : & apres les avoir retrouvez , elle les rat-
tache , & les recolle auffitôt à fon corps. Nous trouvons la
defcription de cette forte d'Araignes dans le livre que *Har-*
vé à fait de la generation des animaux.

Nous gardons encore des efpéces de filets de figure ovale , ou ces fortes d'araignes enfermans leurs œufs , les pen-
dent enfuite aux poutres & aux foliveaux , comme l'on
fait les panniers.

Nous

Nous pouvons aussi montrer une espéce *a* d'Araigne, à longues jambes, que le Sieur *Goudart* (auquel le public est redevable de plus de *quatre cents* figures d'insectes) nous a peinte au naturel dans la *quarante & neuviéme* expérience du prémier tome de son livre.

Nous sommes encore fort obligez au Sieur *Jacob Hoefnagel*, durant sa vie peintre Celebre de *l'Empereur* Rodolphe, qui nous à peint au vif trente & cinq sortes d'Araignes, avec encore plus de trois cent espéces d'insectes, dont les figures, qui ont été imprimees pas privilége de l'empereur même, ne cedent en rien à celles de *Goudart*.

Nous sommes aussi redevables à *Wenceslaus Hollaar* pour le travail & la diligence, qu'il à fait paroître dans les belles figures qu'il nous à données des insectes, qui se trouvent dans le Cabinet de Monsieur le *Conte d'Arondel*. Nous souhaiterions bien que ceux, qui se vantent d'avoir connoissance de ces choses, en eussent fait autant : afin, parce moïen, de porter à la perfection cette partie de la sagesse naturelle (que nous ne croions nullement être la moindre) qui nous apprend à rechercher & à connoître facilement la nature & les actions d'un infinité d'animaux.

Mais avant que de finir, nous avons envie d'exposer la maniére, dont les *b* Araignes, qui font de la toile ou des filets, passent d'un arbre à l'autre quoiqu'il y ait de l'eau entredeux, qui les sépare. Or pour entendre ceci, il faut prémiérement sçavoir que le fil de l'Araigné est d'ordinaire non seulement double, mais qu'il est même souvent dix ou douzefois double : ceque l'on peut voir facilement, lorsqu'apres avoir fait tomber un'Araigne de quelque hauteur, on vient aussitôt à en considerer le fil. Mais pour faire cela plus sûrement & avec moins de peine, il ne fautque séparer la partie de derriére de son corps de celle de devant, & apres en avoir ramassé le fil, regarder à son origine : apres quoi il

a Aranea longipes.

b Araneus Telarius ou muscatrix.

I

faut

faut confiderer que l'Araigne defcendant d'une hauteur avec plufieurs fils, & remontant enfuite avec un feul , peut facilement paffer d'une hauteur à l'autre , quoiqu'il y ait de l'eau entre deux , à caufe que les fils, qu'elle à quittez apres qu'ell'eft defcenduë , etans pouffez par l'agitation de l'air, fe vont attacher au premier arbre ou au premier corps, qu'ils recontrent & fervent ainfi comme d'un pont pour paffer ces animaux.   Or cette opinion du fil double des Araignes à été déja en quelque façon propofée par *Henri le Roi* Profeffeur en Medecine à Utrecht , & par *François Redi* fçavant Medecin du grand *Duc de Tofcane.*

Nous comprenons encore fous la premiére efpéce des changemens les cirons & les mites , qui fortent auffi tous parfaits hors de leurs œufs , & qui croiffent enfuite peu à peu.

Nous y rapportons encore les poux ordinaires , dont les œufs font veritablement des lentes.   Or il faut remarquer que cet œuf ou cette lente font veritablement le poux mê-me,qui venant à fortir de fa membrane auffitôt que l'humi-dité fuperfluë s'en eft évaporée;devient incontinent propre à la generation. Et c'eft cette promptitude, avec laquelle il engendre immediatement apres être forti de fon œuf, qui à fait dire à quelques uns par raillerie (car cen'eft en effet qu'une plaifanterie) qu'un poux devient bifayeul dans le temps de vingt & quatre heures : or il les faut te-nir dans un lieu chaud & humide , autrement les lentes fe-meurent : Et c'eft ceque nous voyons arriver à celles , qui étans engendrées la nuit dans les cheveux pendant qu'ils font chauds , meurent enfuite le jour lorfqu'elles viennent à être expofées à la fraîcheur de l'air , & qui apres avoir demeuré quelque mois collées aux cheveux , per-dent enfin tout à fait la forme exterieure qu'elles avoient.

Or ceque nous trouvons encore de remarquable dans un
poux,

poux, est ce mouvement admirable de ses entrailles, que nous apparcevons en le mettant sous un microscope : car nous voyons autravers de son corps, qui est transparent comme du cristal, toutes ses parties intérieures : ses veines nous paroissent toute blanches, & nous voyons distinctement le mouvement de ses Intestins aussibien que des autres visceres. Nous remarquons encore, quand il suce : que le sang coule comme par ondes dans son Estomach, à peu pres comme l'eau qui passe par une écluse : & ce sang passe avec tant de violence: qu'il oblige les excremens des intestins à lui ceder la place mais nous traiterons toutes ces choses plus exactement, quand nous parlerons de nos expériences particuliéres : toutceque nous proposons ici n'étant que pour faire connoître à nôtre Patrie la structure admirable du corps de ces petits animaux & la maniére dont ils vivent, & de célébrer par là la sagesse de la nature, qui a renfermé dans de si petites creatures tant de mystéres incomprehensibles. Nous pouvons encore faire remarquer ici l'utilité que l'on tire des microscopes par le moïen desquels nous pouvons découvrir des muscles, des veines & des entrailles dans de si petits animaux en quoi certes l'on peut bien reconnoître combien le Createur, qui les a formez est incomprehensible dans ses ouvrages : un autre avantage, que nous tirons encore des microscopes, est que dans les animaux, dont le corps est transparent, nous pouvons bien mieux juger du mouvement des visceres, que nous ne faisons dans les animaux, dont le corps est opaque, lorsque même nous venons à en faire la dissection : c'est ceque nous pouvons voir dans le livre, que l'incomparable *R. Hooke* a fait des experiences du Microscope, & qui a été imprimé en Anglois & dedié a sa Majesté Britannique.

Mais si quelqu'un nous demande si les poux des ani-

maux

maux qui ont du sang ; ou si les petits poux des insectes ; ou bien même si ceux que l'on trouve sur les plantes & dans les champs sont compris sous la prémiére espéce des changemens naturels. Nous répondrons que nous avons quelque raison de le croire ; mais que nous n'oserions pas l'assûrer tout à fait , à cause que nos expériences n'ont pas encore été si loin.

a Ricinus. Et nous n'oserions pas même y rapporter les *a* tiques , dont parle Aldrovandus , qui sont comme des espéces de gros poux, dont les vaches & les chiens sont ordinairement attaquez ?

b Cimex Lectularius. Nous n'y comprendrons pas non plus les *b* punaises , ni les *c* morpions ; pareeque nous n'avons pas fait jusques ici

c. Pediculis. d'expériences suffisantes pour en pouvoir juger sûrement.

Mais nous voulons bien comprendre sous cette premiere espéce de changemens les puces , qui proviennent d'une lente comme les poux , & qui prennent leur couleur rougeâtre dans cette lente , de même que les autres insectes ,

d Nympha. lorsqu'ils ont encore la forme de *d Nymphe*. Et l'on peut facilement découvrir avec le microscope tous les changemens , qui leur arrivent dans leurs lentes , & comment elles y changent leur couleur blanche en noir : Ce qui me semble être de grande importance , comme nous ferons voir dans la suite.

Nous mettons encore dans le même rang un petit animal , qui se trouve d'ordinaire dans les reservoirs d'eau de pluie , que *Goudart* nous a dépeint dans la dixiéme table de la derniere partie de son livre sous le nom de poux aquatique. Mais pareeque cet animal est fort different d'un poux dans sa nature & dans la structure de son corps , qui sont toutes deux fort étranges , apres l'avoir peint au naturel nous le representerons sous une forme plus grande & nous y ajoûterons ensuite la description.   Nous

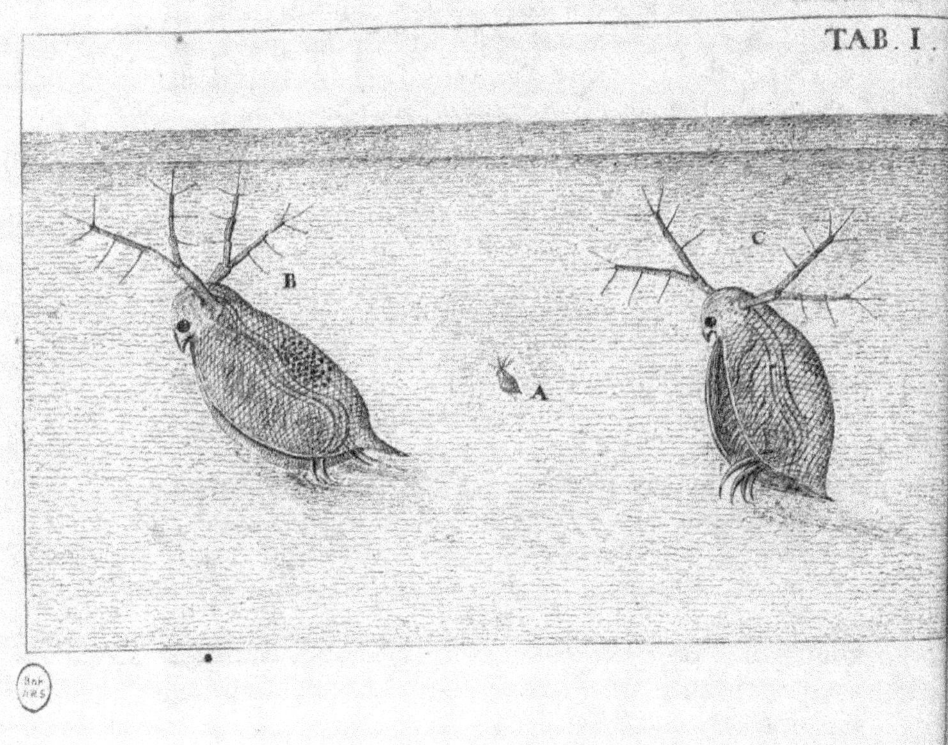
B
C
A

Vous verrez donc que l'animal, que nous avons représenté au naturel dans nos ª figures à la lettre A. est le même que nous avons peint en grand aux côtez de la Table à
la lettre B. outre la structure de son corps, qui est à peu pres
quarrée ; nous faisons voir encore dans la tête des yeux &
un bec , & dans la poitrine des bras , qui en sortent en forme de branches : & nous montrons dans son ventre un
corps transparent, des jambes, une queue & des œufs.

Quand on considere cet animal en petit ou dans son état
naturel, on croiroit qu'il n'a qu'un œil. Mais cela vient deceque ses yeux étans situez au dessus de son bec , qui est
fort menu , semblent se toucher & n'en faire qu'un seul.
Son bec est transparent & pointu , & c'est par là que nous
croyons qu'il suce sa nourriture : aussibienque les autres insectes qui vivent sur l'eau, dont l'aiquillon ou le bec est
pour cet effet placé dans le devant de leur corps.

Or je ne trouve rien de plus remarquable dans cet animal, que ses bras branchus & le mouvement qu'ils ont sur
l'eau ; nous les voyons sortir des épaules d'un même tronc,
& se diviser ensuite en deux branches , dont chacune se divise derechef en trois autres petites : de la premiere & de la seconde petite branche, en contant du tronc , il sort un petit
rameau qui ressemble à un filet de soye ou à un cheveu : la
troisiéme , qui est la derniere, jette encore trois autres petites branches déliées comme des cheveux , qui semblent
encore se diviser derechef.

Si les bras de cet animal sont d'une étrange figure , son
mouvement, que nous remarquons être de trois sortes, l'est
encore d'avantage. Car prémiérement il se meut tout entier
d'un mouvement direct , & il étend ses bras sans intermission, tantôt en les faisant aller de côté & d'autre , & tantôt en
les baissant & en les élevant.

Secondement il a encore un autre mouvement à peu

ª *Tab.* I.
A.
B.

pres semblable à celui des moineaux dans l'air : Car comme cet oyseau a un mouvement inégal en volant , & que
tantôt il s'éléve & tantôt il se baisse , selonque ses ailes
s'étendent ou se reserrent ; demême aussi ce petit animal en
frappant de ses bras sur leau & en les relevant demême sans
intermission , acquiert par là un mouvement inégal , &
semble tantôt aller à fonds & tantôt remonter sur la surface. Enfin comme son mouvement n'est pas fort réglé , cela fait qu'il excite comme un'espéce de sauts continuels
dans l'eau , tenant pourtant sa têté toujours élevée , & sa
queüe regardant toujours en bas.

Or parceque cet animal à cause de son mouvement , à
plus de conformité avec une puce qu'avec un poux , & que
ses bras sont faits comme des branches d'arbres ; nous le
nommerons en latin *pulex aquaticus arborescens* : c'est
à dire une puce aquatique dont les bras ont la forme de
branches d'arbres.

En troiziéme lieu nous voyons que ce petit animal à encore un'aurre sorte de mouvement qui est tres semblable à
celui de certains pigeons , qui font des caprioles & des cul-
butes en l'air en tournant, & qui semblent perdre leur mouvement en se laissant en quelque façon descendre vers la
terre. Car en baissant sa tête en bas, & en élevant sa queüe,
il rame avec ses bras d'une maniére , que toutes les parties
de son corps étans dans un mouvement continuel, paroissent tantôt dessous & tant dessus l'eau , & representent cet
animal comme tournant dans un cercle : cequi est fort
plaisant à voir, & que l'on peut bien aussi comparer avec le
mouvement d'une roüe.

Cequ'il y a encore de fort remarquable dans cet animal , est que par le mouvement de ses bras il se peut quelquefois tenir plusieurs jours sur la superficie de l'eau : mais
quelquefois aussi il demeure au fonds , sans être pourtant
jamais tout à fait en repos.   Enfin

Enfin la ſtructure étrange de ſon ventre merite fort
d'être remarquée : car ſi on le conſidére par dehors il paroîtra d'une figure quarrée : & céque l'on prend pour le ventre n'eſt effectivement qu'une peau tranſparente en forme
d'écaille , laquelle ſe joignant par derriere ſur le dos, s'en-
trouvre par devant ſur le ventre & nous donne par là le
moyen de voir ſon veritable ventre ou autrement ſa queüe,
que cette peau renferme en forme d'une écaille double ,
autravers delaquelle on peut apparcevoir le corps de l'animal : tellement que puiſque le ventre ou laqueüe de cet animal eſt renfermée dans un'écaille qui eſt ouverte par devant , on le pourroit bien comparer aux animaux qui vivent dans des coquilles, ſi ce n'étoit ce mouvement mani-
feſte que l'on remarque en lui & qui ſert à le diſtinguer
d'eux. Et nous voyons même quelquefois autravers de la
fente de ſa peau , que ſa queüe ſe meut de côté & d'autre
comme nous avons marqué à la lettre E. Or dans la même
table , là ou nous repreſentons cet animal aux côtez , nous
voyons ſon corps ou ſa queüe , qui ſe courbe en forme de
S., paroitre au milieu de ſon écaille : & nous découvrons
autravers de ſon corps un inteſtin qui y eſt renfermé : ſes
pieds ſont ſituez comme ceux des Ecreviſſes & ont à peupres le même mouvement ; ſeulement avec cette difference que dans les écreviſſes les pieds leur ſervent à ſe tranſ-
porter d'un lieu en un autre, mais que dans cet animal , ils
lui ſont inutiles pour cet effet. Nous voyons encore que
l'extrémité de ſa queüe ſe diviſe en deux pointes qui paroiſſent roides & deliees comme des cheveux , & que de ces
deux pointes nous en voyons encore ſortir deux autres en
forme de petits poils : au derriére de ſon corps ſur le dos
nous découvrons de petits points noirs, que nous croyons
être ſes œufs ; à cauſe que quelque temps apres qu'il les a
jettez , nous voyons nager ſur l'eau de petits animaux
ſemblables, qui ſont d'une coleur blanchâtre. A

C.
B.

A la figure C. nous repréſentons derechef toutes les parties, excepté les œufs, mais pourcequi eſt du corps, que nous avons dépeint à côté à la lettre B., nous le dépeignons ici comme plus avancé vers le devant afin de faire mieux remarquer le mouvement de laqueüe par la fente de la peau. Nous y repréſentons encore les jambes de l'animal, que nous avons fait peindre comme s'avançans hors de cette même fente.

Pour cequi regarde la couleur de cet animal, elle tire en quelque façon ſur le rouge, & ne reſſemble pas mal à celle de la chair, qui a trempé dans l'eau quelque temps : ſa peau exterieure eſt aſſes ſemblable à celle de ces poiſſons, dont les écailles ſont diſpoſées comme les mailles d'un filé, hormisquell'eſt à peupres tranſparente comme l'écaille des plus petites moûles, ou comme la coquille des limaçons. Enfin nous trouvons que ſes bras branchus ont aſſez de conformité avec les pieds d'une poule.

Nous trouvons d'ordinaire (comme nous avons dit) ces animaux dans des reſervoirs d'eau de pluie, ou il n'a plû de longtemps : car autrement lorſqu'il tombe de la pluie de nouveau, cela les diſperſe çà & la & les rend plus difficiles à découvrir : ils ſe trouvent encore quelquefois dans l'eau douce & dans les foſſez qui ſont remplis de fange & de bourbe.

Il me ſouvient, étant autrefois en france, d'avoir vû au bois de Vincennes ſur la ſuperficie de l'eau, une ſi grande quantité de ces petits animaux, qu'il ſembloit que l'eau fût veritablement changée en ſang : cequi effectivement m'effraya d'abord, mais qui me donna enſuite occaſion de rechercher avec plus de ſoin la nature de ces petites bêtes, & m'apprit à ne pas juger témerairement des choſes que nous voyons : Car c'eſt ſans doute cette precipitation de nôtre jugement, qui nous jette dans une infinité d'erreurs

&

& de prejugez & c'est peutêtre de cette maniére que se trompent ceux, qui disent qu'il pleut quelquefois du sang: Car il peut bien arriver que ces gouttes rouges comme du sang, proviennent des insectes, qui ne sortent jamais de leurs œufs sans laisser tomber quelques unes de ces gouttes rouges: & cela auroit lieu particulierement dans les années ou ces animaux multiplient extraordinairement, comme font souvent les papillons, & les moucherons.

Depuis ce temps là Monsieur *Florent schuil* Professeur en Medecine à Leide m'a raconté une semblable experience: Car, dit il, étant un jour dans son étude il entendit quelque bruit, qui s'augmentant peu à peu lui donna la curiosité d'en rechercher la cause; mais son desir fut incontinent satisfait: car une de ses servantes accourant subitement lui vint dire d'une voix tremblante, que l'eau des canaux de Leide étoit changée en sang. Cequ'ayant entendu il se mit aussitôt dans une chaloupe pour se rendre à l'endroit ou devoit être ce sang: d'abord il en puisa en un verre & ayant consideré cette liqueur de près, il trouva que ce n'étoit que de l'eau remplie de petits animaux rougeâtres. Ainsi cette apprehension subite se changea dans une grande admiration.

Pourcequi est des autres découvertes, que nous avons faîtes dans ce petit animal, nous en parlerons dans nos expériences particuliéres; & nous enseignerons cependant à ceux, qui recherchent sérieusement les mysteres de la nature, la maniere de découvrir dans l'eau les insectes aquatiques, apresquoi nous leur ferons voir le moïen den connoître la nature interieure.

Nous ne pouvons point appercevoir dans l'eau ces petits animaux plus commodément que dans un Urinal, & s'il est un peu petit, il est impossible que le moindre animal qui y nage, ne se découvre à nos yeux: à cause que l'eau même

K

nous

nous fert comme de microfcope ; & felonque le vaiffeau eft
plus grand ou plus petit , l'animal , qui y eft enfermé ,
nous paroît auffi à proportion plus petit ou plus grand.
Mais il faut remarquer que pour le voir plus gros il faut
qu'il nage à l'autre côté du verre : & l'on peut encore voir
les parties de l'animal bien plus diftinctement fi on le met
dans de plus petits urinaux : on peut auffi trouver de certains microfcopes d'un verre fimple poli , qui peuvent beaucoup fervir à faire ces découvertes. On peut encore in-
venter d'autres moyens pour faire paroître ces petits animaux plus gros : Et nous avons fait faire de tres petits ver-
res de la figure d'un demi globe , ou mettant l'animal
avec tant foit peu d'eau , nous pouvons le voir avec grande facilité , & y découvrir diftinctement toutes fes parties
avec le microfcope. Il eft facile encore de l'appercevoir
clairement avec un microfcope en le mettant dans une
goutte d'eau fur du papier blanc, pourvûque l'on evite avec
foin de recevoir la lumiere & l'eclat que rend cette goutte
d'eau. Mais en cas qu'il arrive que l'on ne puiffe pas voir
l'animal fur un fond blanc il faudra en prendre un jaune, un
verd , ou un bleu ou bien un noir ou de quelqu'autre couleur , & mettre enfuite le microfcope deffus : Car c'eft en
agiffant de cette maniére que nous avons enfin reuffi.
Nous avons bien voulu faire part aux lecteurs de cette invention, à caufe qu'elle nous à extremement fervi à découvrir la nature des Infectes aquatiques & à en diftinguer les
parties. Et nous pouvons encore ajouter qu'entre tous
les microfcopes il ne s'en trouve point de plus parfaits, que
ceux, qui font faits d'un feul verre. Or, pareeque nous avons
Cette invention de Monfieur Hudde Bourgemaître de la
Ville d'Amfterdam & un des plus grands mathematiciens
de nôtre fiecle ; nous voulons bien celébrer ici fes loüanges en public , & faire connoître à tout le monde que c'eft
                                                       à lui

à lui seul que nous sommes redevables de cette découverte.

Nous rangeons encore sous la prémiére espéce des changemens la *a* Cloporte, tant à cause que nous en voyons de toute sorte de grandeurs, que pour d'autres considérations. Nous en pouvons montrer de deux sortes avec encore quelques membranes dont elles se sont depoüillées. Cet animal est capable de produire un grand mouvement aussibienque tous les acides ; c'est pourquoi nous croyons qu'il contient en soi beaucoup de sel , & que par consequent il peut servir de remede contre l'hydropisie, la pierre & la gravele.

Nous en gardons une autre espéce que nous appellons *b* Cloporte de mer, à cause qu'elle se trouve dans l'eau salée.

Nous pouvons encore montrer d'autres sortes de Cloportes de mer, qui sont fort étranges ; entre lesquelles il y en a *c* une qui peut courir sur un côté le plus plaisamment du monde, & qui, au raport des pêcheurs, s'insinuant dans les mâchoires des perches les fait mourir ensuite : cequ'à la verité nous n'avons pas encore découvert jusques ici; mais neantmoins nous sommes fort assûrez que ce petit animal a des armes capables d'un tel effet, outreque lorsqu'on le prend dans la main il y cause un chatoüillement étrange. Et il ne faut pas s'étonner que les perches puissent mourir d'une si légére blessure , car cela arrive à cause que leurs mâchoires aussibien que celles des autres poissons étans extrémement tendres , tout le sang qui circule par là, (car il faut remarquer que c'est par ces machoires que les poissons se refraichissent & qu'elles leur tiennent lieu de poumons) est facilement corrompu par le venin que cet animal lui à communiqué cette espéce de Cloporte se trouve également dans l'eau douce & dans l'eau salée.

Apres suivent les *d* vers de terre, qui proviennent immédiatement d'un œuf, & qui apres en être sortis ne souffrent

*a Assel-
lus.*

*b Assel-
lus mari-
uns.*

*c Schor-
fula.*

*d. Intesti-
na terræ.*

K 2   plus

plus aucun autre changement ; c'est pour cela que le mâle
& la femelle deviennent tous deux de bonn'heure propres
à la generation, & que l'on peut facilement appercevoir les
œufs de la femelle : on peut diviser ces vers en plusieurs
espéces.

Or quoiqu'entre les insectes nous ayons des marques
pour distinguer le mâle de la femelle , lorsmême qu'ils ont
encore la forme de vers ou de chenilles , nous assûrons
pourtant qu'ils ne s'accouplent jamais pendant qu'ils sont
sous cette forme. C'est pourquoi nous nous étonnons fort
de ceque le Sieur *Goudart* dans la *soixante & quator-*
zieme expérience de la prémiére partie de son livre, donne
au ver le nom de mâle ; & qu'ensuite apres son changement il lui donne le nom de femelle. Cequi est tout de même que si on nommoit un Enfant un homme , & qu'on le
nommât ensuite une femme lorsqu'il est pervenu à la fleur
de son âge : mais nous traiterons de ceci plus amplement
dans la suite.   Et si nous découvrons les fautes d'autrui ,
nous prions aussi que l'on en use demême à nôtrégard afinque par ce moïen l'erreur soit confondu & que la verité soit
mise en evidence : Car nous sçavons assez combien nos
propres imaginations nous plaisent, & comment elles nous
séduisent facilement & nous donnent occasion non seulement de nous méprendre , mais même de proproser nos
propres erreurs aux autres. Or nous croyons pouvoir bien
défendre ceque nous proposons de la connoissance des Insectes, particuliérement contre ceux , qui chercheront
comme nous les mêmes connoissances dans la nature.
Mais il faut avoüer que cette matiére nous paroît si obscure & si embarrassée, que nous ne nous sentons encore que
capables de commencer à l'entendre : outrequ'il n'est presque pas possible d'exprimer les merveilles , qui s'y recontrent.

Nous

Nous pouvons encore raportêr la sangsuë à nôtre prémiere éspéce de changemens , quoique nous n'ayons point d'autre raison pour cela si ce n'est que nous la trouvons de toutes sortes de grandeur. C'est une chose fort remarquable de voir comment cet animal s'attache & se colle si fort contre un verre ou il est renfermé , quil est tres difficile de l'en arracher. Or il nous semble que la raison de ceci vient deceque pressant immédiatement les parois du verre avec son ventre ; & elevant le milieu de son dos ; il s'y attache fortement ; demême que lorsqu'on applique immédiatement sur une pierre fort unie un morceau rond d'un certain cuir , & que l'on tire ce cuir en haut avec le fil qui est attaché sur le milieu , on attirera plûtot la pierre avec le cuir , que de les desunir d'ensemble à cause de la pesanteur de l'air dont le cuir est comprimé.

Enfin nous y comprenons les limaçons , qui proviennent aussi immediatemenr d'un œuf. Et qui apres en être sortis ne souffrent plus aucun changement : nous en gardons une sorte dans laquelle , apres en avoir coupé la tête , nous trouvons une petite pierre , qui à cause de sa qualité *diuretique* est fort bonne pour la gravele. Sous cette petite pierre nous trouvons son cœur qui bat : il est d'une couleur blanche aussibienque les veines , qui en sortent & ses petites oreilles, dont la substance est membraneuse. Puis donc qu'apres lui avoir coupé la tête , nous trouvons encore une petite pierre ; cela nous fait juger qu'elle lui a été donnée au-lieu de los de la poitrine , que l'on découvre dans les autres animaux. Cequ'il y a de considerable dans ces limaçons c'est qu'ils rejettent leurs excremens par le col ; qu'ils respirent par là , & que toutes les parties propres à la generation y sont renfermées : deplus nous remarquons que chaque limaçon est mâle & femelle tout ensemble , ayant la verge tres longue & faite comme celle

K 3 d'une

d'une baleine : mais nous parlerons de ceci plus amplement quand il en sera temps. Ot il faut encore ajoûter ici
que ces Messieurs anglois, qui nous ont décrit les plantes
qui croissent aux environs de Cambrige , ont aussi trouvé
par expérience que les limaçons sont mâles & femelles
tout ensemble.

Nous dirons encore , avantque de finir , que nous gardons des dents de limaçon, qui sont pliantes & dont la substance est comme de corne , nous pouvons aussi en faire
voir le cœur enflé avec ses oreilles, que nous avons en-
baumé.

Enfin tous ces animaux , dont nour venons de parler,
ne se changent jamais en *nymphes* ; mais ils sortent tout
parfaits de leurs œufs: & toutcequi leur arrive dans la suite,
c'estque leurs membres deviennent plus fermes & qu'ils se
perfectionnent en croissant; demême que les autres animaux que *Harvé* assûre provenir d'un œuf parfait. Il est
vrai neantmoins qu'ils changent quelquefois de peau,, a-
vantque de parvenir à leur juste grandeur ; & que lorsqu'ils
la renouvellent pour la derniére fois ils souffrent encore
quelque changement. Or c'est pour cette raison que nous
leur avons donné le nom de *a nymph'animal*, c'est à dire
un animal sous la forme de *b nymphe.*

a Nym-
pha ani-
mal.
b Nym-
pha.

La seconde Espéce des changemens naturels des In-
sectes ; c'est à dire la maniére lente & pres-
qu'insensible de l'accroissement de
leurs membres.

APres avoir déja proposé nôtre prémiére espéce de
changemens, nous allons passer à la seconde , laquelle, quoiqu'un plus obscure, ne laisse pas neantmoins
d'être assez claire & assez intelligible. Mais avant que d'entrer

trer en matiére & de parler de cette seconde espéce de changemens, qui convient à un'infinité d'animaux, il est tres
necessaire de considerer qu'il y a encore un'autre sorte de
changemens, qui précéde toujours non seulement la seconde espéce, màis même la troiziéme & la quatrriéme.

Or afin de concevoir distinctement quell'est cette sorte
de changement, qui precede les trois dernieres: il est
absolûment necessaire de se ressouvenir de ceque nous a-
vons dit au commencement en parlant de la prénniére e-
spéce des changemens; à sçavoir qu'il y a des animaux
qui sortent tout par faits de leurs œufs, & d'autres qui en
naissent imparfaits. Et comme nous avons rangé sous la
prémiére espéce ceux qui sortent de leurs œufs avec leurs
membres complets; aussi il faut bien remarquer ici que
ceux qui n'en sortent qu'imparfaits precédent toujours la
seconde, troiziéme & la quatriéme espéce des changemens : Car dans la prémiére nous ne voyons qu'une *nym-*
phe, ou qu'un œuf dans lequel l'animal est renfermé comme dans une membrane : mais dans les trois dernieres
espéces, nous trouvons comme deux *nymphes*, c'est à dire prémiérement un œuf dont l'animal sort imparfait,& ensuite encore une *nymphe* dans laquelle l'animal souffre aussi
quelque changement. Et c'est pour cette raison que nous
posons deux sortes ou deux dégrez de changemens dans
les trois dernieres espéces.

Mais pour mieux comprendre tout ceci, il faut sçavoir que les trois dernières sortes de changemens sont
toujours précedées d'un petit ver; qui dans son œuf ou
dans sa peau ayant comme la forme de *nymphe*, devient
ensuite plus parfait en croissant, jusqu'acequenfin il vienne à prendre la forme de la veritable *nymphe* sous laquelle forme il devient derechef fluide co mme de l'eau, & tout
aussi foible & aussi tendre que lorsqu'il étoit renfermé dans
son

fon œuf. Et c'eſt faute d'avoir remarqué ceci, que l'anci-
enne erreur, ou l'on à toujours été au ſujet de la transformation, eſt reſtée juſques ici non ſeulement parmi le vulgaire, mais même entreceux, qui ſe ſont appliquez avec
le plus de ſoin à la recherche des myſteres de la nature,
comme il eſt arrivé au docte *François Redi* & encore à
d'autres : Cequi nous ſurprend extrémement :

    Or avantque de parler particuliérement de nôtre ſecon-
de eſpéce de changemens ; il faut prémierement rèmar-
quer que l'accroiſſement du petit ver, (que nous voyons
ordinairement avee ſix pieds) ſe fait peu à peu d'une maniére fort lente, par un'eſpéce *a d'addition* ou *d'appoſi-*
tion de parties, qui pouſſent & s'étendent au dehors :
juſqu'a ce qu'en fin apres avoir changé diverſe fois de
peau, nous voyons inſenſiblement de jour en jour ſes
ailes pouſſer des boutons, & s'enfler enſuite de telle maniére, qu'elles deviennent capables de forcer la peau qui
les renferme, & de paroître au de hors ; de même que
les boutons tendres des ſleurs ſortent de la plante, qui les
produit. De plus dans les changemens ſuivans, ou nous
voyons les vers prendre la forme de veritables *nymphes*,
l'animal ſemble perdre ſon mouvement pour quelque
temps & demeurer en repos. Mais ici on voit non ſeulement l'animal marcher, ſe promener, s'arrêter, mais
de plus il court, il ſaute, & prend de la nourriture : &
il ne perd jamais ſon mouvement ſi ce n'eſt dans l'inſtant
qu'il renouvelle ſa peau ; dans lequel temps il arrive à
quelques uns des changemens étranges, comme entr'autres à celui que l'on nomme en latin *diaria*, ou *hemero-*
bius : Mais au contraire dans d'autres le changement eſt
ſi peu conſiderable, qu'il n'eſt preſque pas perceptible, ſi
ce n'eſt dans les ailes qui *bourgeonnent*, ainſi que nous
avons remarqué dans cet animal que l'on nomme en
latin *auricularia*, & vulgairement perçoreille.   Or

a Epige-
neſis.

Or tant pour les raiſons que nous avons dites, que parceque les animaux , qui ſont compris ſous la prémiere
eſpéce des changemens , ne perdent jamais leur mouvement & que quelques uns de leurs membres ſont diſpoſez
de même que dans les autres *nymphes* ; pour toutes ces
raiſons , disje , nous jugeons plus à propos de leur donner
le nom de *nympha vermiculus* c'eſt à dire un ver ſous la
forme d'une *nymphe* . Car il eſt certain que ce petit animal,
qui n'eſt qu'un ver & qui demeure ver , à quelques unes
de ſes parties diſpoſées tout de même que dans la *nym-*
phe , & entrelacées enſemble d'une maniére admirable.

Mais pour expliquer en peu de mots la ſeconde eſpéce
des changemens naturels nous diſons qu'elle conſiſte en-
cequ'un ver ayant quitté la forme de nymphe qu'il avoit
lorſqu'il étoit dans ſon œuf ſans aucune nourriture ,
vient enſuite a croître peu à peu dans ſes membres , par
le möien de la nourriture qu'il tire du dehors ; juſqu'ace
que venant à ſe renfermer comme ſous une ſeconde nymphe *(ſans pourtant perdre ſon mouvement) il en ſort en-*
ſuite ſous la forme d'un animal volant : apreſquoi ayant
atteint un âge parfait , il devient propre à la genera-
tion.

Nous mettons cette ſorte de *nymphe* ſous la ſeconde
eſpéce des changemens : à cauſe que ce changement ici
n'eſt pas obſcur ni difficile ; mais au contraire tres facile &
tres intelligible , & qu'il a beaucoup de confirmité avec la
prémiére ſorte des changemens , ou nous avons vû que
l'animal ſort immédiatement de ſon œuf , ou de ſa membrane.

Et puiſque ce changement convient ſi bien avec la manié-
te dont les ſleurs bourgeonnent & ſortent de leurs boutons,
c'eſt pour cela que nous comparerons les autres changemens avec celuici : car il eſt certain que le changement qui

L

arrive

arrive à cet animal en croiſſant , lorſqu'il eſt ſorti de ſa
membrane , eſt le même qui arrive aux autres ſous la peau
dont ils ſont revêtus : ainſi que nous avons déja dit ci devant & comme nous expliquerons encore plus amplement
dans la ſuite. Enfin comme cet eſpéce de changement eſt
fort remarquable , auſſi y a t'il un' infinite d'animaux , qui
ſont compris deſſous.

Dénombrement des animaux , qui ſont compris
ſous la ſeconde eſpece des change-
mens naturels.

a *Libella*
au parla. SOus cette ſeconde ſorte des changemens naturels nous
comprenons un *a* eſpéce d'inſecte que l'on trouve dépeint pluſieurs fois dans la Table V I I I. ſuivant les divers
dégrez de la formation, & a qui le commun peuple donne ,
ce me ſemble, le nom de *demoiſelle*. Nous en pouvons faire
voir de dix & ſept ſortes ; neuf des plus grandes , cinq de
moïenne taille , & trois des plus petites , dont nous trouvons une ſorte décrite dans *Goudart*.   Mais parceque cet
Auteur ne nous a point repreſenté dans ſes figures ni dans
ſa deſcription les boutons , qui ſe voient ſur le dos de cet
animal , & ou ſes ailes ſont renfermées ; cela nous fait
b *Perla.* croire qu'aſſûrément il n'a point connu la nature de cette
Libella. nymphe. Nous ne voyons pas non plus que *Hoefnagel* ,
c *Cicade* qui nous a dépeint dix ſortes de ces animaux , nous ait re-
aquatier. preſenté aucune de leurs *nymphes* ; quoique neantmoins
d *Locuſta* il ſoit tres certain qu'elles ont été connuës entre quelques
aquat. écrivains. Car prémiérement *Rondelet* en a eu connoiſſance , mais c'eſt tres mal à propos qu'il les a nommées
des *e cigales d'eau* , ou *cigales aquatiques*. Il y à bien de
l'apparence auſſi que cet animal provient de cette *d ſaute-*
relle d'eau dont parle *Moufet*. Quoiqu'il en ſoit, il eſt conſtant

stant que sa *nymphe* est proprement ceque *Jonston* appelle *forficula aquatica* , ou bien ceque le même *Moufet* nomme *a* puce d'eau. Et le scorpion aquatique de Monsieur *Redi* est sans doute la *nymphe* de *f* ces animaux , je veux dire de ceux que nous contons entre les plus grands.

Or pourcequi est des vers en forme de nymphe d'ou se forment ces animaux nous en pouvons faire voir de six sortes ; à sçavoir une des plus grandes , trois de moïenne grandeur, & deux des plus petites. Nous pouvons montrer encore l'animal même , lorsqu'il est sur le point de changer, & dans lequel on peut remarquer la maniére admirable dont les ailes sont plissées & resserrées dans les boutons qui les renferment. Nous en gardons aussi les œufs, qui ont beaucoup de conformité avec ceux des poissons , & qui sont divisez de même en deux parties, dont l'une est située au côté droit du ventre ou de la queüe , & l'autre au côté gauche.

C'equil y a de remarquable dans cet animal , est que la nature ayant voulu qu'il prenne sa proïe & son aliment dans l'air , lui a donné pour cet effet deux yeux si gros , qu'ils font presque toute la tête , & , outre cela , quatr'ailes admirables, par le moïen desquelles il vole & se tourne ça & là dans l'air avec autant de vîtesse que les hidronnelles: il a encore deux dents renfermées en dedans, avec lesquelles il pince tres fort, lorsque l'on vient à le prendre. Mais nous ne sçavons pas encore si sa morsure est venimeuse & si elle fait enfler la peau.

Mais si nous trouvons admirable la maniére dont cet animal attrape sa nourriture dans l'air, en le purgeant d'une infinité de petites bêtes, son accouplement l'est encore bien d'avantage. Car le mâle flottant dans l'air le fend avec vîtesse en faisant plusieurs virevoltes , & sçait fort adroitement joindre sa queüe avec la femelle , laquelle la recevant

dans cette ouverture , qui fepare fes' yeux & fa tête ,
l'embraffe avec fes pieds , comme avec la plus grande
paffion du monde en flechiffant fon corps vers les parties
du mâle. Tellement que cette copulation s'accomplit en
volant & en faifant des caprioles : l'extremité de la queüe
de la femelle fe courbant vers le milieu du corps du mâle là
ou fa verge eft fituée, & la recevant enfuite dans l'extrémité de fa queüe.

Or nous ne parlerons pas ici d'avantage de ces animaux , nous refervans à rapporter dans nos expériences
particuliéres cequ'il y a de curieux dans la ftructure de
leur corps & particuliérement dans leurs yeux. Et auffi
nous n'avons point ici d'autre but que de faire un dénombrement des animaux , qui appartiennent à la feconde
efpece des changemens. Nous allons donc parler à prefent
des fauterelles, mais nous enfeignerons en fon lieu la maniére de conferver la couleur & les marques des yeux & de
la queüe de ces petits animaux : cequc nous jugeons pouvoir être de grand utilité pour les peintres.

La feconde forte d'animaux fera donc la *ª Sauterelle*,
dont nous pouvons produire feize fortez tant mâle que femelle , afçavoir cincq groffes , cinq de moïenne grandeur
& fix petites ; entre les quelles il s'en trouve dont les **aîles**
font rouges, d'autre de couleur de pourpre , & encore d'autres bleües & tirans fur le verd nous pouvons encore faire
voir les *nymphes* les *vers* & les *œufs* , dont ces animaux
proviennent.

C'eft une chofe fort remarquable de voir combien peu
de différence il fe trouve entre la fauterelle & la *nymphe*
dont elle provient. Car elles ne différent toutes deux ,
qu'enceque les aîles de la fauterelle font étenduës & cou-
chées le long de fon corps ; mais que celles de la *nymphe*
font, renfermées dans quatre boutons , dans lefquels elles

font

sont pliées & entortillées ensemble : Et c'est assûrément
cequi à fait dire a *Aldrovandus* à *Moufet* & à *Jonston*
& à quantité d'autres, que les vers d'ou se forment les sauterelles étoient des *a* sauterelles sans ailes. Et puis ensuite
ils leurs donnent d'autres noms suivant que leurs *b* ailes
venoient à pousser, & que le corps de la femelle devenoit
plus *c* gros ; ainsique nous avons marqué en marge. Nous
avons sept sortes de *nymphes* de sauterelles tant grandes
que petites. Or dans les figures du Sieur *Hoefnagel*, là où
il nous a dépeint quinze sortes de sauterelles, nous trouvons le *d* ver d'une sauterelle en forme de *nymphe*. Mais
lorsque je viens à examiner avec soin toutes ces expériences, je ne sçaurois me figurer, comment *Goudart* a pu dire
que la sauterelle provient d'une *e nymphe dorée.*

a *Locustæ*
impen-
nes ou
bruchi.

b *Attala-*
bus.

c. *Asel-*
lus.

,d *Nym-*
pha ver-
miculus.

e *Chrysa-*
lis ou Au-
relia.

Nous gardons encore l'estomac des sauterelles, qui
est triple, & qui a beaucoup de raport avec celui des animaux, qui ruminent : de plus cetre partie de leur estomach,
ou elles reservent leur aliment, est fort aisée à connoître.
C'est pourquoi nous ne doutons point qu'elles ne ruminent aussi ; comme nous croyons avoir vû nous mêmes.

Nous en gardons aussi des œufs avec une membrane
qui les envelope & qui est tissuë de petits filets blancs comme de l'argent, que l'on peut sûrement prendre pour des
veines ou pour quelqu'espéce de veines : leurs œufs sont
d'une substance à peu pres comme de la corne, & d'une
couleur brune, & nous en avons même, que nous avons
gardé des le commencement de leur formation, qui sont
blancs & jaunes, & environne z d'une peau fort délicate.

De plus nous voyons que le mâle n'a point de queüe,
mais que la femelle en a une, avec laquelle elle perce la terre, & y fait un trou pour y cacher ses œufs, ainsi qu'Aldrovandus le témoigne. Nous pouvons faire voir que cette
queüe est cinq ou six fois double.

L 3

Nous

Nous pouvons encore montrer des dents de sauturelles, & même cette peau, que les *a vers* en forme de *nymphes* quittent, lorsque leurs ailes commencent à pousser : étant inconcevable comment ils peuvent se dépoüiller d'une membrane tres delicate, des cornes si longues & si déliées, avec des dents dures & des ongles fort pointus. quand les sauterelles se trouvent dans cet état, la substance de leur corps est si tendre & si molle, que l'on peut plier les jambes comme de la cire, & leur donner telle forme que l'on veut.

Nous en gardons aussi des ailes, que nous avons prises au milieu de leur accroissement ; elles sont étenduës à un bout, & à l'autre elles sont resserrées & plissees. C'est avec ses ailes, que les sauterelles rendent un son, lorsqu'elles ont quitté la forme de *nymphe*, comme *Casserius* assûre mais il n'y à que les mâles qui chantent, & non pas les femelles. Et il s'en trouve une sorte, qui chante avec ses aîles seulement, & un'autre qui le fait avec les aîles & les jambes tout ensemble.

Ensuite nous trouvons une autre sorte d'insectes que l'on peut nommer en latin *locusta pulex* ; c'est à dire une sauterelle qui a quelque ressemblance ou quelque conformité avec une puce : cet animal se cache ordinairement dans l'écume que l'on trouve indifferemment sur toutes sortes d'arbres & de plantes : & sous cette écume il lui vient quatre boutons sur le dos, ou ses ailes sont renfermées : nous gardons deux sortes de ces Insectes : & nous remarquons qu'elles ont été connuës de ces Messieurs Anglois, qui ont fait la description des plantes qui croissent aux environs de Cambrige.

De plus nous rangeons les *b grillons des champs* sous la seconde espéce des changemens naturels. Entre' ces animaux il n'y a que le male qui chante, demême qu'entre

les

les sauterelles. Il me souvient d'en avoir vû un jour une campagne toute pleine dont chacune avoit creusé en terre une petite fosse environ de la profondeur de deux doigts de long ; à l'entrée delaquelle ils rendoient avec leurs ailes un son tout à fait importun. Et d'abord qu'ils voyoient branler la moindre chose, ils se retiroient au fond de leur trou.

Apres suit *le ª grillon domestique*, que nous mettons dans le même rang.

L'on peut aussi y comprendre *la cigale* : Car quoique nous ne l'ayons pas si grande qu'on la trouve dans les païs étrangers, nous ne laisserons pourtant pas de la mettre dans le même rang, tant à cause de la conformité qu'ell'a avec ces petites cigales, que nous avons dans les païs bas que parceque Aldrovandus nous à dépeint le *ver* de cet animal avec des boutons sur le dos, ou ses ailes sont renfermées.

Nous mettons encore dans le même rang cet animal, à qui l'on donne le nom de *ᵇ Gryllo-talpa*. Il a quatre boutons sur le dos, ou ses ailes sont renfermées. Nous le pouvons faire voir en trois états differents, prémierement comme un *ver* qui n'a point encore de boutons sur le dos; secondement comme un *ver* avec des boutons sur le dos : & en troiziéme lieu nous le montrons tout parfait avec des ailes étenduës. Le Sieur *Goudart* nous a fait la description de l'œuf de cet animal : Et nous en gardons les dents avec les ailes, qui sont encore pliées & reserrées dans leurs boutons.

Apres, suit un certain animal, à qui les Hollandois donnent le nom de *Kakerlak*, & que l'on peut considérer comme une espéce d'escarbot : nous remarquons qu'il a des ailes, qui poussent leurs boutons, & qui s'étendent de la même maniére que celles des autres insectes, dont nous venons de parler.   Nous

Nous pouvons encore rapporter à cette seconde espéce de changemens une sorte d'escarbots, que l'on trouve d'ordinaire auprès des fours & dans les ordures des cuisines : *inter culinæ immunditiem* : dit *a fabius Columna*. Cet animal est le même que *Moufet* nous décrit sous le nom de *b* Blatta. Nous en gardons de deux sortes avec leurs *nymphes*, ou les boutons ne font que de commencer à sortir.

On y peut aussi comprendre une sorte d'insectes, à qui on donne le nom de *d punaizes de terre volantes* : nous les trouvons dans les champs sur les arbres. Nous en avons de seize espéces, que la nature à peintes de toute sorte de couleurs, ce qui les rend aussi agreables à la vûë, que leur odeur est incommode. Le Sieur *Hoefnagel* nous en à dépeint de neuf sortes.

Nous mettons encore dans le même rang les *e punaizes d'eau qui volent*. Nous en gardons trois avec une des *nymphes* dont elles se forment. Elles ont dans la bouche un aiguillon, dont elles piquent tres fort ; ce que nous avons éprouvé nous mêmes, sans pourtant en être blessez.

Apres, suivent les *f araignes d'eau volantes*. Nous en gardons trois sortes avec une *nymphe*, La vitesse, avec laquelle ces animaux se meuvent sur l'eau, merite fort que l'on les considére. Ils portent dans leur bouche un aiguillon de même que les punaizes. Nous en pouvons encore montrer une sorte, dont le corps est extremmement tendre, & d'une figure fort étrange.

l'On y peut encore comprendre le *g scorpion d'eau*, qui porte aussi son aiguillon dans sa bouche. Nous en gardons de deux sortes, dont la plus grande nous est décrite par *Aldrovandus* sous le nom *g d'Araigne d'eau*, & dont la plus petite, qui garde le nom de scorpion d'eau, se trouve dans le livre de *Moufet*.

Nous pouvons mettre encore dans le même rang les moûches

moûches d'eau ; elles portent leur aiguillons dans leur bouche aufsibienque les autres infectes aquatiques, & c'est avec cet aiguillon qu'elles fe défendent lorfque l'on les veut prendre. Nous voyons qu'*Aldrovandus* nous les a décrites fous le nom *a* d'Abeilles *anphibies* : c'est à dire des abeilles, qui vivent indifféremment fur la terre & fur l'eau. Et Jonfton les nomme *b Abeilles fauvages*.

Or puifque ces petits animaux, dont nous avons parlé, ont des ailes, & qu'il y en a une partie d'entreux qui vole de jour, & l'autre qui vole pendant la nuit, il est tres facile par là de comprendre comment ils s'engendrent fi tôt dans les lieux ou les eaux s'affemblent. C'est pourquoi durant l'été nous les voyons fourmiller dans les lieux ou il y a tant foit peu d'eau. Mais nous traiterons de cela plus amplement, quand il en fera temps.

Enfin nous y comprenons un'efpéce de mouche d'eau, que l'on nomme en grec *c ephemera ou hemerobius*, & en latin *diaria* ; c'est à dire un animal qui ne dure ou qui ne vit qu'un jour. Nous en avons des œufs qui reffemblent affez a ceux des poiffons : & nous pouvons montrer non-feulement le mâle & la femelle de cet animal, mais même nous le pouvons faire voir, lorfqu'il n'est encore qu'un fimple ver, oubien lorfque ce ver a déja pris le forme de *d nymphe* : dans lequel état nous voyons de quelle maniere fes ailes font pliées enfemble & refferrées dans leurs boutons : or nous les trouvons tout autrement difpofées que dans les autres animaux ; comme nous ferons voir dans nos expériences particuliéres à la gloire & à la loüange du Createur. C'est la que l'on verra les raifons de la fituation & de la difpofition étrange de ces ailes : cequi, je m'affûre, ne déplaira pas aux curieux.

Nous pouvons encore difpofer ces animaux d'une telle maniere que nous y faifons remarquer fans peine com-

M

ment

ment ils dépoüillent leur corps de cette peau delicate , dont
il étoit revêtu : Cequi est non seulement digne d'admiration, mais que l'on ne peut même exprimer que tres difficilement. Car d'une partie de cette peau on les voit sortir
à peupres comme un pied, que l'on tire hors d'un soulier :
& ils se dépoüillent de l'autre tout de même que lorsqu'on
se dégante en tournant ses gants à l'envers. C'est ceque
nous ferons voir quand nous viendrons à parler des merveilles du païsbas & que nous ferons une description
exacte du changement étrange & subit de cet animal : Cequi nous doit obliger à faire sans cesse reflexion sur l'ordre
& la sagesse inconcevable de la nature. Cependant nous
trouvons fort étrange que le Sieur *Augerius Clutius* ait
osé avancer que cet animal provient d'une *a nymphe*
dorée, & qu'il nous l'ait dépeint tout autrement qu'il n'est
en effet.   Nous trouvons aussi que ses figures , que l'on
voit apres celles de *Goudart* , ont été tracées par quelqu'un dont la mémoire n'est pas fort heureuse ; comm'il
paroît par la comparaison, que nous en faisons avec les animaux mêmes , que le docte *André Colvius* nous a en-
voyez de Dordrecht.

Nous en gardons une sorte , que l'on trouve en france &
ailleurs , laquelle nous pouvons prendre pour la plus petite. Un jour en voyageant nous fîmes vôir les changemens
étranges de cet animal à Monsieur *Thevenot* , qui a extremmement favorisé nos travaux & nos occupations.

Or avant que de finir nous mettrons encore dans le même rang une sorte d'insectes, que l'on appelle vulgairement
perç'oreille. Nous en gardons une avec les ailes étenduës,
& une autre qui n'est encore qu'un *ver* sous la forme de
Nymphe.

Enfin nous comprenons sous cette seconde espéce de
changemens tous les insectes qui sortent de leurs œufs en

forme

forme de vers, & qui prennent apres la *a* forme de *nym-* *a* Nym-
phe, ainfi de fuite. Mais nous ne pouvons pas affez nous pha ver-
étonner deceque cette forte de changemens n'a jamais été niculis.
remarquée par perfonne. Et lorfque nous examinons ceci
avec foin, & que nous confiderons combien peu de
chofe on à écrit de ces petits animaux, nous fommes
obligez de dire à la confufion des philofophes, qu'ils
ont été totalement ignorans dans cette matiére. Car à dire
la verité, nous ne trouvons dans leurs livres rien autre chofe que les noms de ces animaux ; tout le refte n'étant que
des fictions de leur cerveau. Nous en exceptons pourtant
le fieur *Godart*, qui nous a fidellement repréfenté le changement des *Chenilles*. Et Monfieur *Redi*, qui à prouvé
tres folidement qu'aucun animal ne s'engendre de Corruption : nous ôterons auffi de ce nombre quelques Meffieurs
Anglois qui font affez exacts.

De la Troiziéme efpéce des changemens naturels,
c'eft à dire de l'accroiffement lent & presqu'in-
fenfibile des membres des infectes.

Nous avons déja parlé de la prémiére & de la feconde efpéce des changemens. Nous allons traiter
à prefent de la troiziéme : mais avant que de commencer, nous dirons quelque chofe de cet autre changement
qui la précéde.

Or parceque ce changement eft plus obfcur que le prémier, & plus difficile à comprendre que le fecond ; nous
le comparerons avec tous les deux, afin de le rendre plus
clair & plus intelligible, & de montrer par là en quoy ils
conviennent & en quoy ils différent les uns des autres. La
prémiére efpéce des changemens confifte en ceque l'animal, qui provient d'un principe invifible, quoyque ree-

M 2

lemens

lement exiftant, croît peu à peu dans le corps de la mere,
d'ou étant forti il fe renferme dans une peau, dans laquelle
il demeure jufqu'a ce qu'il ait acquis affez de force pour la
rompre & pour en fortir. La feconde efpéce eft beaucoup
moins parfaite: car quoy que l'animal croiffe comme dans
la premiere éfpéce des changemens, & qu'il vienne d'un
œuf tout de même; il n'en fort pourtant qu'imparfait tant
dans fes ailes, que dans quelques uns de fes autres membres: & pour devenir tout parfait, il eft obligé de chercher
fa nourriture dehors. Or c'eft par le moïen de cette nourriture que fes membres croiffent & s'entendent; de même
que nous voyons les fleurs pouffer & fortir peu à peu hors
de leurs boutons.

Mais il arrive tout le contraire aux animaux, qui font
compris fous la troiziém'efpéce des changemens. Car
quoiqu'ils croiffent de la même maniére que les autres;
ils fortent pourtant de leurs œufs encore plus imparfaits,
que les feconds: y en ayant même plufieurs, dans lefquels
on ne remarque point de pieds: Mais de plus nous voyons
que leurs membres imparfaits croiffent fous la peau d'une
maniére tout à fait obfcure & confufe tellementque, au
lieu que dans la premiére forte des changemens, l'animal
fort tout parfait hors de l'œuf, & que dans la feconde, il
croît apres être forti de fa membrane, au contraire dans la
troiziéme efpéce l'animal croit fous fa membrane d'une
maniére tres difficile à remarquer, fi ce n'eft lorfqu'il eft fur
le point de renouveller fa peau.

Les animaux de la prémiere efpéce ne fouffrent aucun
changement depuifqu'ils font fortis de leurs œufs: Et ceux
de la feconde prennent la forme d'une feconde *nymphe*
fous laquelle ils croiffent avec le temps; fans pourtant perdre leur mouvement; car on les voit courir, fauter, & prendre de la nourriture.

Mais

Mais il n'en eſt pas de même de ceux qui ſont compris
ſous la tioiziéme eſpéce des changemens.   Car prémicre-
ment ils ſortent imparfaits de leurs œufs ou de leurs prémieres *nymphes* : Et lorſque leurs membres ſont devenus
plus grands, & qu'ils commencent à pouſſer comme une
fleur tendre dans ſon bouton : ils crevent enfin la peau qui
les environnoit : Et l'animal perd tout à fait ſon mouvement pour la ſeconde fois : il n'y a que ſa queüe qui en conſerve quelque peu.   Cette queüe n'eſt point enflée d'aucune humidité, & elle ne ſouffre aucun autre changement,
ſi ce n'eſt qu'elle ſe depoüille de la peau dont elle étoit revêtuë.

Ces animaux de la troiziéme eſpéce étant ſortis de leurs
œufs ſont encore non ſeulement imparfaits dans divers
membres, mais il y en à même pluſieurs qui n'en ont point
du tout & qui ne leur viennent que lorſqu'ils ont pris la
forme de *nymphe*, s'ous la peau de laquelle ils croiſſent
peu à peu & deviennent plus parfaits : tellement que leurs
jambes, leurs ailes, leurs cornes & le reſte de leurs
membres croiſſent avec eux : ce qui ſe fait comme par
un ᵃ addition de parties qui naiſſent in ſenſiblement les
unes apres les autres.   Et ces membres ayans atteint leur
juſte grandeur font élever la peau tout viſiblement, comme s'il y avoit deſſons quelque boſſe qui la ſoúlevât.
Or c'eſt dans cette élevation de la peau que nous pouvons diſcerner clairement tous les membres, qui ſont
ſituez, d'une maniere fort étrange, & qui approche aſſez
de celle, dont les fleurs, qui bourgeonnent ſont diſpoſées
dans leurs boutons. Enfin la peau s'étant crévée, tous les
membres ſe preſentent à nos yeux d'une maniére fort claire
& fort diſtincte ; Et les rideaux, pour ainſi dire, étant
tirez, tout les obſtacles qui bornoient nôtre vûë & qui ont
fait tomber dans l'erreur tous les philoſophes ſans exce-
ption,

ᵃ *Epige-
neſis.*

ption , font entiérement levez : tellement que nous pouvons même montrer tres facilement les membres de l'animal , lorſqu'il eſt encore dans ſa peau, comme nous avons
fait en preſence de Meſſieurs *Thevenot* & *Magalotti*, qui
pourroient encore tous deux confirmer ceque nous a-
vançons.

Lorſque l'animal ſouffre ce changement , nous lui donnons le nom de *a nymphe c'eſt à dire nouvelle mariée*:
ſuivant en cela Ariſtote , Pline & pluſieurs autres : car l'a-
nimal ayant atteint pour lors ſa perfection , & étant com-
m'en âge de ſe marier ſe preſente à nous comme paré de
tres beaux ornemens & d'habits de nopces : Et il n'a pas
plûtôt paſſé l'age d'enfance , (je veux dire l'etat
de *ver* ou de *chenille*) qu'il va trouver incontinent ſa
chere moitié ſur la verdure ou parmi les fleurs de la campagne.

Or cette troiziéme ſorte de changemens conſiſte en ce
que le ver ayant quitté la premiere forme de nymphe ,
qu'il avoit dans ſon œuf, lors qu'il y étoit renfermé
ſans aliment , vient à croitre peu à peu dans ſes mem-
bres par le möien de la nourriture qu'il trouve de
hors : juſqu'a ce qu'enfin s'étant dépouillé de la peau
dont il étoit revêtu , il vienne enſuite à prendre la for-
me d'une ſeconde nymphe, *& à nous faire paroître*
fort diſtinctement tous ſes membres parfaits. Mais
il perd alors ſon mouvement de même que la prémiere
fois , lors qu'il étoit renfermé dans ſon œuf : Et il
ne recommence à ſe mouvoir , que quelques jours apres,
quant toutes les humiditez ſuperfluës ſe ſont diſſipées
par tranſpiration.

Sibienque ces animaux ſe trouvent deux fois ſous la forme de *nymphe* prémiérement dans leur œuf qui eſt leur
prémiére *nymphe* ; & derechef encore dans le ſecond
chan-

a Nym-
pha.

changement, qui est la seconde *nymphe.* Il y a pourtant cette difference que dans leur prémiére *nymphe* leurs membres ne nous paroissent que fort confusément & bien plus
obscurs que dans la seconde (dequoi nous rendrons raison
ci apres) : & qui plus est avantque d'avoir pris la forme
d'œuf ou de prémiére *nymphe :* ils n'ont aucun mouvement perceptible & leurs membres croissent de la même
maniére que les semences des plantes ou des animaux.
Mais avantque d'être parvenu à la grandeur d'une seconde *nymphe,* on les voit non seulement se remuer & changer de place ; mais même leur accroissement est entierement conforme à celui des autres, qui se meuvent lo-
calement, & qui prennent leur aliment par la bouche.

Si l'on considére ceque nous avons dit, on verra tres
clairement la difference du prémier changement, que
nous appellons un œuf, & celle du second, à qui nous
donnons le nom de *nymphe :* Et le premier & le second de
ces changemens ne sont autre chose qu'un accroissement
des membres, qui se fait à la verité d'une maniere differente. C'est à quoi nous prions serieusement le lecteur de
prendre bien garde, à cause de la grande utilité qui en re-
viendra c'est par là que nous détruisons jusques à la racine
cette transformation chimerique, dont tout le monde est
abusé, & que nous renversons entiérement cette prétenduë generation accidentelle des animaux.

L'une de ces *nymphes* nous représentant bien plus distinctement les parties de l'animal, que l'autre (comme
Aristote même a remarqué sans sçavoir cequ'il disoit)
cela nous oblige à les diviser en deux : & de donner à la
prémiere le nom de ª *nymphe dorée,* & à l'autre simplement le nom de *nymphe.* Et quoique ce nom de *nymphe*
dorée ne convienne pas tout à fait bien à la chose qu'il dé-
signe, nous ne laisserons pas neantmoins de nous en servir,

afin

ª Chrysa-
au aure-
lia.

afin de suivre l'usage , dont ce mot est autorisé. Car nôtre
dessein n'est pas de proposer ici quelque chose d'obscur &
de nouveau : mais seulement d'employer nos soins pour
deccuvrir la verité & pour l'exposer toute simple & dans sa
beauté naturelle. Sibienque nous ne voulons rien faire accroire à personne, que ce qu'il pourra remarquer lui même
en travaillant comme nous avec application.

Dénombrement des animaux , qui sont compris sous la troiziéme espéce des changens naturels.

ENtre les animaux , qui sont compris sous la troiziéme
espéce des changemens (laquelle nous avons déja dit
être encore dedeux sortes) & qui apres avoir crevé la peau
qui les environnoit , viennent à prendre la forme d'une
nymphe qui nous repréfente diftinctement toutes les parties de l'animal , nous mettrons prémiérement les *abeilles*:
nous en gardons le ᵃ *Roi* , qui est la femelle , & les ᵇ *bourdons* , qui font les mâles, avec les ᶜ abeilles qui font le miel
dans lefquelles nous n'avons pû découvrir aucunes parties
d'ou nous puiffions conclurre qu'elles foient mâles ou femelles : mais au contraire dans les *Rois* , qui font les ᵈ
bourdons , & dans la *Reine* (a qui on donne mal à propos
le nom de *Roi*) les parties , qui fervent à la generation
font tres perceptibles. Et même chez l'incomparable
Anatomifte *Jan de Hoorn* profeffeur en Anatomie & en
Chirurgie nous avons vû les œufs des *abeilles* dans la femelle , que l'on nomme d'ordinaire le *Roy*. Nous avons
encore découvert la même chofe chez *W. de Hoorn* Docteur en Medecine, qui nous a donne libre accez à fes ruches
pour favorifer nos expériences.

.   Nous avons encore chez nous les ᵉ *nymphes* tant du
Roy & de la *Reine* que des abeilles , qui font le miel. Nous
gardons

ᵃ *Rex.*
ᵇ *Fuci.*
ᶜ *Apes
operaria.*
ᵈ *Fuci.*

ᵉ *Nym-
phæ.*

gardons auſſi le tiſſu , dont elles ſont envelopées , qui eſt ourdi demême que celui des vers à ſoye. Nous pouvons encore montrer les *a rayons* de miel, ou l'on voit les appartemens du *Roy*, de la *Reine* & des autres *b abeilles* : de plus nous avons l'aiguillon de celui que l'on nomme *Roy* , & l'aiguillon des abeilles ordinaires , que nous voyons avoir trois doubles ; & nous pouvons encore faire voir les teſticules du *Roy* avec ſa verge.

Ceque nous trouvons auſſi de remarquable dans les *abeilles* auſſibienque dans les autres Inſectes, ſont les poumons , que nous y découvrons ſi ſenſiblement; & qui ſont compoſez de deux petites veſſies demême que dans les autres animaux. Car nous voyons dans les animaux qui ont du ſang, que lorſqu'on a exprimé de leurs poumons toute l'humidité qui y étoit renfermée , il ne reſte plus rien qu'un tiſſu de petites veſſies , comme le Celebre *Malpigius* a découvert lui même. Et nous pourrions encore dire la même choſe , des autres viſceres , ſi ce n'eſt que leur peaux & leurs membranes ſont traverſées de veines & d'arteres , qui ſont fermées, mais que la nature ouvre quelquefois par une operation inconcevable.

Il eſt certain auſſi que les autres entrailles des *abeilles* ſont faites & diſpoſées d'une maniére admirable. Mais nous n'en dirons rien ici ; à cauſe , que nous avons reſolu à la prémiére occaſion de faire tout exprés un traité des *abeilles* , dans lequel nous ferons la deſcription des œufs & des vers dont elles ſe forment : apres quoi nous ferons voir , entr'une infinite de curioſitez , la maniere admirable dont elles ſe changent & ſe nourriſſent : qui plus eſt nous avons fait deſſein de ne parler ici des inſectes qu'en general ; Et le temps même que nous nous ſommes preſcrit pour mettre cet ouvrage jour , eſt tellement raccourci , que nous ſommes obligez de n'écrire qu'en abrégé. Mais pour revenir

 venir

venir aux abeilles , nous diſons qu'en conſiderant leur
maniére de vivre & leur gouvernement étrange (qui ne
conſiſte que dans un amour mutuel ſans qu'elles ayent la
moindre ſupériorité les unes ſur , les autres) nous nous
ſentons obligez d'avoüer que la nature a renfermé dans ces
petits animaux des merveilles inexprimables ; mais que
nous ne laiſſons pourtant pas de découvrir , lorſque nous
nous appliquons ſerieuſement à rechercher leur nature &
leur conſtitution naturelle.   Car il eſt conſtant que la recherche que l'on fait avec ſoin des myſteres de de la nature
eſt la ſeule clef , qui nous en peut ouvrir la porte.

Enſuite nous avons une eſpéce *d'abeilles* , que l'on
trouve d'ordinaire dans les bois dans les jardins ou dans la
compagne; & que l'on nomme pour ce ſujet *a abeilles ſau-*
vages.   Nous en pouvons montrer de ſix ſortes, entre
leſquelles il y en a dont les cornes ſont fort longues; d'autres
dont le corps eſt velu ; & d'autres , qui reſſemblent aſſez
bien aux guêpes.

Nous pouvons encore mettre dans le même rang les
abeilles , qu'*Aldrovandus* nomme *b Abeilles Sauvages* ,
& à qui *Moufet* donne le nom *c d'abeilles ſolitaires.*
Nous en gardons la *d nymphe* , le *ver* avec ſon envelope ,
& *l'abeille* même qui s'en eſt formée, Nous pouvons auſſi faire voir leurs nids qui ſont faits de gravier , de ſable &
d'argile ; & dans leſquels nous avons trouvé une guêpe
fort extraordinaire , & un *Eſcarbot* avec le *ver* , dont il
provient ; & ce *ver* au bout d'un an a pris la forme de cet
eſcarbot ; vivant toujours pendant ce temps là parmi le
gravier & l'argile. Mais nous ne pouvons point aſſûrer ſur
nos expériences, duquel de ces trois animaux les nids, dont
nous parlons, ſont bâtis. On les trouve d'ordinaire en France dans les vieilles murailles , ou dans celles qui tombent
en ruine.

Nous

a Apes
fera.

b Apes
ſylv.
c Veſpa
ſolitaria.
d nym-
pha.

Nous y pourrions auſſi comprendre ces abeilles , à qui *Goudart* donne le nom d'abeilles privées ou domeſtiques: Mais perceque ce ſont de veritables mouches , & qu'elles appartiennent à notre quatriéme eſpéce de changemens , nous en parlerons en ſon lieu.

Apres ſuivent les quépes , dont nous gardons ſept ſor- *a Nym-* tes , avec leurs petites loges & les *nymphes* , dont elles ſe *phe.* forment.

Nous y pouvons encore ajoûter les *a* guépes bâtardes , *b Pſeu-* qui proviennent ordinairement d'une *b nymphe dorée* , que *doſpheca.* l'on dit n'étre que de la corruption nous en gardons de *c Chry-* vingt ſortes : Et le Sieur *Hoefnagel* nous en a dépeint de *ſalis in* vingt & quatre. Nous trouvons auſſi que Monſieur *Gou-* *Aurelia.* *dart* nous a fait la deſcription de quelques unes. Nous avons raiſon de mettre ces eſpéces de mouches ſous la qua- triéme ſorte des changemens , comme nous ferons voir dans la ſuite.

Parmi ces guépes bâtardes nous en trouvons une ſorte , *d Muſca* que nous pouvons encore faire voir , à qui *Mouſet* donne *triſeta.* le nom de *c guépe ou de mouche à trois queües.* Nous en *e Muſca* avons de quatre ſortes. Nous en gardons auſſi deux ſortes *uniſeta.* de celles , que le même *Mouſet* nomme *d guépe* ou *moû-* *f Nym-* *che à une queüe* ; nous pouvons encore montrer le *ver* & *pha.* la *e nymphe* , dont ces animaux ſe forment , auſſibienque la *g Chry-* *f nymphe dorée* , dont on dit qu'ils s'engendrent comme *ſalis ou* d'une matiére putréfiée. Nous pouvons auſſi faire voir *Aurelia.* d'autres ſortes de ces guépes bâtardes , qui ſont tout à fait rares & extraordinaires ; & dont nous parlerons peutêtre dans nos expériences particulieres.

Nous comprenons auſſi ſous la troiziéme eſpéce des changemens une ſorte de guépes , à qui *Goudart* donne le nom de *gloutonne* ou de *dévorante* ; mais que l'on pour- *h Veſpa-* roit plûtot nommer en flamand , *g Spinnedooder* : c'eſt *ichneu-* à d re *mon.*

à dire, une guêpe qui tuë les araignes, car elle les tuë en
effet. Cette espéce de quêpe à quelque conformité avec
ces mouches que l'on nomme en flamand *Wolfolieg* c'est
à dire une *mouche qui tient du naturel des loups* : Mais elle devore sa proïe avec ses dents, aulieu que l'autre la perce
avec son aiguillon.

Nous mettons encore dans le même rang ces quépes,
qui gâtent les raisins, & qui sont effectivement une espéce
de quépes bâtardes : mais nous remarquons qu'elles cherchent leur aliment d'une maniére fort differente, & que
lorsqu'une sort de nourriture leur manque, elle se conten-
tent d'un'autre.

Apres suivent les *b frélons*, dont nous gardons de deux
sortes, avec l'envelope ou la toile, dont leurs *vers* sont environnez : nous pouvons encore montrer les *nymphes* dont
ils proviennent avec les trous ou les appartemens, ou ils les
logent : ces animaux sont si gourmands, que lors même
qu'ils sont coupez en deux, ils ne laissent pas pour cela de
manger : & si l'aliment, qu'ils prennent est humide, on le
voit incontinent sortir par la playe en forme de rozée, comme nous avons éprouvé plusieurs fois, en leur donnant
un peu de miel.

Nous avons encore un *c espece de bourdons*, dont nous
pouvons montrer de huit sortes. Le Sieur *Hoefnagel* nous
en represente de cinq sortes dans ses figures : Et *Goudart*
nous à donné la description des *vers* dont ils se forment.

Nous mettons aussi dans le même rang les *d* moucherons, qui s'engendrent dans l'eau d'un œuf sort petit, que
la mere y cache, lorsqu'elle vient à jetter ses œufs ou sa sémence : se sçavant Monsieur *Duissaux* ministre dans l'e-
glize reformée de saumur est le prémier, qui nous a fait
sçavoir que la generation de ces petits animaux se fait dans
l'eau :

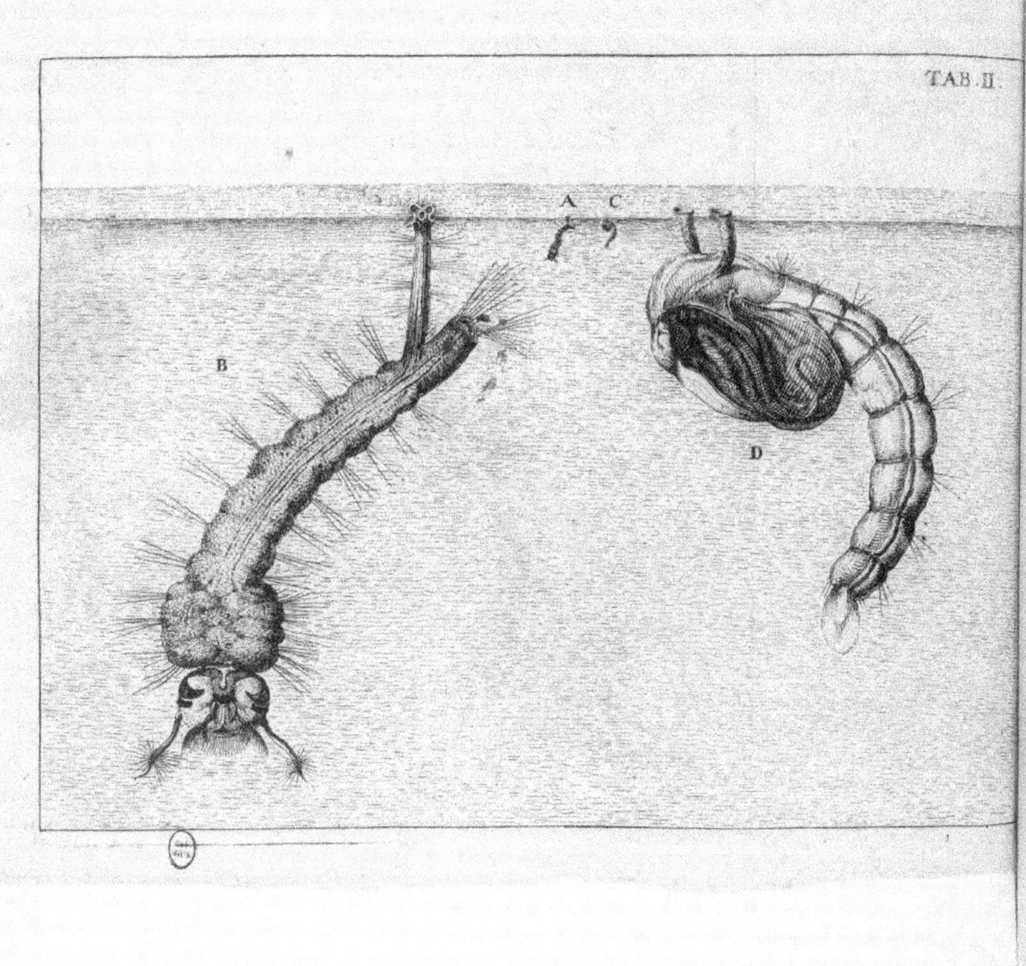
TAB. II.
A C
B
D

l'eau: mais ayans en suite trouvé les *vers* , dont ils se forment ; nous avons reconnu incontinent , que c'étoient les
mêmes , que nous voyons dépeints en grand dans les figures admirables de Monsieur *Hook* : quoique cependant il
n'ait pas fait une description assez exacte de leur quëüe , &
qu'il nous ait représenté la *nymphe* de ces animaux un peu
autre qu'elle n'est en effet. Mais il pourroit bien être qu'il
auroit rencontré la *nymphe* de quelqu'autr'espéce de moucherons (car nous en trouvons de plusieurs sortes) & que
cela lui auroit donné occasion de se méprendre. Pour ce
qui regarde les découvertes que nous avons faites dans les
moucherons ; nous les exposerons , quand nous viendrons
à parler de nos expériences particuliéres : Et cependant
nous nous attracherons à l'explication de nos figures , dans
lesquelles nous avons peint un ou deux moucherons avec
les *vers* & les *nymphes* dont ils se forment , & que l'on y
voit représentées tant au naturel qu'en grand.

Le *ver* dont les moucherons s'engendrent , & que nous
trouvons peint au vif dans nos ⸿ figures à la lettre A. est le   a *Tab.* 11.
même que nous voyons représenté en grand à la lettre B.   A.
Nous peignons ce ver sur le ventre , & nous faisons voir en   B.
même temps la maniére , dont il se tient sur la superficie de
l'eau.

Mais afin de mieux expremier aux lecteurs , ce que nous
voulons faire entendre par nos figures ; nous diviserons ce
ver en plusieurs parties , asçavoir en tête , en poitrine & en
ventre ou en queue , & nous ferons une description des
membres particuliers que nous y avons dépeints.

Premiérement dans la tête , qui penche en bas , nous
faisons voir les yeux , la bouche & les *b* cornes : pource qui   b *Anten-*
est des yeux , ils sont noirs , & nous les dépeignons tout   *næ.*
unis , à cause que nous remarquons qu'ils ne sont pas disposez comme des grains de raisin , ni entrelacez ensemble.

N 3

Nous

Nous ne representons rien dans les cornes que la maniére dont elles se courbent, & les poils dont elles sons couvertes. Pourcequi regarde la bouche, nuos representons en quelque sept façon de quelle maniére elle souvre, & outre cela encore petites parties qui en dépendent, dont il y en a trois situées de chaque côte & une au milieu. Nous voyons encore que le milieu de ces parties, qui sont de couleur brune, touche à la poitrine, ayant à peu pres la figure de l'ongle des doigts ou des écailles des poissons : il est aussi de couléur brune, horsmis dans le milieu ou il paroît plus blanc. à l'extrémité de cette partie nous en trouvons encore deux autres petites de figure triangulaire, qui sont veluës en dedans, & au-bout desquelles nous en découvrons deux, qui à leur origine semblent être d'une substance comme de la corne, mais dont les extrémitez nous paroissent comme des cheveux. Ensuite nous voyons deux autres parties, qui sont plus grosses & plus veluës que les autres : le devant de la bouche est couvert de poils, qui sont d'une mêmé longueur, & également éloignez les uns des autres : quand nous parlerons de nos expériences particuliéres nous ferons voir l'usage de toutes ces parties.

Pourcequi regarde la poitrine, nous y remarquons quelque separations, qui sont causées par les membres ; qui croissent & poussent au de hors : c'est pourquoi aussi nous pouvons faire voir dans ce *ver* même, les membres du moucheron qui s'en doit former. Nous y montrons encore quelques petites taches noires, avec la maniere dont elle est couverte de poils qui paroissent comme de la soye de pourceau.

Le ventre se divise en huit anneaux ou petits cercles ; mais si l'on y veut comprendre l'extrémite de la queüe, qui est veluë, & cette partie, qui semble s'élever hors de léau, on en trouvera bien dix.

Dans

Dans l'extrémité de cette partie, qui sort hors du ventre ou de la queüe, & que nous representons sur la superficie de l'eau, nous faisons voir quelques petites taches noires & de petites fosses, avec encore deux ou trois poils. Or quoique ces petites parties de la queüe Enfoncent souvent dans l'eau, elles n'en sont pourtant jamais humectées. C'est pourquoi lorsque cet animal veut reposer, il semet aussitot sur la surface de l'eau à la quelle il demeure comme pendu par sa queüe, qui reste toujours séche; & son corps s'enfonçant tant soit peu fait un'espéce de fosse que l'eau ne peut remplir: sibienque par le moïen de sa queüe il flotte sur l'eau a peupres de même qu'une aiguille que l'on fait passer autravers d'un morceau de liége. Environ l'extrémité de cette queüe nous faisons voir comme de petites vessies, dans lesquelles il n'y a que de l'air que cet animal peut faire sortir par son corps: Et nous avons remarqué fort-souvent que, lorsqu'il veut respirer, il semble élever sa tête audessus de l'eau afin d'attirer de l'air. Mais ceque nous trouvons encore ici de fort curieux; c'est que s'il arrive que cette queüe vienne en quelque façon à perdre sa sécheresse, & qu'elle ne puisse soûtenir le reste ducorps de l'animal, il la prend aussitôt dans sa bouche & lui rend la même vertu qu'ell'avoit auparavant: Et il fait cela de la même maniere que les oiseaux de riviere, qui, pour mieux se défendre contre l'humidité de l'eau, font passer leurs plumes dans leurs bec, & les oignent, pour ainsi dire, d'une matiére oleagineuse & gluante, qu'ils ont pour cet effet exprimée de la glandule du croupion.

Nous trouvons de plus que cet animal est transparent, & qu'audedans de sa queüe il y a comme deux veines, que nous voyons venir de la poitrine & que nous croïons servir de vehicule à l'air dont nous avons parlé. Nous faisons voir encore dans cette queüe quelques poils, comme de la soye
de

de pourceau ; & un peu plus bas ou plus haut (felonque l'on le veut prendre) nous montrons d'autres petits poils plus courts, & qui font difpofez en rang. Or cette queüe n'eft pas proprement de l'effence du ver , mais il femble feulement qu'elle lui ait été donnée pour fa commodité , car lorfqu'il veut repofer c'eft par fon moïen qu'il fe foutient fur la fuperficie de l'eau , & qu'il y demeure comme fufpendu. Et une preuve fuffifante que cette queüe ne lui eft pas abfolument neceffaire , c'eft que d'abord qu'il s'eft depoüillé de fa peau, & qu'il a pris la forme de *a nymphe*, il la perd pour toujours.

Or pourcequi regarde l'autre partie de la queüe , dont l'extrémité eft couverte de poils ; nous reprefentons tout au bout quelques petites partites de matiére qui tombent dans l'eau , & qui ne font autre chofe, que les excrémens des inteftins : Car les inteftins s'étendent entre les veines jufques au lieu , ou la feconde queüe commence : Et ceque je trouve ici d'admirable dans cet animal, c'eft que nous pouvons non feulement remarquer le mouvement de fes entrailles , mais que même nous y appercevons la maniére dont les excremens paffent autravers de fes inteftins : ainfi que l'incomparable Monf. *Hooke* nous a découvert le prémier.

Enfuite nous faifons voir ces huit anneaux dont le ventre eft compofé , & dont quelques uns ont quatre poils , & les autres trois. Audedans de ces anneaux , qui font proprement le ventre même , nous découvrons un petit inteftin , qui prend fon cours entre les veines, dont nous avons parlé , & qui nous paroît tantôt noir, tantôt blanc , & quelquefois auffi comme s'il étoit divifé par boutons. Or cela vient fans doute des diverfes couleurs des excremens & de la maniére dont ils font fituez dans cet inteftin.

Deplus nous reprefentons en petit à la *b* figure C. le mé-
me

me ver comme ayant pris la forme de nymphe. Et nous le
dépeignons enfuite en grand à la lettre D. Or nous découvrons auffi dans cette ² *nymphe*, la tête, la poitrine & le
ventre, dans lefquelles parties nous faifons encore voir d'autres comme l'œil, l'aiguillon, les cornes, les ailes & les
jambes.

La tête que nous avons reprefentée dans le ver comme
penchée en bas, nous paroît ici elevée audeffus de la fuperficie de l'eau. Et tout au contraire la queüe, qui dansle ver
étoit peinte comme élevée, nous eft reprefentéedans la ᵇ
nymphe comme penchée en bas plus fes cornes font le même effet, que la queüe faifoit dans le ver ; car c'eft par leur
moïen qu'elle fe tient fur la fuperficie de l'eau & qu'elle y
demeure fufpenduë. Nous remarquons encore que la premiére queüe étant détruite avec la peau, qui l'environnoit,
la nature donne en recompenfe à cet animal des efpéces de
nageoires, avec lefquelles il excite dans l'eau un tout autre
mouvement. Or Monfr. *Hooke* à auffi découvert la difference de ce mouvement d'avec celui de la queüe.

Nous faifons encore voir dans cette *nymphe* les huit anneaux, dont fon ventre eft compofé, de même que
dans le *ver*, avec encore quelques uns des prémiers poils.
Nous remarquons auffi le long de fon ventre ou de fa
queüe comme une efpéce de bord, que nous avions peine à
découvrir dans le ver, & qui même dans le moucheron
n'eft prefque pas perceptible.

Ceque nous trouvons encore ici de très remarquable eft
la maniére, dont les membres font dopofez dans la *nymphe*. Car fes cornes font fort plaifamment fituées audeffus
de l'œil, & un peu au deffous, nous découvrons les jambes, qui apres s'être courbees & entortillées enfembled'u-
ne maniére admirable, fe vont rendre fous les ailes, au travers defquelles nous les voïons luire. L'aiguillon, qui aux

O

envi-

environs de l'œil commence d'être perceptible, paſſe avec
ſa pointe entre les deux ailes, & s'en va couvrir les pieds,
ſur leſquels il eſt placé.   Nous ne ſçaurions donner à cet
animal aucune couleur permanente ; car prémiérement
auſſitôt apres s'être changé, il prend une couleur blan-
cheâtre, un peu apres il prend la couleur verte, puis une
couleur jaunâtre, & Enſuite il devient d'une couleur, qui
tire ſur lenoir.   Nous allons à preſent commencer l'explication de nôtre troiziéme Table.

a Tab. iii.   Le moucheron mâle, que l'on voit dans nos *a* figures
A.   à la lettre A, eſt lemême, que nous avons repreſenté en
B.   grand à la lettre B. Et il ne ſe trouve aucune différence entre
cet animal & la *nymphe*, dont il eſt ſorti, ſi ce n'eſt que
les membres ſont autrement diſpoſez dans l'un que dans
l'autre : Car quoique nous ayons aperceu dans la *nymphe* la tête, la poitrine & le ventre ; nous remarquons neantmoins que ces trois parties ſe voïent bien plus diſtinctement dans le moucheron même ; à cauſe que la peau,
dont il étoit revêtu lorſqu'il avoit la forme de *uymphe*, nous
empêchoit de les diſcerner parfaitement.

Nous faiſons voir dans la tête de cet animal des yeux,
des cornes & un'eſpéce d'aiguillon, qui eſt encore accom-
pagné de deux autres petites partes, entre leſquelles il eſt
ſitué.   Les yeux ſont la plus glande partie de la tête, de
même que dans la pluſpart de ces ſortes d'inſéctes : ils ſont
d'une couleur verdâtre. Tout proche de là on voit ſortir les
cornes de deux petites boules, qui ſont de couleur incarnate
mais tirant un peu ſur le jaune.   Ces cornes ſe diviſent en
douze petits boutons noirs, qui ſont environnez de poils
fort deliez, dont la ſituation eſt toute particuliere ; car ils ſe
touchent l'un l'autre en ſe croiſant. Nous faiſons voir encore à l'extremité de ces cornes comme un eſpéce de
petit anneau environné de ſix poils ; & toutes les au-

tres

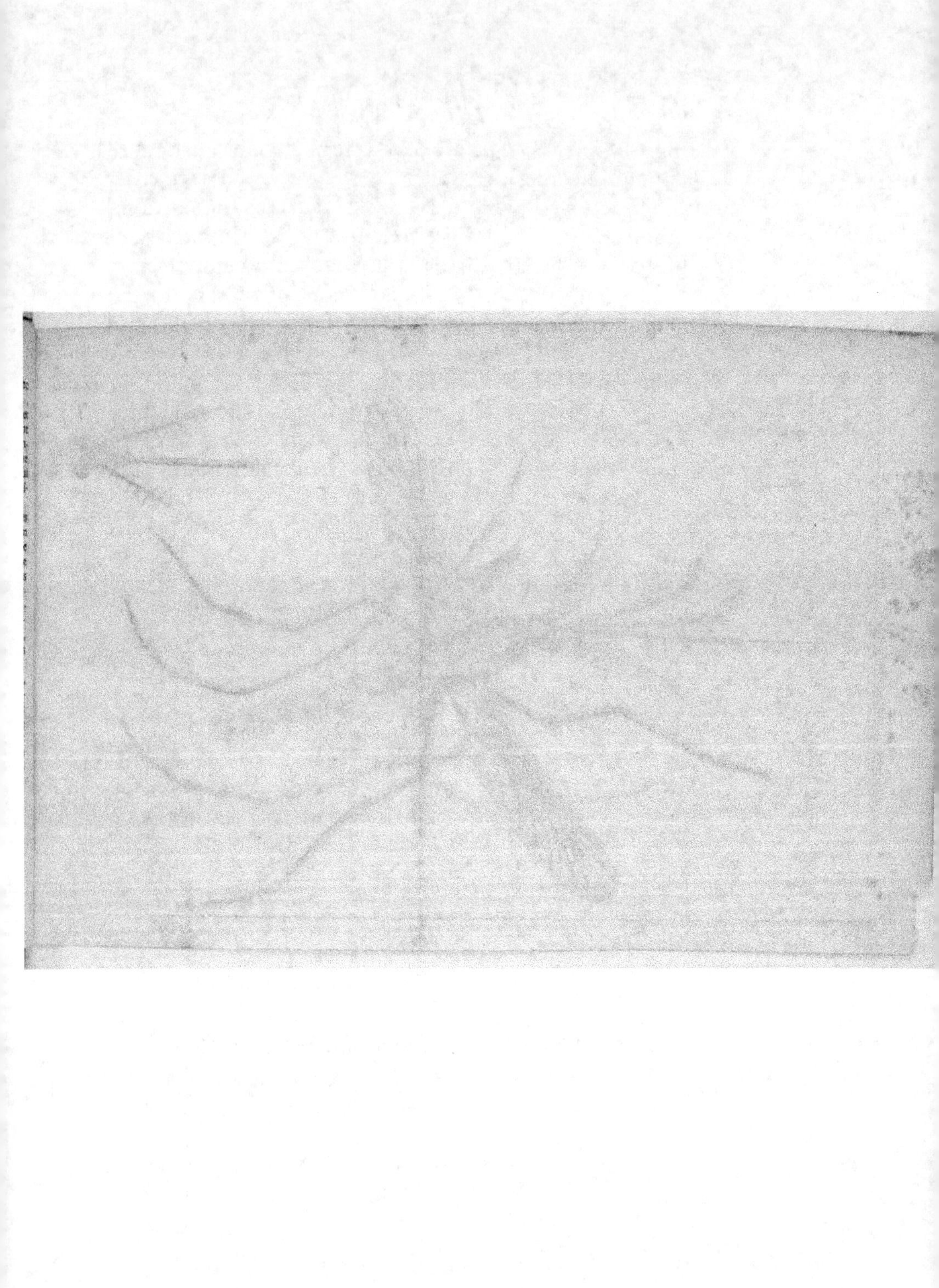

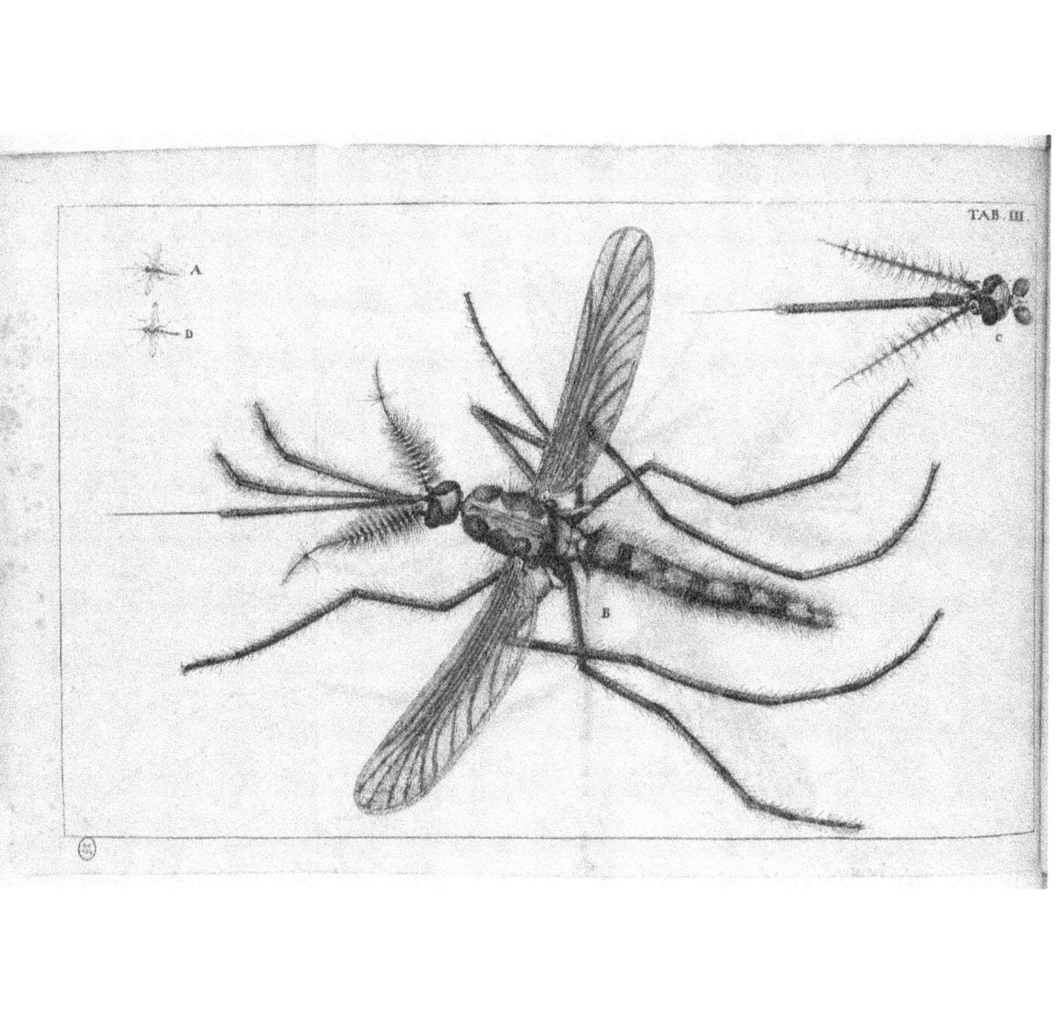

TAB. III.
A
D
C
B

tres parties de ces mêmes cornes font auffi revêtuës de poil. Pourcequi eft des autres parties, d'entre lefquelles on voit fortir un efpéce d'aiguillon, elles fe divifent en trois membres, & nous les trouvons prefque par tout revêtuës de petites plumes d'une couleur un peu brune, qui ne ref-femblent pas mal à des écailles de poiffon ; il n'y a que les extremitez de ces parties qui nous paroiffent environnées de petits poils fort deliéz, Cette efpéce d'aiguillon, dont nous venons de parler, eft revêtu tout de même de peti-res plumes de couleur brune, qui reffemblent auffi affez bien à des écailles de poiffon : mais il paroit tout à fait fans mouvement & ne fe divife pas en divers membres ; quoiquil femble pourtant que l'on apperçoive quelque feparation vers l'extremité de la pointe, autour de laquel-le on découvre cinq petits poils, qui font difpofez dans un ordre fort regulier. Cependant lorfque l'on confidere de prés cette partie, on trouve effectivement que ce n'eft que l'étui ou eft renfermé l'aiguillon, que nous reprefentons dans nos figures comme s'avançant en dehors, & dont l'extremité eft fi aiguë, que quoique l'on employe les micofeopes les plus parfaits à le confiderer, on ne peut pas cependant remarquer que la pointe en foit aucunement émouffée. Neantmoins on ne fçauroit trouver d'aiguilles ni de lancetes fi aiguës, que l'on ne puiffe facilement ap-percevoir par le moien du microfcope que les pointes en font rebouchées. Or cette efpece d'étui, ou cet aiguillon eft renfermé, ne fe trouvé pas dans toute forte de moucherons: Car par exemple nous croyons que dans ceux, dont *Gou-dart* nous donne la defcription, cet aiguillon, qui eft plus court que dans les autres, eft plûtôt caché dans leur bou-che, qu'il n'eft revêtu d'un étui : & cela a non feulement lieu dans cette forte de moucherons, mais même dans les pous, qui nous piquent fort vivement, quoique neant-

O 2

moins

moins ils ne soient pas pourvûs de cette sorte d'étui.

Nous remarquons encore dans d'autres sortes d'insectes qu'il se trouve une grande diversité entre les aiguillons & le museau des uns, & entre ces mêmes parties dans les autres: car dans les uns nous voyons que ces petits membres sont non seulement huit fois plus longs dans les uns que dans les autres, mais que même la figure en est fort differente; mais quand nous viendrons à parler des *a Taons*, & des experiences que nous avons faites sur leurs museaux & sur leurs aiguillons, alors nous ferons voir la raison pourquoi les insectes, qui vivent de sang, ne laissent pas de rester en-vie, apres même qu'ils sont privez de cet aliment : on pourroit encore demander la même raison au sujet des punaises, des puces & des moucherons : mais il est temps de retourner à l'explication de nos figures.

Nous voyons sortir de la poitrine du moucheron des jambes, des ailes & deux autres petites parties, qui nous paroissent comme de petits *marteaux* de figure ovale : les jambes, qui sont d'une couleur brune, sont encore com-posées de sept parties, qui dans les jambes de derriere sont un peu plus grandes que dans celles de devant : outre cela nous découvrons encore à l'extremité de chaque jambe deux espéces de petits ongles. De plus nous trouvons que les petits pieds de cet insecte sont revêtus par tout de peti-tes plumes, qui ressemblent assez à des écailles de poisson : & c'est d'entre ces plumes que nous voyons sortir quantité de petits poils noirs, qui paroissent fermes & roides comme de la soye de pourceau. Pourcequi est des ailes, nous avons remarqué qu'elles sont environnées tout autour de petites plumes un peu longues, & que même les petites veines ou les petits nerfs, dont elles sont tissuës, sont aussi couverts de petites plumes ou de petites écailles noires : au reste le fond de ces ailes est d'une substance membraneuse & trans-parente.

parente. Ces petits *marteaux*, dont nous avons parlé au commencement de cet article , sont d'une couleur blanchâtre & d'une structure fort irreguliére : leurs extremitez sont fort tenduës & la superficie en est fort unie & fort égale : nous croyons que leur usage est de rendre quelque son ; nous trouvons ces parties presque dans toutes les mouches à deux ailes. Au reste la poitrine paroît en quelque façon luisante ; sa couleur tire sur le châtain brun , & au lieu de plumes , elle n'est revetuë que de petits poils roides , qui sont de la même couleur.

Nous representons le ventre comme divisé en huit aneaux, ainsi que dans le *ver* & dans la *nymphe* dont ils se forme : toutes ces parties sont transparentes : de plus le ventre, ou la queüe (qui n'est qu'une même chose) est revetuë par tout de petites plumes, qui sont noires en quelques endroits ; ce qui fait paroître sans doute ces petites taches, que nous représentons sur la queüe : les autres petites plumes sont d'une couleur blanche , mais qui tire un peu sur le jaune ; & cependant elles ne laissent pas d'être tout à fait transparentes. Au reste tout le ventre est tout autour environné de poils fort déliez , dont les extremitez se croisent si reciproquement & se mêlent en quelque façon les unes avec les autres , mais pourtant sans la moindre confusion.

Nous representons encore en grand à la lettre C. la tête de la femelle qui differe de celle du mâle , en ce que ses cornes sont d'une autre structure : Et les autres petites parties, entre lesquelles *l'étui* de l'aiguillon est situé , sont beaucoup plus petites & moins perceptibles : de plus ces petites cornes se divisent en douze parties & chaque separation est environnée de six poils fort deliez : au reste les cornes , qui sont de couleur brune , nous paroissent veluës par tout , toutes les autres petites parties aussibien que ce petit *étui* , dont nous venons de parler sont tout de même que dans le male.

C.
Tab. III.

Enfin

D.

Enfin à la lettre D, on peut voir au vif ou au naturel la femelle du moucheron.

Nous gardons encore un'espece de mouche , que l'on pourroit nommer la *a* mouche aux yeux dorez , & dont *Goudart* a fait la description ; nous en pouvons montrer de deux sortes.

Nous avons encore une sorte de *b* mouches noires qui font beaucoup de degât dans les jardins , car elles s'y jettent en un instant comme par legions, & se ruënt sur les fleurs avec une avidité extraordinaire : on dit que cette espéce de mouche provient de l'eau , ceque nous n'oserions pas nier , à cause que nous connoissons plusieurs sortes d'insectes, qui apres avoir demeuré quelque temps souz l'eau en forme de vers , viennent ensuite à en sortir tout d'un coup d'un maniére sur prenante : c'est ceque nous voyons arriver non seulement aux *e* mouches *ephemeres* (c'est une sorte d'insecte, qui naît & finit en un jour) mais aussi aux moucherons & à un'infinité d'autres, que nous voyons tout d'un coup s'élever de l'eau par millons ; ceaqui à donné lieu à plusieurs de s'imaginer que ces sortes d'insectes naissent plûtôt dans l'air que dans l'eau. Mais ceque je trouve ici d'admirable, c'est que cette mouche *ephemere* , dont nous venons de parler meurt incontinent apres sa naissance, & que les autres insectes, qui ont la même origine peuvent encore ensuite vivre long temps sur laterre. Mais parceque nous avons presentement dessein d'abreger, nous nous reserverons à rendre raison de toutes ces choses, quand nous exposerons les experiences que nous avons faites sur ces sortes d'animaux.

Nous pouvons encore faire voir une sorte de *d* mouches, dont la figure approche de celle du papillon. Nous avons aussi le mâle & la femelle d'un'espéce de *e* mouche qui ressemble assez au Scorpion. Nous gardons encore cinq sortes

a Chry-
so pis.

b Musca
florilega
nigra.

e Musca
epheme-
ra, vel
diaria,
hemero-
bius.

d Musca
papilioni
æmula: &
en fla-
mand
Kappel-
gelijk-
vlieg.
e Musca
Scorpio :
& en fla-
mand ,
Scorpi-
oenvlieg.

tes

tes de mouches, à qui on donne en flamand le nom
de *a Wolfvlieg*, c'est à dire *une mouche, qui approche de
la nature du loup.* Nous pouvons aussi faire voir une espéce de *b* mouche qui s'attache ordinairement à la chair, &
à qui pour ce sujet on peut donner le nom de *carnaciere.*
Nous gardons aussi quatetze espéces de mouches ordinaires, avec encore vingt & quatre sortes d'autres, dont la figure est plus étrange & plus rare. De plus nous trouvons
dans les figures de *Hoefnagel* vingt & cinq sortes de mouches ordinaires, avec encore trente sortes d'autres, qui
sont fort rares & fort extraordinaires: Et le Sieur *Goudart,*
dont nous estimons les soins & la diligence, nous en represente de quarante & huit sortes. Mais lorsque nous considerons le travail de cet homme & la peine qu'il a prise de
faire des experiences sur plusieurs sortes d'insectes, nous
sommes extrémement surpris de cequ'il n'a pas eu la moindre connoissance de la nature de ces animaux. Mais, à
dire le vrai, il y a bien de l'apparence que ce n'a pas été sa
faute, & que son malheur vient, de ceque ses pensées &
ses découvertes ont été mises au jour par des gens, à qui la
matiére, qu'il troitoit, étoit non seulement inconnuë ;
mais qui même l'ont obscurcie & renduë inintelligible par
leurs fausses imaginations & par les prejugez dont leur
esprit étoit imbu.

Nous pouvons encore faire voir la *c* fourmi : mais parceque nous avons resolu d'en parler quand nous traiterons de
nos expériences particuliéres, nous dirons seulement ici en
passant, que nous en gardons le mâle, qui à des ailes, &
la femelle, qui n'en à point, mais dont le corps est un peu
plus gros : nous en avons encore une autre sorte, qui n'a
point d'ailes; on la nomme en flamand *Werkmier* (labo-
rieuse;) à cause des soins qu'ell'a d'amasser des provisions :
Il nous est inpossible de discerner si elle est mâle ou femelle.

le.   Ceque nous trouvons de remarquable dans ce petit animal, c'eſt que d'abord que ſes petits ſont nais, il les porte dans des lieux ou il les laiſſe eux mêmes chercher leur nourriture : mais il y en d'autres qui vont chercher à leurs petits l'aliment propre pour leur ſubſiſtance.

Nous avons au contraire d'autres inſectes, qui abandonnent leurs petits incontinent apres leur naiſſance , & les laiſſent chercher leur vie ſibienque l'on peut dire que la premiere ſorte de ces animaux eſt ſoigneuſe & diligente, que la ſeconde eſt liberale , mais que la troiziéme eſt impitoyable, & merite plûtot le nom de marâtre, que de pere ou de mere.   Mais quoiqu'il en ſoit nous voyons que le createur, qui prend même le ſoin des corbeaux , fournit auſſi à ces petites creatures toutes les choſes neceſſaires pour leur ſubſiſtance.

<table><tr><td>

a *Scarabaus.*

</td><td>

Nous pouvons encore montrer des *a* eſcarbots : nous en gardons ſept ſortes des plus grands, vingt & huit de moïenne taille , & cent vingt & ſept des plus petits ; entre leſquels on en trouve vingt eſpéces , qui nous ſont venuës des païs étrangers, comme de *France* du *Breſil, d'Egipte* & des *Indes orientales* : de plus nous remarquons que *Hvefnagel* nous a dépeint dans ſes figures vingt ſortes d'eſcarbots ordinaires avec encore ſept outres eſpéces, dont la figure eſt plus rare & plus extraordinaire : & le Sieur *Goudart* , qui à eté ſi laborieux , & qui a employé tous ſes

</td></tr><tr><td>

b *Nympha.*

c. *Scarabaus monoseros , vel naſi cornis.*

</td><td>

ſoins pour faire de nouvelles découvertes , nous fait voir dix & neuf ſortes de petits eſcarbots avec encore cinq *b* *nymphes* , qu'il nous repreſente aſſez au naturel.   Nous pouvons auſſi faire voir ſept *nymphes* d'eſcarbots entre leſquelles ſe trouve celle de *c* l'eſcarbot *unicorne*.

</td></tr></table>

Ceque nous trouvons de curieux & de remarquable dans les eſcarbots (*ainſi que fabritius ab aqua pendente à tres bien obſervé*) c'eſt que les os, qui dans les grandr animaux

maux sont renfermez au dedans, se voyent au contrair
extérieurement dans cette sorte d'insectes; & que la chair,
qui paroît toujours dehors dans les animaux, qui ont du
sang, se trouve dans les insectes revêtuë de leurs os, ou
bien d'une substance, qui ressemble assez à de la corne.
Mais, cequi merite encore d'être remarqué dans ces petits
animaux, c'est que la structure de leurs muscles est toute
semblable à celle que ce grand Anatomiste *Nicolas Stenon*
nous à découverte dans les muscles des grands animaux,
qui ont du sang. Et ce que nous trouvons encore d'admirable dans les muscles des jambes des sautèrelles, c'est que
ces insectes peuvent par leur moïen sauter en l'air deux
cent fois plus haut que n'est la longueur de leur corps.

Mais si la nature fait paroître les merveilles dans la conformité qui se trouve entre la structure des muscles de ces
petits animaux, & la fabrique des muscles de ceux qui ont
du sang; elle ne merite pas moins aussi nôtre admiration
dans cette difference inexprimable, qui se rencontre entre
les os des animaux, qui ont du sang, & ceux des insectes,
dont la substance ressemble à de la corne. Or nous remarquons une grande diversité entre les cornes de ces petits a-
nimaux, car elles sont construites & disposées d'une maniére fort differente & fort plaisante. Et c'est proprement
dans la difference qui se trouve entre les cornes des escarbots, que l'on doit juger de leurs diverses espéces.

Nous gardons encore dans nos boëtes six sortes de ces
escarbots, que l'on peut nommer *a escarbots Unicornes*
ou *escarbots licornes* à cause d'une corne qu'ils ont sur le
nez: entre ces six sortes nous en trouvons une, dont la corne du nez se courbant en forme d'arc se va rendre vers le
dos ou vers les épaules: nous pouvons non seulement vous
representer cet escarbot, mais nous pouvons même faire
voir les petits poüs qui s'attachent à son corps: nous avons

remar-

*a Scara-
bæus mo-
noceros si
vel na-
cornis.*

remarqué que cet animal se forme de la grosse sorte de ce
a vers , qui s'engendrent dans le bois , & qui au bout de
deux ou trois ans viennent enfin à prendre la forme des
nymphe. Outre la corne , que cet escarbot a sur le nez ,
nous en découvrons encore deux autres , qui lui sortent
tout proche des yeux , & qui vers leurs extrémitez semblent formea un'espéce de boutons. Nous avons encore
deux sortes de ces escarbots , dont la corne est fort petite ,
nous voyons qu'elle fourche & se divise en deux dés son
origine. Nous pouvons aussi en faire voir un'autre sorte ,
dont la corne se courbet vers la poitrine en forme d'arc ;
dans la partie concave on apperçoit quatre petites dents :
l'os , qui fait la poitrine les épaules & les reins de cet animal,
forme encore une corne fort longue , qui dans sa courbu-
re interieure est revêtuë de petits poils jaunes , qui paroîs-
sent assez roides.

Nous en avons encore de deux sortes , dont les cornes sont simples vers la racine , mais qui vers leurs
extremitez fourchent & se partagent en deux branches,
l'Os de la poitrine de ces animaux , qui est noir & qui se
divise aussi en deux , est d'une substance , qui approche
assez de la corne. Il y en a pourtaut une sorte , dont l'os
de la poitrine forme une corne , à l'extremité de laquelle
on découvre quelque espéce d'entaillures ou d'incisions :
mais il y en a d'autres , d'ont l'os de la poitrine des reins
& des épaules se partage en deux cornes , dont les extremitez paroissent émoussées : Et ces derniers ont encore
aupres des yeux d'autre petites cornes composées de petits
boutons.

De plus nous avons encore des c cerfs volants. Le mâle
a des cornes , mais on dit que la femelle n'en a point. Cequ'il y a de remarquable dans ces insectes aussi bien que
dans plusieurs autres , c'est que leurs ailes sont pliées &

ren-

fermées dans une ècaille, comme dans une espéce d'é-
tui ; ce qui est cause qu'en flamand on leur a donné le nom
de *a Koker-gevleugelde-dieren* ; c'est à dire des animaux,
dont les ailes font reuêtues d'un'espéce d'étui. Nous remarquons encore que lorsque ces insectes volent, les écailles qui couvrent leurs ailes, s'ouvrent aussitôt pour en
faciliter le battement, & qu'elles demeurent dans le même état sans le moindre mouvement, tout autant de
tems que ces animaux volent. Mais ceque nous trouvons
de plus curieux dans le cerf volant est, cette espéce de petite *b trompe* ou de *laugue* qui lui fert d'instrument pour
prendre sa nourriture. Or tout son aliment n'est autre chose
qu'une humidité, qui découle des chesnes & qui approche assez de la substance du miel liquide. Nous voyons
cette petite *trompe* ou cette petite *langue* tres bien & fort
ingenieusement representée dans les figures de *Hoefnagel*,
qui font assûrément les plus faciles & les plus reguliéres
que nous ayons vûës jusques ici. Nous faisons voir encore dans cet insecte la maniére étrange dont ses ailes sont
pliées & ramassées ensemble sous écailles, dont elles sont
revêtues : nous découvrons encore à l'extremité des ailes
& des jointures ou nous appercevons de petits muscles, qui
leur donnent le mouvement : c'est pourquoi, lorsque leurs
ailes sont blessées, on en voit sortir de l'humidité, cequi
n'arrive jamais aux ailes, dont toute la substance est membraneuse.

Nous pouvons encore faire voir vingt & une sortes de
boucs ou de *chevres volantes*. Les cornes de ces insectes
font fort longues, & il y en a qui les ont branchuës & par
semées de petites pointes & comme d'une espéce de petits
pointes & comme d'une espéce de petits boutons : mais il
y en a d'autres, dont les cornes sont composées de plusieurs parties longues & unies, qui s'insinuent & s'em-

*a Vagini-
penma,
animalia*

*b Probo-
scis.*

*c Capri-
corni vo-
lantes.*

boëtent

boëtent les unes dans les autres, & dans les endroits, ou
ces mêmes parties se joignent, on remarque de petits
neuds. Nous avons une autre sorte de chevres volantes,
dont les cornes & les jambes sont extrémement tendres &
délicates, mais qui dans les jointures, ou les muscles sont
enfermez, sont d'une grosseur extraordinaire. Nous a-
vons aussi une espéce de guêpe, dont les jointures des
membres paroissent comme des neuds.

Nous gardons encore, outre cela, dix et sept sortes de
chevres volantes, mais dont les cornes sont beaucoup plus
courtes. Entre celles cy on en trouve une espéce, qui bat
des ailes avec une vîtesse incroïable : ce qui fait qu'en flamand on lui donne le nom de *a Kever-vlieg* : c'est à dire
un escarbot qui approche de la nature des mouches. Ce
qu'il y a d'extraordinaire dans cet escarbot, & ce qui le fait
differer de tous les autres, c'est qu'on remarque que ses
dents ont en dedans diverses branches : cet insecte vole
de jour.

Nous avons encore neuf sortes de chevres volantes, qui
ont les cornes encore plus courtes que celles, dont nous
venons de parler.

Enfin entre les escarbots, que nous avons, il s'en trouve trente & deux sortes, dont les cornes sont parsémées de
petits neuds d'une structure fort étrange : car il y en a qui
ressemblent a des grains de raisin, d'autres qui s'ouvrent
comme les fueilles d'un livre, & enfin il y en a d'autres,
dont la figure est fort differente : il est tres facile par le
moyen des cornes de discerner le mâle de ces insectes d'a-
vec la femelle : ce qui a lieu aussi dans les papillons qui volent de nuit ou les cornes nous servent à distinguer le mâle
d'avec la femelle. Entre toutes ces sortes d'escarbots, dont
les uns sont un peu longs, d'autres courts, d'autres ronds,
d'autres découpez ou fendus, d'autres colorez, velus,

farineux.

farineux comme les papillons, d'autres, dont la superficie du corps est inégale & parsemée d'yeux & de petites
taches, entre toutes ces sortes, disje, nous en pouvons
faire voir une, que nous avons trouvée dans des nids d'a-
beilles sauvages. La plus part de ces escarbots, dont nous
venons de parler, ne volent que de nuit.

Nous pouvons encore faire voir quatre sortes de ces *e-* *a Bupre-*
scarbots verds & dorez, qui rendent une vapeur fort *stis.*
desagreable, & dont les cornes ressemblent fort bien à
celles des *chevres volantes*. Les mâles sont plus petits que
les femelles.

Nous gardons encore quatre sortes de *b* cantharides, dont *b Can-*
nous croyons que la nature & les proprietez ne different *tharis.*
point de celles des escarbots dorez, dont nous venons de
parler. Nous avons aussi des œufs d'escarbots dorez, qui
ressemblent assez à des perles. Quelques uns de ces insectes ont des cornes parsemées de nœuds ou de petits boutons, & d'autres les ont toutes semblables à celles des chevres volantes. Nous pouvons montrer une sorte de ces
escarbots, dont le corps est tout couvert de petits trous,
qui ressemblent à ceux que l'on voit sur les déz à coudre :
Nous avons eu cette derniere sorte de Monsieur *Guillau-*
me Piso autrefois Medecin du Prince Maurice de Nassau,
& tres habile dans sa profession.

Nous avons encore six sortes d'escarbots dont le nez
ressemble en quelque façon à celui d'un pourceau ; c'est
pourquoi en flamand on les nomme *vliegende Verkens*, *c Porcelli*
c'est à dire pourceaux volants. *volatiles.*

Nous gardons encore une espéce d'escarbots, que nous
pouvons bien mettre au même rang de ceux dont nous venons de parler : On les nomme en latin *proscarabæus*,
ou *vermiculus maïalis*. Nous en pouvons montrer de
trois sortes, dont les deux prémieres ont les cornes com-

me

me les *chévres volantes* ; & la troiziéme les a persémées
de petits boutons. *Goudart* nous en a fait la description ,
mais il les represente tresmal.

Ensuite nous pouvons faire voir une autre sorte d'escarbot , à qui on donne en flamand le nom de *a Verslinder* ,
c'est à dire devorant : cet animal se ruë d'ordinaire sur les
vers de terre , & apres les avoir tuez par le moïen de deux
dents qu'il a , il en suce la substance. Le Sieur *Goudart* est
tombé dans trois erreurs au sujet de cet insecte ; ceque peutêtre nous montrerons quelque part ailleurs. Nous trouvons que *Moufet* nous a non seulement donné la description de cet animal , mais que même il nous represente
le *ver* & la *nymphe* , dont il se forme. Nous en avons
de cinq sortes outre leurs *vers* & leurs nymphes dans lesquelles on n'appercoit pas les membres si distinctement
que dans l'insecte même : ces animaux ont les cornes semblables à celles des *chévres volantes* , & leurs ailes se
plient d'une maniere fort étrange.

Outre ceuxcy nous en avons encore quatre autres sortes, qui se mettent tantôt sur le dos & tantôt sur le ventre ,
& qui resserrant ou ramassant ensemble la tête & la poitrine , & les pressant contre la terre , font un saut en l'air en
allongeant leur corps. C'est cequi fait qu'en flamand on
leur donne la nom de *a Spring-haen-Torren* , c'est à dire
des escarbots qui tiennent du naturel des sauterelles.

Nous gardons encore un'autre sorte d'escarbot , qui se
tenant ferme sur ses jambes de devant & courbant sa tête
entre deux fait entendre un son sourd des vieilles murailles ou des vieilles pièces de bois, ou il se tient d'ordinaire :
Et ce son, qu'il rend est quelquefois si clair , que quelques
superstitieux l'entendans de nuit , se sont imaginez que
cétoit la voix de quelques lutins ou de quelques esprits fo-
lets. Or parceque ce son vient apparemment de l'agita-

tion

tion de sa tête il semble qu'on lui pourroit fort bien donner
le nom de *Soni-cephalus* c'est à dire un animal, qui rend
un son par le mouvement de sa tête.   Nous trouvons aussi
d'autres sortes d'escarbots, qui rendent leur son en frottant leur tête contre leur poitrine, ou bien aussi en pressant
& frottant leur ventre ou leur queüe contre les écailles,
dont leurs ailes sont revêtuës.

Nous pouvons encore faire voir quatre sortes d'escarbots, que les Hollandois nomment *b Schild-pad-Torren*,
cela veut dire des escarbots, qui ont quelque conformite, ou
quelque ressemblance avec les Tortuës: nous gardons aussi
si les *vers* & les *Nymphes*, dont ces insectes proviennent.
Goudart nous fait la description de deux sortes de ces
escarbots.

Nous avons encore un autre sorte *c* d'escarbot, dont la
queüe est faite comme un aiguillon; ce qui ne nous à encore jamais paru dans aucun autre.

Nous avons de plus un escarbot tres petit avec la *nymphe*, dont il provient. Cet insecte se forme de ces petits vers
sans pieds, qui se trouvent renfermés sous cette prémiére
peau delicate, dont les feüeilles des saules sont revêtuës
& ce ver trouve là un aliment convenable, jusqu'aceque
ses membres ayent atteint leur perfection & leur juste
grandeur, il vienne en suite à prendre la forme de
d nymphe.

Outre celui dont nous venons de parler, nous en avons
encore un autre, qui est aussi tres petit, & qui s'engendre
d'un petit ver qui mange & qui demeure dans cette racine, jusqu'a ce qu'enfin il vienne à se changer en *nymphe*,
cet animal se trouve aussi dans de vieilles piéces de
bois.

Enfin nous pouvons encore faire voir des escarbots,
qui proviennent de ces vers, qui mangent de la chair séche:

nous

*b Scara-
bæus Te-
studina-
tus.*

*c Sca-
rabæus a-
culeatus.*

*d Nym-
pha.*

nous avons auſſi les *nymphes* , dont ces inſectes ſe forment
immediatement. Nous pouvons auſſi par le moïen de ces
petis vers faire décharner & nettoyer les os de la chair ,
dont ils ſont revêtus.

*Denombrement des inſectes , qui ſont compris ſous
la troyziéme eſpéce , ou dans le troiziéme
rang des changemens naturels , & auxquels on donne le nom de* e *nymphe dorée pendant qu'ils
ſouffrent ce chan-
gement.*

e Chry-
ſalis.

POurce qui regarde les inſectes qui ſouffrent la troiziéme eſpéce des changemens , & dont les membres venans à s'enfler & à croître , forcent enfin la peau ou ils étoient renfermez , & prennent la forme de f *nymphe dorée* ,
qui à la verité ne repreſente pas les parties de l'animal ſi
diſtinctement que la g *nymphe* même prémierement nous
mettons dans ce rang h les papillons , qui volent de jour.

f Chry-
ſalis.
g Nym-
pha.

Entre ces papillons il s'en trouve dont le mouvement
eſt fort lent , & d'autres au contraire , qui ſe meuvent dans
l'air en une infinité de manieres & avec une vîteſſe incroyable nous en avons de cinquante & quatre ſortes , entre leſquelles il s'en trouve , qui nous ſont venus des païs
étrangers , comme de France, du Breſil & d'autres lieux.

Entre ces papillons qui volent de jour , nous en pouvons
faire voir vingt & quatre ſortes des plus grands , ſeize de
moïenne taille, & quinze des plus petits.

Nous gardons encore quelques vers ou quelques chenilles & quelques h *nymphes dorées* de ces papillons , avec
encore des vers, qui ſont demichenilles & demi papillons.
Nous pouvons encore repreſenter au vif la maniére dont

h Chryſa-
ſalis.

les

les papillons sont situez dans leur derniére peau, dans lequel temps on leur donne le nom de *a nymphe dorée.* a Chry-
Nous faisons voir aussi en petit comment ils sont colorez, salis.
& comment leurs ailes commencent à pousser apres qu'ils se sont dépoüillez de la menbrane dont ils étoient revêtus.
Nous conservons encore la petite *d trompe*, les petits b Probo-
fourchons & l'estomach des papillons. Et nous pouvons scis.
aussi montrer comment toutes les couleurs de leurs ailes paroissent au travers de la membrane qui les couvre, lors-
que le papillon est sur le point de se dépoüiller pour la derniére fois. Nous pouvons même faire discerner tous les membres du papillon dans la chenille, dont il se doit former; outre cela nous pourrions encore vous apprendre beaucoup de particularitez curieuses touchant ces insectes, si le temps nous le permettoit presentement.

Nous enseignerons aussi en temps & lieu la maniére de peindre les papillons en se servant seulement des couleurs de leurs ailes, sans y en ajouter aucun'autre; & nous fe-
rons voir de plus comment on les pourroit représenter en relief par le moïen du plâtre : Cequi assûrément peut passer pour un secret fort rare, puisque nous ne croyons pas que personne avant nous ait jamais fait cette découverte. Nous ferons voir encore comment on peut conserver les *chenilles* en les remplis-
sant de cire, de plâtre, d'air ou de suif de chandelle: cequi pourtant a principalement lieu dans les chenilles velües.

Nous montrerons encore comment on peut étendre les ailes des insectes en un'infinité de façons & les re-
mettre, pour ainsi dire dans leur état naturel. Nous en-
seignerons aussi le moïen de découvrir & de faire paroitre les ailes dans le tems même qu'elles sont encore cachées, & nous ferons voir comment en les étendant, on les peut secher de la maniére qu'on veut.　　Q　　Nous

Nous vous apprendrons encore (si le temps & la commodité nous le permetrent le moien de faire croître leurs ailes d'une maniere monstreuse & tout à fait extraordinaire: qui plus est nous rapporterons dans la suite beaucoup de particularitez touchant l'accroissement de ces ailes, & touchant cette humidité qui se meut dans les arteres, dont elles sont parsémees. Enfin nous ferons voir comment on peut exciter de petites vessies & de petites ampoulles sur ces ailes, & nous proposerons encore quantité de découvertes, qui seront d'un grand usage & de grande utilité tant dans la physique, que dans la Medecine.

Ainsi nous remarquons que Fabius Columna en considérant l'aliment que prennent les *chenilles*, qui doivent se changer en papillons, en a tiré cet avantage, qui est que par là il a reconnu la conformité qui se trouve entre les vertus & les proprietez de diverses plantes. Car il assûre que, lorsqu'une *chenille* mange de plusieurs plantes, c'est une marque certaine qu'elles ont la même vertu. Nous trouvons encore d'autres naturalistes, qui disent que chaque *chenille* a son aliment particulier; si bien que de cette maniere il faudroit dire que chaque plante auroit sa *chenille* particuliere. Mais, si cela est vrai, il s'ensuit necessairement que toutes les plantes, dont une même *chenille* tire son aliment, conviennent en vertu & en proprietez; & ainsi que diverses plantes ne doivent être considérées que comme une seule.

Pourcequi est des papillons, il s'en trouve de plusieurs sortes: Car *Aldrovandus* nous en décrit de cent dix et huit sortes tant de ceux, qui volent de jour, que de ceux, qui volent de nuit. *Moufet* nous en represente de quatre vingt six sortes: & nous en trouvons cinquante dans les figures de *Hoef-nagel*. Le Sieur Goudart nous a aussi dépeint

septante

septante & sept fortes de ceux qui volent de jour , & huit
de ceux qui volent de nuit. Mais, outre le changement
ordinaire qui arrive à ces insectes, nous ne voyons pas que
ces auteurs nous ayent rien découvert de fort particulier ;
& *Hoef-nagel* même ne nous en a rien laissé que les figures ;
bienque de cependant nous ayons observé dans les changemens de ces animaux des merveilles inexprimables. Et
certes il auroit bien mieux valu exposer le changement
tout simple d'une chenille seule , afin de servir d'exemple
pour les autres , que s'amuser à raporter tous le changemens , qui leur arrivent , & à dépeindre leurs diverses couleurs & leurs nymphes & ainsi de manquer au plus utile &
au plus nécessaire. Or nous esperons faire voir ceque nous
pouvons , dans cette matiére , quand nous parlerons de
la *a* mouche ephemere (c'est une sorte d'insecte, qui naît   *a Ephe-*
& qui meurt en un jour , ainsique nous avons déja dit cy   *mera,*
dia vel
dessus.) Nous montrerons encore par un seul exemple   *hemero-*
toutes les particularitez , que nous avons remarquées   *bius.*
dans les changemens des chenilles ; & c'est alors que nous
tâcherons de découvrir les mysteres inexprimables de la
nature , & de montrer par ce moïen la sagesse adorable
de son Auteur. Et en verité lorsque nous examinons serieusement les choses rares & curieuses qui se trouvent
dans ces sortes d'animaux , & quand nous considerons
comment la nature y fait paroître sa netteté , sa beauté &
sa diligence , & comment elle se montre réglée dans l'irre-
gularité même de ces changemens ; quand nous considerons , disje , toutes ces choses , nous avons du penchant
à croire qu'elle a voulu déployer dans ces petites creatures toute la force & tous les secrets de sa sagesse , & exposer ainsi ses merveilles impénétrables à ceux qui s'appliquent avec soin à la recherche des veritez naturelles.

Pendantque cer ouvrage est sous la presse Monsieur

     Theve-

Thevenot, dont le merite, & le zéle pour l'avancement
des sciences naturelles, sont suffisamment connus à ceux
qui ont entendu dans les conférences, qui se tiennent à
Paris toutes les semaines, nous a envoïe fort civilement
les experiences curieuses, que Monsieur *Malpigius* Professeur en medecine à Bologne a faites en dissequant des
vers à soye; & ces mêmes expériences on été mises au
jour par les soins de la societé Royale de Londres en l'an
mil six cents soixante & neuf.   Or outre que cet Auteur
Celebre Semble être parvenu à son but, il a encore été le
prémier & le seul apres *André Libavius*, qui a rejetté
cette transformation chimerique, & qui nous a découvert en quelque façon la verité des changemens, qui arrivent aux vers à soye.   Nous allons raporter ici ses propres termes en latin. *Intra quatriduum*, dit il, *quo tem-*
pore bombycis cor tardè movetur, corporisque moles
angustior redditur, discusso exteriori corio; (Senectæ
instar) Aurelia *quasi novum animal emergit. Expo-*
liatio completur spatio minuti unius horæ cum decem
secundis, hacque ratione (ut sorte mihi videre contigit)
primò, celerrimus est cordis motus, totius corporis
habitus convellitur, ita ut singulæ circulares segmen-
torum plicæ emergant, & ex transversali laterum con-
strictione externum corium ab iuteriori separetur ;
iude impetu facto, propulla insigni corporis crassite
versus caput, senium deorsum repellitur, & tacheæ
portiones à propriis exterioribus orificiis divulsæ ra-
piuntur unà cum senio, quod tunc deponitur. Interim
ex motu scissura excitatur in dorso prope caput, per
quam reliquum corpus erit, retracta sensim deorsum
senecta versus anum, jnvante non parum flave quo-
dam icore, è crany cavitatibus erumpente, ita ut libe-
ra appareat Aurelia, *seu* nympha.

Dum

Dum exit animal, antennæ crassiores & mucosiores à reliquo Aureliæ corpore sejunctæ, præter implauta-tationem, à binis crany cavitatibus eruuntur ; ubi re-voluta ipsarum productio eundem situm occupat, qualem mandibularum bini olim musculi. Alæ pariter, & cru-ra, suis terminis circumscripta apparent ; hæc à sita anteriorum in Bombyce pedum extrahuntur ; illæ verò à lateralibus dorsi partibus, quæ olim purpureæ florebant Hæ verò exaratæ parses, quoniam adhuc mucolæ sunt, hinc est, quod invicem de facili hærent, & sensim sicce-scentes ita arctè uniuntur, ut unum videatur indumen-tum, quod Aureliæ speciem exhibet. Quare cum hæ par-tes sint Papilionum *propriæ, ipsorumque usibus destina-tæ, videtur papilionum natura citius, ac vulgò credi-tur emergere, altiusque radicari ; cum in Bombyce an-te folliculi texturam, alarum inchoamenta, seb secun-do & tertio annulo latitent ; antennarum etiam delin-cattones in cranio fiant, & expleto folliculo, proprio gaudeant termino : nec incongruum erit dubitare, no-vum Aureliæ vitæ genus non-nisi jam geniti* Papilionis *larvam & velamen esse, ut nequaquam excitatus vel percussus externorum injuriis sictè fismetur, & adolescat, quasi fœtus in utero.* C'est ainsi que *Malpigius* s'expri-me ; & nous voyons que ses dernieres paroles s'accordent parfaitement bien avec les experiences certaines, que nous avons fait voir autrefois à Monsieur *Laurens Ma-galotti*, lorsqu'il étoit à la suite du *Grand Duc de Toscane.*

Entre les papillons que nous gardons, & que nous a-vons trouvé dans des bôcages, dans des campagnes, sur des arbres, parmi des fleurs & sur les herbes, il y en a plusieurs, dont *Aldrovandus*, *Moufet* & Goudart nous ont donné la description ; mais nous n'en dirons rien à

Q 3

present

present , non plus que des chenilles qu'ils nous representent , entre lesquelles il s'en rencontre , dont le corps est
raboteux,& d'autres , dont il est uni & egal , quelques unes
avec une queüe, quelques autres avec des cornes , & enfin d'autres d'une forme & d'une structure fort differente ,
& dont les couleurs sont si rares, qu'il n'est pas possible de
les dépeindre.

Certainement lorsque nous venons à contempler la
beauté des papillons , nous nous sentons obligez d'avoüer,
que dans les plus belles plumes des Paons & des Autru-
ches il ne se voit rien d'approchant : Car leurs ailes sont
parsémées comme de perles & de diamants,qui sont disposez dans un ordre regulier , & dont l'éclat & le brillant sur-
passe infiniment celui des couleurs de l'Arc enciel. Enfin
la nature voulant donner à ces insectes la derniere beauté,les a pourvûs de quatre ailes, qui semblent se regarder reciproquement comme dans des miroirs: Et une
preuve certaine qu'une partie de ces ailes ne leur sert que
d'ornement, c'est que si on leur coupe les deux de derriére , ils ne laissent pas ensuite de voler & de se tourner dans l'air avec une facilité & une vîtesse incroyable. Or il est temps de parler des papillons qui volent
de nuit.

Nous mettons aussi dans le même rang les *a* papillons
de nuit. Nous en gardons cent quatorze espéce, avec dix
ou douze sortes de *b nymphes dorées* , dont quelques unes
ont la superficie du corps tout unie, d'autres sont velües,
quelques unes sont colorées, d'autres sont trans parentes
& d'autres enfin , qui sont environnées d'une envelope.
Nous pouvons encore faire, voir les œufs dont ces insectes
se forment , & dont quelques uns sont couverts de poil ,
d'autres sont comme ensevelis dans l'écume, & d'autres
enfin sont envelopez diversement. Nous avons mêmes des
membranes & des toiles, qui sont tissuës d'une maniére

sont

fort plaisante , dans lesquelles ces petits animaux se cachent avec une précaution admirable : Et ceque nous trouvons encore d'étrange, c'est que bien qu'ils soient dans une
prison fort étroite , ou leur corps est comme plié & ramassé ensemble , il ne laissent pas neantmoins de faire la toile,
qui leur doit servir d'envelope.

Outre trois sortes de papillons de nuit , qui nous sont venus des païs étrangers , nous en pouvons encore faire voir
vingt & une sortes des plus grands, trente de moïenne taille , & cinquante & cinq sortes des plus petits.

De plus nous remarquons que le Sieur *Goudart* nous
dépeint cinquante & sept sortes de *c nymphes dorées*, entre
quelles à peine s'en trouve t'il une , qui soit bien representée au naturel, comme nous ferons voir dans la suite
par un ou deux exemples ; si bien que pour rendre ses figures parfaites, il faudroit y changer beaucoup.

Ceque nous trouvons ici de remarquable , c'est que
tant de nuit que de jour on entend comme le bourdonne-
ment d'un'infinité de petits animaux vivants ; & ce mur-
mure ou ce son confus est non seulement ordinaire aux
papillons qui volent de nuit; mais il est même commun
à un nombre infini d'escarbots, & à quantité d'insectes
aquatiques, qui apres le coucher du soleil sortent de l'eau
pour s'élever dans l'air: sibienque tant pendant la nuit que
durant le jour nous trouvons un'infinité d'insectes, qui se
jettent dans les jardins & dans les campagnes, pour chercher sur les fleurs & sur les arbres l'aliment, qui leur est
propre. Notre Dieu & Createur, qui ne dort, ni ne som-
meille jamais , ayant fait du jour la nuit & de la nuit le
jour pour ces petits animaux. Nous pouvons attirer plusieurs de ces insectes à la lumiere d'un flambeau , & ainsi
les prendre facilement apres les avoir assemblez par cette
surprise.

Entre

c Chry-
salis Au-
relia.

Entre les papillons de nuit, qui se trouvent dans nôtre cabinet, nous faisons voir le plus gros de tous, dont *Moufet* nous à fait la description, & du quel il assûre contre toute sorte d'experience, qu'apres avoir tué les plus petits par le battement de ses ailes, il les engloutit en suite. Et qui plus est nous remarquons que la plûspart de ces petits animaux ayans atteint l'âge, au quel il sont propres à la generation de leur semblable, ne nuisent ni ne font plus de mal à rien, mais que sans prendre aucun aliment, ils semblent n'aspirer plus qu'a perpetuer leur espéce : ce que quelques uns font plûtôt ou plus tard, selon que leurs œufs sont parvenus à une plus grande ou à une moindre maturité : & ces œufs croissent avec eux, lors même qu'ils ont encore la forme de *d nymphes* ou de *vers*. Or si quelques uns de ces Insectes mangent & vivent plus long temps, ce n'est qu'a cause de leurs petits, aux quels ils sont obligez de fournir de l'aliment ; car ceux qui ne nourrissent point les leurs, meurent incontinent apres les avoir engendrez sibienque tout le changement, qui arrive naturellement a ces animaux, ne se fait qu'au regard de la generation : ceque nous ferons voir en pàrlant des expériences, que nous avons faites sur les abeilles, ou nous montrerons aussi que ce pretendu gouvernement, qu'on leur attribuë, est entierement chimerique, aussibien que ces loix tant civiles que domestiques que l'on établit entr'elles : car en effet tout cela n'est fondé que sur la passion & sur les mouvemens, qui les portent à perpetuer leur espéce : & il est impossible de remarquer parmi ces petits animaux la moindre marque de domination ni de superiorité. Il est bien vrai que la Reine (à qui on donne faussement le nom de Roy) est suivie des autres abeilles ; mais cela ne se fait nullement par quelque droit de préémince : cela arrive seulement de la même maniere qu'entre les chiens, qui

suivent

d Nym-
phæ.

suivent par troupe une chienne, lorsqu'elle vient en chaleur, & cherchent tous les moyens imaginables de l'approcher.

Pour ce qui regarde la mouche *a* ephemere (c'est à dire qui nait & qui meurt en un jour) la nature a tres sagement pourvû à sa propagation ; car si on l'empêche de s'accoupler, elle jette sa semence tout comme les poissons & c'est dans ce temps là qu'on la voit se remuer & s'agiter sur la superficie de l'eau.

Nous avons encore une sorte de papillons, dont Bauhin parle dans son livre des animaux qui volent, qu'il a écrit en François & qui est imprimé en l'an mil cinq cents quatre vingt treize.

De plus nous pouvons faire voir plusieurs papillons de nuit, qui se forment ordinairement de *b* ces vers, qui mangent le papier, les étoffes & les fueilles des arbres. Entre ces vers il s'en trouve, qui portent continuellement avec eux leurs petites maisons, de même que les Tortuës, comme on pourra voir plus bas dans nos expériences particulieres. Entre ces papillons, dont nous parlons, & les autres papillons il y a cette difference, que les premiers s'elancent tout d'un coup en l'air, au lieu que les derniers battent quelque temps de leurs ailes & les font trembler, avantque de voler & de s'elever en haut: & c'est ce que nous voyons aussi arriver à d'autres insectes, qui apres s'être reposez quelque temps veulent voler derechef.

Nous avons encore cette sorte de papillons, dont le mâle a des ailes mais dont la femelle n'en a point. Nous voyons aussi que le mâle de la fourmi a cet avantage, qu'outre qu'il est exempt du travail de la maison, la nature la encore enrichi de quatre ailes. Ainsi nous voyons que le mâle des *b* abeilles n'a aucun soin de la nourriture des petits,

& qu'il ſemble n'être deſtiné qu'a la propagation de ſon eſpéce ; & c'eſt peut être la raiſon, pourquoy il vit ſi peu de temps. Car nous remarquons que les femelles le tuent incontinent, apres que la chaleur de l'accouplement eſt paſſée. Nous gardons deux ſortes de ces papillons tant mâles que femelles, mais le mâle, a les yeux plus gros que la femelle ; cequi a lieu auſſi entre les abeilles, & les mouches *a ephemeres*, auſſi bien qu'entre les fourmis & pluſieurs autres Inſectes.

Nous avons auſſi quelques papillons, dont les ailes reſſemblent à des plumes : Et nous voyons que les couleurs & les marques, que l'on apperçoit ſur les ailes des papillons en general, ne viennent que des petites plumes, dont elles ſont couvertes, & dont les couleurs & la ſtructure ſont également inexprimables à cauſe de leur diverſité : C'eſt ceque nous ferons voir quand nous parlerons de la maniere, dont leurs ailes pouſſent & s'étendent tout d'un coup   Alors nous rapporterons auſſi pluſieurs choſes tres curieuſes, & qui meritent l'attention de ceux qui s'appliquent à rechercher les myſteres de la nature.

Nous pouvons encore faire voir une ſorte de papillons qui volent toujours tout droit ; c'eſt pourquoy la nature les a pourvû d'une queüe un peu longue ; ce mouvement égal & uniforme les diſtingue des autre papillons qui volent d'ordinaire obliquement & en biaiſant. Le Docte *Arnauld Senguerd* dans ſes reflexions naturelles nous propoſe la queüe de ces inſectes comme la cauſe de l'égalité ou de l'ingalité de leur mouvement.

Enfin nous gardons encore une ſorte de *b* mouches qu'-*Aldrovandus* met au nombre des plus gros moucherons. Nous en avons de cinq ſortes, Hoef-nagel nous en a dépeint de ſeize ſortes. Cet inſecte s'engendre d'un ver qui

ſe

se trouve ordinairement sous l'herbe. Nous pouvous mê- a *Chry-*
me voir deux *a nymphes dorées*, dont ces mouches se *salis, ou*
forment, où les parties nous paroissent assez distinctement: *Aurelia.*
C'est pour cela que nous les pouvons bien mettre au nom- b *Nym-*
bre des *b nymphes* mêmes.   De plus nous remarquons *pha.*
que le sieur *Goudart* nous a donné la desception d'une de
ces *nymphes*.

*De la quatriéme sorte des changemens naturels
des Insectes, c'est à dire de laccroisse-
ment lent & presqu'insensible de
leurs membres.*

APres avoir exposé les changemens simples, qui arrivent aux Insectes, nous allons passer à d'autres,
qui sont plus composez, & qui se font d'une maniere si
obscure & si difficile à comprendre, que les termes mêmes
manquans pour les exprimer, nous avons été contraints
de donner le nom d'œufs aux Insectes, lors qu'ils sont en
un tel état, qu'a les regarder exterieurement, on n'y peut
découvrir aucunes parties perceptibles. Mais neantmoins
il est certain que ces changemens n'ont pas la moindre affi-
nité, ni la moindre ressemblance avec ceux, qui se font dans
les œufs.

Mais pour faire une description plus juste & plus exacte
de nôtre quatriéme espéce de changemens; nous dirons
premierement que dans cet état l'insecte est effectivement
une veritable *a nymphe*, qui à là verité ne nous paroît pas a *Nym-*
telle, à cause qu'elle est environnée d'une peau ou d'une *pha.*
membrane qui la cache à nos yeux, & qui nous empêche
d'en découvrir les parties. Si bien que nous ne ferons aucune difficulté de faire comparaison de cette *nymphe* avec
celles dont nous avons parlé en traitant de la seconde & de

R 2   la

la troiziéme sorte des changemens ; seulement avec cette
precaution que nous exposerons auparavant la difference,
qui la distingue en quelque façon des deux autres ; afin
d'en avoir par ce moeïen une idée plus claire & plus distincte , & de mieux comprendre en quoi cette quatrieme sorte de changemens (ou la nymphe est renfermée dans une
membrane) differe de la prémiere , où nous avons consi·
déré *a* l'animal comme ayant la forme de *nymphe*.

Or avant que d'entrer en matiére , nous remarquerons
en passant que l'animal , avant que de souffrir les changemens de la seconde & troiziéme espéce , a eû déja la forme
d'un œuf ou d'un *ver* renfermé dans une membrane , sous
laquelle il a la forme de *nymphe* sans avoir aucun aliment:
& c'est cequi à lieu aussi dans cette quatriéme sorte de
changemens. Si bien que comme les changemens de la seconde & de la troiziéme espéce different de la premiere en
ce que dans celles là on ne découvre qu'un *ver* , au lieu
dans celle-cy on apperçoit l'animal même , dont les membres viennent en-suite à croître avec le temps ; de même
aussi la quatrieme sorte des changenens differe de la premiere pour la même raison.

Et comme il arrive dans la seconde espéce des changemens que les *vers* étans sortis de leurs œufs deviennent
ensuite *nymphæ-vermiculi* c'est à dire des vers sous la forme de *nymphes*; nous voyons de même que dans les changemens de la troiziéme & de la quatriéme espéce les vers
prennent la forme de *nymphe* , apres s'être dépoüillez de
la membrane , dont ils étoient revêtus: mais il n'en est
pas ainsi des changemens de la prémiére , car alors l'animal sort tout parfait hors de l'œuf; & il ne luy arrive plus
d'autre changement dans la suite , si ce n'est que ses membres , qui étoient déja tout formez , croissent & s'étendent avec le temps ; c'est pourquoy il me semble qu'on
luy

luy pourroit donner avec raison le nom de *nymph'ani-mal.*

Or la *nymphe*, que nous rangeons fons la quatriême forte des changemens, convient parfaitement bien avec celle, que nous avons proposée au commencement du Chapître que nous avons fait de la troiziéme espéce des changemens naturels. C'est pourquoy les membres de l'animal nous y paroissent plus distincts que dans la *a nymphe dorée*; mais nous les découvrons aussi facilement que ceux des vers, qui ont déja pris la forme de *nymphes*. Si bien qu'au commencement du Chapître, dont nous venons de parler, nous pourrions bien inferer ces mots. *Puisqu'en considerant cette* nymphe, *nous y découvrons une différence fort notable* (dont nous parlerons tantôt) *nous nous sentons obligez de proposer une quatriéme espece de changemens pour la distinguer des autres: quoique cependant la* nymphe, *dont nous parlons dans la quatriéme espéce des changemens semble avoir beaucoup de conformité avec celle, que nous avons proposée au commencement du troiziéme chapître des changemens naturels.*

Mais pour traiter cette matiére le plus clairement qu'il est possible; il faut premierement sçavoir que quoique dans les vers, qui sont compris sous cette quatriéme espéce de changemens, les membres croissent de même que ceux des *nymphes* & soient disposez de la même maniere sous la peau, qui les couvre; cependant ils ne paroissent jamais au jour. *Car les vers, qui en se changeans en nymphes se depoüillent d'une peau qui nous cachoit tous leurs membres, ne la quittent pas pour lors. Et les nymphes qui sont comprises sous cette quatriéme espéce des changemens venans à prendre la forme de l'animal, se depoüillent tout d'un coup de deux peaux, ou de deux mem-branes*

*branes dont l'exterieure est sa plus epaisse, au lieu que
les autres n'en quittent qu'une.*

Et ceque je trouve d'admirable dans les *vers*, qui souffrent les changemens de la quatriéme espece, est qu'ils conservent fort souvent la forme, qu'ils avoient auparavant; & quoiqu'ils s'en éloignent un peu quelquefois, il y reste pourtant toujours quelques traces de *vers*, & ils demeurent sans mouvement sous la membrane dont ils sont revêtus : & c'est au dedans de cette membrane que leurs membres commencans à pousser & à s'etendre, ils prennent la forme de *b nymphes*.

b nympha

Or puisque le *ver*, qui se change en *nymphe* sous la peau qui l'environnoit, ne laisse pas pourtant de conserver sa prémiére forme, nous jugeons à propos de luy donner le nom de *nympha vermiformis* c'est à dire un *ver*, qui a la forme de *nymphe* : & nous en usons de cette maniére afin de le distinguer des autres nymphes.

Mais avant que de passer plus loin, nous trouvons qu'il est necessaire de remarquer que dans cette sorte de changemens il y a une difference considerable ; car il y a de ces vers, qui sont revêtus d'une peau dure, & d'autres, qui sont seulement environnez d'une membrane fort délicate & fort flexible. Or cette difference de peau rend ce changement non seulement plus grand ou moindre ; mais même elle fait qu'il est tellement obscur & confus, qu'il nous paroît comme inconcevable. Et il faut remarquer ici que lorsque les vers, dont la peau est delicate, viennent à se changer en nymphes, cette peau s'accommode à la figure ovale du corps de l'animal : Mais il arrive tout le contraire aux vers, qui sont revêtus d'une peau dure, car cette peau à cause de sa roideur ne pouvant se plier, ni s'accommoder à la forme du corps, qui se change, **garde** la même figure qu'el l'avoit, lorsque le ver en étoit encore environné.

Or

Or cette peau dure, dont nous venons de parler, nous donne cet avantage, que par son moïen nous découvrons facilement la transpiration insensible qui se fait dans les nymphes. Et dans ces sortes de *vers* nous remarquons que lorsqu'ils prennent la forme de *nymphes*, ils remplissent entierement la peau qui les environne, mais qu'ensuite changeans insensiblement de couleur, ils se resserrent peu à peu & s'éloignans des extrémitez de la membrane, dont ils étoient revêtus ne la remplissent plus qu'à demi. Enfin cette *nymphe* ou ce *ver*, qui en a la forme, venant à se resserrer à cause des humiditez superflües, qui s'évaporent, nous fait découvrir dans la peau du ver deux cavitez ou deux vuides l'un vers la tête & l'autre vers la queüe. Et ces vuides s'accroissent continuellement, jusqu'a ce qu'enfin l'animal ait atteint sa force & sa perfection requise. C'est ce qui arrive aussi dans les œufs frais, ou Harvé (dont l'expérience & le merite sont connus à tous le monde) remarque qu'il se fait un vuide ou une cavité, qui s'augmente avec le temps à cause des humiditez, qui transpirent.

Bienque tous les *vers*, qui souffrent les changemens de la quatriéme espéce ne conservent pas également leur prémiére forme, mais qu'ils semblent s'en éloigner quelquefois & prendre la forme d'œufs: Cependant à cause qu'il leur en reste toujours plusieurs marques, il nous semble qu'on les doit ranger sous cette quatriéme espéce, & qu'on leur peut donner fort à propos le nom de *nymphæ-vermiculi*; c'est à dire des *vers*, qui ont la forme de *nymphes*. Er quoiqu'il y ait plusieurs gens tres habiles, qui les prennent pour des œufs, comme Entr'autres *Goudart*, *Moufet*, *Redi* & ces Messieurs *Anglois*, qui nous ont décrit les plantes, qui croissent aux environs de Cambrige; Neantmoins nonobstant toutes ces Autoritez nous soûtenons que ce ne sont que des *vers*, qui prennent la

sfom

forme de nymphes, lorsque leurs membres viennent à
pousser & à s'étendre & que c'est sans fondement que ces
Messieurs leur ont donné le nom d'œufs.

De plus les trois auteurs, que nous venons de citer ne
considerent pas cet œuf pretendu comme renfermant l'a-
nimal, mais comme rempli d'une humeur, dont l'animal
s'engendre ensuite par transformation. Mais ces Messieurs
Anglois en jugent plus sainement; car dans leur livre des
plantes ils doutent avec raison si ce n'est pas une *a nymphe
dorée*, qui est renfermée dans l'œuf, & ils avoüent franchement qu'ils n'ont point de termes pour exprimer ce
changement.   Mais ils se méprennent fort en ce qu'ils disent que *b ces œufs sont à l'égard des mouches ce que les
nymphes dorées sont à l'égard des papillons* : Car leur
nymphe dorée est effectivement l'animal même; & leurs
œufs ne sont autre chose que la peau du *ver* dans laquelle
nous découvrons non pas une *nymphe dorée*, mais une veritable *c nymphe*, qui nous represente fort distinctement
& au naturel toutes les parties de la mouche même comme nous pouvons faire voir à toute heure : outre que cette
transformation est absolument fausse & chimerique.   Cependant apres avoir exposé cette matiere, sans nous amuser a faire des disputes de mots , nous laisserons à un
chacun la liberté de ses opinions ; & nous nous conten-
terons seulement de raporter ces œufs pretendus à la quatriéme espéce des changemens , car c'est en cela seul que
consiste toute l'utilité qu'on en peut tirer.

Mais afin d'expliquer plus particuliérement ces changemens confus & embarassez, nous dirons encore une fois
que bien que les *vers* se changent , ils gardent pourtant la
peau, sous laquelle leurs membres se sont accrus. Et si la
membrane est molle & flexible, elle s'accommode à la figure de la *Nymphe*, qu'elle renferme. On peut voir les mêmes

an-

anneaux, qui divisent le corps du ver, marquez sur sa peau;
mais ils semblent quelquefois s'effacer & disparoître dans
la suite; particuliérement lorsqu'auparavant on avoit de
la peine à les discerner dans le *ver*; ou bien que la peau delicate, dont il est revêtu, venant à s'étendre, nous rend
ces incisions ou ces anneaux entierement imperceptibles.

Nous avons remarqué dans quelques uns de ces œufs
pretendus que cette membrane, qui les environne, est
étendüe sur le corps de la *nymphe* d'une maniére, qu'elle
nous en fait paroître distinctement la tête la poîtrine & la
queüe.

C'est pourquoi il y a de ces *nymphes*, qui nous paroif-
sent composées de petits anneaux, & d'autres, qui semblent n'en avoir point, comme ces Messieurs *Anglois* ont
tres bien remarqué. Mais quoique les vers, dont la peau se
durcit, deviennent en croissant une *nymphe*, ils ne perdent
pourtant jamais la forme qu'ils avoient auparavant. C'est-
ce que nous ferons voir Ensuite par nos figures,& que nous
ferons encore mieux comprendre, si le Dieu tout Puissant,
dont nous implorons le secours, nous donne le temps de
mettre au jour les experiences que nous avons faites, &
que nous faisons encore tous les jours avec tout le soin &
toute l'application, dont nous sommes capables. C'est
alors que nous exposerons aux yeux de tout le monde les
œuvres admirables du Createur, qui à nôtre confusion,
nous ont été si peu connuës jusques ici afin que nous le
considerions avec toute la veneration & tout le respect, que
nôtre ignorance nous empêche de lui rendre. Nous glo-
rifions encore nôtre Dieu & lui rendons graces de ce qu'il
lui a pleu éclairer nôtre esprit de cette lumiere naturelle,
qui nous sert à découvrir sa providence & sa toute puissance, par laquelle il soutient toutes ses creatures. Nous a-
voüons cependant que ni nous ni personne n'avons pû

S

vous

vous repsesenter que l'ombre des ouvrages merveilleux de notre Dieu.   Ce qui certes nous devroit rendre infatigables dans la recherche des causes & des effets des choses naturelles, & nous porter plutot à faire des expériences, qu'à lire les livres de nôtre Cabinet.   Nous voyons presentement que la plupart des gens sont aveuglez jusqu'à ce point que de croire qu'ils doivent trouver toutes les veritez du monde dans leur cerveau, même celles qui sont surnaturelles, & qui surpassent la portée de nos esprits. Or il est certain que nous ne connoissons les choses naturelles que par leurs effets, & que nous sommes entièrement incapables d'en connoître les veritables causes.

Mais pour venir à nôtre but, nous vous dirons que la quatriéme sorte des changemens consiste *en ce que le ver ayant quitté la prémiére forme, qu'il avoit dans l'œuf, où il etoit renfermé comme une nymphe sans avoir aucun aliment, vient en suite à croître peu à peu par le moïen de l'aliment qu'il tire du dehors; jusqu'à ce qu'enfin il prenne sous sa peau la forme d'une seconde nymphe, & qu'il perde son mouvement comme la premiere fois. Mais il reprend son mouvement en peu de jours apres que les humiditez superflües, dont il étoit rempli, se sont dissipées par transpiration. Et apres que ce ver s'est dépouillé tout d'un coup de deux peaux, on le voit revêtu de plus beaux ornemens, & étant devenu en âge de se marier, il ne s'applique plus qu'à perpetuer son espéce.*

Dénombrement des insectes qui sont compris sous les changemens de la quatriéme sorte.

APres avoir exposé le plus clairement, qu'il nous a été possible, les quatre sortes de changemens, & avoir designé les animaux, qui sont compris sous la prémiere, la seconde & la troiziéme: nous jugeons à propos de faire le dénombrement de quantité d'insectes, qui appartiennent à cette quatriéme espéce de changemens. Prémierement nous y raportons les *œufs* des Insectes tant ceux, qui contiennent un *ver* simplement, ou un *ver* sous la forme de *nymphe*, que ceux, qui renferment l'animal tout parfait. Or nous trouvons que les *vers* sont situez dans leurs membranes de même que les insectes parfaits, & de même que la *nymphe* dont nous avons fait la description dans cette quatriéme espéce de changemens. Et soit que les animaux sortent tout parfaits hors de leurs œufs, soit qu'ils en sortent imparfaits, ils se depoüillent également ment de deux membranes tout d'un temps: comme nous avons vû fort clairement dans quelques uns? Qui plus est nous pouvons même separer la membrane exterieure de l'autre, comme nous ferons voir plus bas dans nos figures. Or c'est cette raison qui fait que les animaux, que nous avons dit être renfermez dans leurs œufs en forme de *nymphes*, sont aussi imperceptibles à nos yeux, que ceux dont nous avons fait la description dans le quatriéme chapitre des changemens. C'est la peau exterieure qui nous dérobe la vûë & la connoissance de la *nymphe*. Mais nous exposerons ceci plus au long dans la seconde partie, si le temps & la commodité nous le permettent.

Nous avons diverses sortes de ces *œufs*, dont nous a-

a nympha vermiformis.

S 2
VONS

vons parlé dans la prémiere forte des changemens fous le nom de *nympha-animal-oviformis*, & de *nympha-vermiculus oviformis*.

Nous rangeons encore fous la quatriéme efpéce des changemens ces vers, qui ont la forme de nymphes avec ceux qui ont la forme d'œufs & qui proviennent de ces *vers* qui fe font refferrez, que l'on prétend s'engendrer de la chair gâtée & corrompuë. Lorfque ces *vers* ont perdu leur mouvement fous leur peau exterieure, & qu'ils fe font changez en un *ver*, qui a la forme de *nymphe*, nous en voyons fortir alors en peu de temps diverfes fortes de mouches.

Toutes ces fortes de vers laiffent leurs excremens dans la chair, dont ils fe nourriffent, cequi en rend la puanteur beaucoup plus infupportable. Monfieur *Redi* nous a donné la defcription de plufieurs de ces *nymphes*.

Nous raportons auffi à cette quatriéme efpece de changemens certains *vers*, qui ont la forme de nymphes, & qui s'engendrent de ces *vers*, qui fe font refferrez, & que nous voyons tirer leur origine & leur nourriture du corps des *chenilles* & des *vers*. Et c'eft de ces vers que nous voyons fe former en peu de temps diverfes fortes de mouches, lorfqu'étans devenus immobiles dans leur peau exterieure ils ont pris la forme de *nymphe*.

Aprefque ces *vers* font fortis de leurs *chenilles*, ils ne jettent plus aucuns excremens, & ils commencent auffitôt à fe refferrer & à perdre leur mouvement; jufqu'a ce qu'enfin fous la peau, qui leur refte, ils viennent à prendre la forme de *nymphe*. Nous n'avons jamais vû cette forte de changemens décrite dans aucun Auteur. Nous expoferons en fon lieu comment les *vers* viennent dans les *chenilles* & comment ils en tirent leur principe interieur:

sieur : & Cependant nous ferons connoitre aux philosophes naturels, qu'il n'est pas possibile de découvrir bien la
nature & les changemens des *chenilles* à moins que d'en a-
voir un grand nombre d'une même sorte, à qui on donne
de l'aliment tout d'un temps.

De plus nous rangeons sous cette quatriéme espéce de
changemens ces vers, qui ont la forme de *nymphes* ou la
forme d'œufs ; & qui prennent leur commencement de
ces *vers*, qu'on dit s'engendrer de la pourriture du corps
des *a nymphes doreés*. Apres que ces vers ont perdu leur
mouvemeut sous leur peau exterieure, & qu'ils ont pris la
forme de *nymphe*, nous en voyons sortir en peu de jours
diverses sortes de mouches. Nous remarquons que *Moufet*
& *Goudart* ont été les premiers, qui ont proposé cette maniere de changement.

Nous mettons encore dans le même rang certains *vers*,
qui ont la forme de *nymphes* : & qui s'engendrent de ces
vers qu'on trouve resserrez dans les *b nymphes dorées* &
qui prennent en suite la forme *d'œufs*. Mais cela arrive ra-
rement. Car lorsque les *vers* ont atteint leur juste grandeur, ils sortent ordinairement hors de leurs *nymphes doreés*. C'est dont nous parlerons dans la suite, quand nous
mettrons au jour les expériences particuliéres, que nous
avons faites.

Toutes ces *nymphes*, dont nous venons de parler, se
changent, comme nous avons dit en de veritables mouches, dont nous avons encore plusieurs sortes.

Nous raportons encore ici ces *nymphes*, qui s'engendrent de *vers*, qui sous la peau des *nymphes dorées* prennent la forme de veritables *nymphes*, comme nous avons
dit en parlant de la troiziéme espéce des changemens. Mais
il ne se trouve jamais plus d'une de ces *nymphes* dans chaque *nymphe dorée*.

*a chrysa-
lis ou Au-
relia.*

*b chrysa-
lis ou Au-
lia.*

S 3

Nous

Nous trouvons plusieus sortes de ces *nymphes* entre lesquelles il se trouve une si grande difference qu'il est tres difficile de la remarquer à moins que de la representer par des figures. Mais ce qu'il y a ici de remarquable est que lorsque ces *vers* prennent la forme de *nymphes* nous pouvons appercevoir ce changement, & regarder de nos yeux l'ordre admirable que la nature observe en cette occasion. Et nous voyons sensiblement un *ver* se changer en un animal volant. Or on a toujours cru cy-devant que ce changement se faisoit par transformation.

Je ne sçaurois assez m'étonner de ce qu'aucun des écrivains que j'ai lû ne nous ait rien dit de ces *vers*, & ne nous ait pas representé aucune de leurs *nymphes*. Il est pourtant vrai que *Goudart* a non seulement connu les mouches qui se forment de ces *vers*, mais que même il nous les a dépeintes assez au naturel. Or pour dire en un mot quelles sortes de mouches ce sont, il faut sçavoir que ce sont les mêmes à qui nous avons donné le nom de *guépes bâtardes* en parlant de la troiziéme espece des changemens, la où nous avons aussi proposé cette mouche que *Goudart* appelle en flamand *verslinder* c'est à dire *devorant*, avec encore un'autre qu'il nomme *Spinne-dooder* c'est à dire, *qui tuë les araignes*.

Si on veut voir ces changemens rares & importants, il faut avoir soin de crever la peau, dont la *nymphe dorée* est revêtuë, lorsqu'elle vient à se roidir & à changer de couleur: & aprés en avoir tiré le *ver* il le faut mettre dans une boëte ouverte; alors on verra fort distinctement comment en croissant il prend la forme d'une mouche. Si Dieu nous fait la grace de continuer nos jours, nous exposerons fort nettement dans nos expériences particuliéres la maniere de ce changement & comment ce ver·file quelquefois : Nous parlerons aussi de cette quantité prodigieuse

digieuſe d'excremens, qu'il jette, & de pluſieurs autres
choſes curieuſes: le tout à la gloire du Createur.

Nous raportons encore à cette quatriéme eſpece de
changemens ces *nymphes*, qui ſe forment de certains vers,
qui ſont diſpoſez dans le corps d'une *nymphe dorée* de la
même maniere que ceux dont nous avons parlé incontinent, & qui ſe changent quelquefois en cinquante, quelquefois en cent ou deux cents *nymphes*, & enſuite en autant de mouches. Ces mouches ont été à la verité connuës
du ſieur Goudart: Mais il eſt entiérement ignorant du
principal, c'eſt à dire de la verité de cé changement: Et
nous mêmes ne ſerions pas plus ſçavans, ſi ce n'étoit les
frequentes diſſections que nous avons faites par tout; &
que ſuivant l'exemple du celebre *Harvé* nous avons
toujours eû une paſſion & une curioſité fort grande de
découvrir viſiblement les principes des changemens, qui
arrivent aux Inſectes. Car autrement, ſi les experiences
nous manquent, & que nous voulions trouver la verité
ailleurs que dans la nature même, il eſt certain que toutes
les connoiſſances, que nous prétendons puiſer de notre
raiſon, ne ſont que des productions chimeriques de nôtre
Cerveau: auſſi, lorſque nous venons à les examiner,
nous en découvrons preſque toujours la fauſſeté. C'eſt
auſſi ce qui à fait dire au Celebre *des Cartes*, qu'il faiſoit
plus de cas des experiences des artiſans, que de toutes les
ſpeculations des doctes, qui ſouvent ne produiſent aucun
fruit. Pour ceq ui eſt de ces inſectes, nous pouvons facilement découvrir le changement qui leur artive, lors même qu'ils n'ont encore que la forme de *vers*: ce qui ſans
doute doit donner un grand contentement à ceux qui s'attachent à rechercher les myſteres de la nature. Or nous
croyons par nos travaux infinis & par nôtre diligence leur
avoir frayé le chemin & avoir ôté tous les obſtacles, qui les
empêchoient de decouvrir la verité. Nous

Nous mettons encore dans le même rang ces *a nymphes*, qui prennent leur forme dans le corps des ces *b* vers, qui ont la forme de nymphes, de meme que ces petits *vers* dont nous avons parlé au commencement du troiziéme chapitre des changemens naturels : mais nous étendrons ceci d'avantage lorsque nous y joindrons nos figures, & que nous exposerons plus particuliétement la nature de ces changemens.

Nous raportons aussi à la quatriéme espéce des changemens les *nymphes* ou les *vers*, qui en ont la forme, que nous trouvons cachez dans la peau des chenilles, & qui se font engendrer de ces petits *vers*, qui ont consumé les entrailles des *chenilles.* Or il arrive souvent que les *vers* ou les chenilles n'ayans pas la force de se dépoüiller de leur peau se durcissent sans prendre une noüvelle forme. Si bien que dans ce temps là nous remarquons qu'il arrive à ces petits animaux le même changemeut, qui s'étoit fait dans leurs *nymphes.* C'est pourquoi cette sorte de changement convient parfaitement bien avec ceux, dont nous avons parlé dans le cinquiéme & sixiéme article de ce chapître.

Mais cequi nous paroît encore plus étrange, est qu'il se trouve des vers, qui quittent quelquefois la peau de la chenille, dans laquelle ils avoient trouvé leur nourriture ; & en étans sortis ils se renferment dans un tissu d'une figure ovale, dans lequel ils viennent en suite à prendre la forme de *nymphe* : apres quoi ils se changent en de veritables mouches. Or nous ne traitons ici cette matiére qu'en passant, à cause que nous avons resolu d'en parler plus à fond dans le traité que nous avons fait de nos experiences particuliéres.

De plus nous pouvons raporter ici tout ce qui se trouve revêtu d'un tissu ou d'un' envelope ; comme particulierement ces *nymphes* ou ces *vers* dont la

membra.

membrane est si delicate, qu'il n'est pas possible de l'ouvrir à moins que d'être consommé dans ces sortes d'expériences. Nous mettons encore dans le même rang les mouches de *Goudart*, qui se forment de ces *nymphes* ou de ces *vers*, dont il parle dans l'onziéme expérience de la premiere partie de son livre : & dont il assûre qu'apres être sortis du corps de ces *chenilles*, qui mangent les choux, ils se font une maison ou une envelope de soye jaune, dans laquelle ils se renferment, Mais ni *Goudart*, ni ces Messieurs Anglois, qui ont vû ses expériences, n'ont jamais eu de veritable Idée de ces *nymphes* : Car ils s'imaginent tous qu'elles sont renfermées dans leur tissu en forme *d'œufs*. Ils ne se méprennent pas moins aussi, quand ils disent que les *œufs*, qui sont composez d'anneaux, sont les *nymphes* mêmes, & qu'ils different de ces œufs, qui sont transparents & d'une figure un peu longue. Car il est evident que la veritable *nymphe* est renfermée dans ces deux sortes *d'œufs*, dont ils parlent.

Nous raportons encore à cette même espéce de changemens les *nymphes* des *vers* ou des *chenilles*, qu'on trouve sur les fuëilles des saules, environnées d'un tissu tres fin & tres délié, & dont se forme en suite une mouche fort tendre & fort délicate : nous en gardons une avec son envelope.

Nous mettons aussi dans le même rang les *nymphes* de ces petits *vers*, qui apres avoir crevé la peau de la *chenille* se renferment non seulement dans un tissu de soye, mais encore outre cela, se couvrent d'une espéce de coton velu ; d'ou venans ensuite à sortir quelque jours apres, ils prennent la forme de mouches. Nous pouvons faire voir toutes ces diverses mouches avec les peaux ou les toiles dont elles sont revêtuës : Nous avons encore d'autres sor-

tes

tes de tiſſus ou d'envelopes, que nous ne jugeons pas neceſſaire de marquer ici à cauſe que le temps nous preſſe. Or
il n'y a rien de tout ce que nous avons avancé, que nous
ne puiſſions démontrer s'enſiblement.

Nous pouvons auſſi comprendre ſous cette même ſorte
de changemens toutes les *nymphes*, qui proviennent de
ces petits *vers*, qui ſe changent dans de petites loges,
qu'ils portent avec eux de même que les Tortuës, & qui
viennent en ſuite à paroître ſous la forme de mouches.
Nous pouvons faire voir pluſieurs de ces mouches & de
ces *vers* d'une forme étrange ; & nous gardons mé-
me pluſieurs de leurs *nymphes*, & des écailles, où elles
ſont renfermées. Nous en avons même, qui ſe prome-
nent également tant dans l'eau que ſur la terre. Aldrovandus nous a fait la deſcription de quelques uns de ces *vers*
ſous le nom de ξυλόφθοροι ou *ligniperdæ*, c'eſt à dire des
vers, qui gâtent & qui corrompent le bois. Nous gardons
encore quelques unes de leurs mouches, que nous avons
déja décrites ſous le nom de *a* mouche *ephemere*. Nous
pouvons raporter à la troiziéme ſorte des changemens toutes les *nymphes* de la quatriéme eſpéce, ſi on les conſide-
re ſans cette peau qu'elles ne quittent pas, ou ſans ces tiſſus ou ces envelopes dans leſquelles elles ſe renferment.

On pourroit même ranger ſous cette quatriéme eſpéce
toutes les *nymphes*, que nous trouvons renfermées dans
les fruits ; & dans ces ſortes de verües, qui ſe trouvent ſur
l'écorce des plantes & des arbres, dans le bois pourri,
dans les entrailles des animaux & dans d'autres lieux cachez. Nous gardons quelques unes de ces *nymphes* &
de ces mouches & des écroiſſances d'arbres qui ſont fort
étranges & fort extraordinaires, & qui montrent clairement combien les ouvrages & les productions de la nature
ſont admirables. Nous avons encore des mouches, qui

ſe

a Heme-
robus, ou
muſca e-
phemera
ou diaria.

se forment de ce ver, que *Redi* a trouvé dans les rejettons des saules, & dont il n'a jamais pû découvrir le changement. Nous trouvons dans le corps de ces mouches les mêmes œufs que nous avons vû renfermez dans les plantes. Si bien que tant par ces expériences, que par d'autres que nous avons faites, nous trouvons que les *vers*, qui se renconttent dans les plantes, y ont été portez en forme d'œufs par les animaux mêmes.

Nous mettons encore dans le même rang ces sortes de *nymphes*, qui perdent tant soit peu de leur premiere forme, & à qui dans la quatriéme espéce des changemens nous avons donné le nom de *nympha vermiculus*, c'est à dire un *ver* sous la forme d'une *nymphe*. Nous en gardons une espéce dont se forment les mouches, que l'on trouve dans les latrines. Or dans les figures qui representent les animaux, qui sont compris sous la quatriéme espéce des changemens nous dépeindrons premierement le *ver*, secondement la *nymphe* & en suite la mouche même qui s'en est formée.

Nous raportons encore ici la *nymphe* des *a* Taons, qui a *Tabanus* font un'espéce de mouches, dont les chevaux & les vaches sont ordinairement attaquées. Aristote a tres bien remarqué que cette *nymphe* s'engendre de certains petits animaux, qui vivent dans les riviéres. Nous remarquons aussi que le docte Aldrovandus a connu ces animaux sous le nom de *b* vers *aquatiques*, & qu'il nous en a representé la figure : mais il n'a pourtant pas sçu que cette mouche *b Intestina aquæ.* en tiroit son origine.

Ce que je trouve de Curieux dans ces mouches, est que la nature les a pourvûs d'une *c* trompe & d'un aiguillon *c Proboscis.* tout ensemble. C'est par le moïen de cette petite *trompe* qu'elles *d* tirent l'humidité des herbes, aussibien que le *d Aculeus.* miel & la rozée : mais elles se servent de leur aiguillon pour

T 2

sucer

sucer le sang des animaux : si bien que lorsqu'une sorte d'a-
liment leur manque, elles soutiennent & conservent leur
vie avec un autre. Nous n'avons pas encore d'expériences
suffisantes pour pouvoir juger sûrement si la même chose
a lieu dans les *punaises* dans les *puces* & dans les *mouche-*
rons. Nous croïons cependant avoir éprouvé la même
chose dans les *Moucherons*. Mais ce que nous trouvons de
plus admirable & de plus surprenant dans ces mouches , ,
est que lorsqu'elles attirent de l'humidité par leur *trompe*,
l'air s'insinuë en même temps dans leur corps : c'est ce que

a Proba-   nous avons remarqué dans les petites *a trompes* des pa-
scis.   pillons ; & nous exposerons en son lieu la maniere
dont nous avons fait cette expérience , lorsque nous
representerons en grand cette *trompe*, dont nous parlons.

   Or parceque les *vers* , dont se forment les Taons, sont
fort étranges , nous les peindrons ici au naturel, & nous y
joindrons ensuite l'explication necessaire. Il faut donc sçavoir que nous avons representé ce *ver* dans la *b* Table IV.

b Tab.   à la lettre A. comme flottant sur l'eau par le moïen de cer-
IV.   tains poils , dont l'extremité de sa queüe est environnée.
De plus nous pouvons non seulement voir dans ce *ver*
comment la tête, la poitrine & le ventre sont separez les
uns des autres , mais mêmes nous découvrons fort distinctement les douze petits anneaux , qui divisent son corps
comme en autant de parties. Son bec se separe encore en
trois parties , qui durant que l'animal vit se meuvent continuellement de même que la langue des Serpens. Or c'est
dans ce bec que consiste la plus grande force de ce *ver* ; car
n'ayant dans l'eau qu'un mouvement fort lent il se sert de
ce bec pour ramper , lorsqu'il veut prendre quelque chose.
Nous avons encore dépeint à la lettre B. un'autre sorte de
ces *vers* , que nous representons comme descendans de
la surface de l'eau *vers* le fond. Or c'est dans ce temps

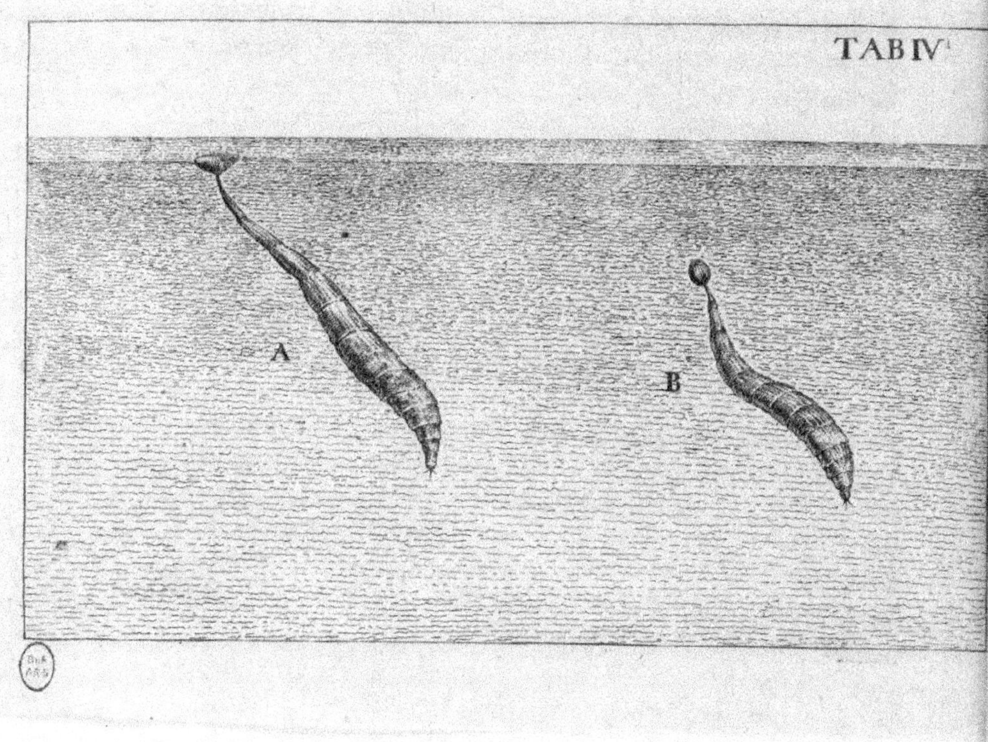

là que nous voyons les poils de l'extrémité de la queüe
se courber tous également vers le milieu & vers l'extremité; ce qui fait qu'ils renferment d'ordinaire une petite bouteille d'air de la figure d'une perle, Et c'est par le moïen de
cet aïr que nageans lentement ils peuvent s'élever de rechef *vers* la surface de l'eau, & y demeurer en suite su-
spendus, comme les vers dont se forment les moucherons.
Mais s'il arrive que cet air s'échape des petits poils, ou il
étoit contenu, il exprime d'abord de son corps la même quantité d'air, qui s'étoit dissipée: c'est ce que nous
ferons voir dans nos experiences particuliéres, lors qu'entre'autres curiositez nous ferons la description des parties
ou cet air est renfermé, & que nous exposerons quel est
le mouvement de ces *vers*. Nous gardons quatre sortes de
ces *vers* & de ces mouches, avec encore une *nymphe*,
que nous avons tirée hors du ver apres qu'il s'étoit durci &
qu'il s'étoit resserré Nous avons aussi quelques a *mouches*
de chevaux, que l'on nomme ainsi sans raison; à cause
quelles ne different point des autres.

 Enfin nous rangeons sous cette quatriéme espéce les
nymphes, dont se forment ces mouches, à qui *Goudart*
donne le nom de mouches de fiente, & qui s'engendrent
de ces *vers* à longue queüe, qui se trouvent dans les latrines. Ce ver se durcit peu à peu comme les autres, & prend
en croissant la forme d'une *nymphe* sous la peau, dont il
est revêtu : Et *Goudart* nous l'a dépeint aussi sous la même forme, lorsqu'il vient à se resserrer. Mais comme il
n'a 'pas ouvert la membrane, ou il étoit renfermé, aussi n'a
t'il pas pu avoir une ideé distincte de la *nymphe*, ni nous
la représenter comme elle est dans son état naturel. Cet
Auteur se méprend aussi non seulement dans la pensée
qu'il à que ce *ver* s'engendre de corruption, mais il est encore bien plus inexcusable, lorsqu'il donne la nom d'abeil-

a *Musca*
Equina.

T 3

le

le à la mouche, dont nous parlons ; vû principalement
qu'*Augerius Clutius* dans son livre des *abeilles* nous
avertit expressément, que ce nom ne lui convient pas. Celui même, qui a fait des remarques sur les belles expériences du Sieur *Goudart* se trompe sur le même sujet, car
toutes ses notes ne sont que des fictions & des productions
chimeriques, qu'il a tirées tant de son cerveau que de celui
des autres. Et qui plus est dans la traduction latine, qu'i a
faite du livre de *Goudart* il suppose que ce *ver* n'a point de
pieds, cequi pourtant ne se trouve nullement dans l'origi-
nal flamand : Et c'est tant pour cette raison, que pour plusieurs autres, que nous estimons infiniment plus les oeu-
vres de *Goudart* en Flamand, que nous en faisons la ver-
sion Latine.

Or avant que de conclurre, nous jugeons à propos de
faire reflexion sur les moïens, dont ces mouches, aussi bien
que les autres insectes se servent pour se mettre à couvert
de la rigueur de l'hiver, ceque ces petits animaux font en
quatre maniéres.

Prémiérement nous remarquons que les Insectes restent tout l'hiver sans aucun mouvement ; si bien que si on
les jette hors des lieux, où ils s'étoient cachez dans l'arriere-
saison, ils n'ont pas la force de s'y transporter derechef.
Cependant si on leur fait sentir la chaleur d'une main, ou si
on les expose au feu, ils reprennent non seulement le mouvement, qu'ils avoient auparavant, mais ils se transpor-
tent de lieu en lieu, & n'ont point de repos jusqu'a ce que
leur corps se soit durci dans l'air, qui l'environne, ou qu'ils
ayent trouvé quelque lieu, où ils puissent demeurer en
sûreté. Or cette cessation de mouvement, où ce repos
n'est pas commun à tous les Insectes, comme il paroît
dans les abeilles, qui ferment & ouvrent non seulement
les portes de leurs maisons pendant l'hiver, mais qui dans

le

le plus grand froid ne laissent pas de faire paroître l'amour qu'elles ont pour leurs petits par les soins qu'elles ont de leur chercher de l'aliment. Et c'est pour cette raison que nous voyons leurs petits au commencement du printemps, ce qui a fait dire à ceux qui les gardent que les petits des abeilles paroissent en même temps que les hirondelles.

Les abeilles aussi bien que plusieurs autres insectes servent d'aliment aux hidrondelles, qui ont l'adresse de les prendre en volant : C'est pourquoi lorsqu'il pleut, & qu'il se trouve fort peu de ces petits animaux dans l'air, elles descendent vers la terre pour chercher dans cette chasse la nourriture, qui leur est la plus propre. Et c'est de là qu'est venuë cette opinion fausse où on est que les hirondelles peuvent predire le mauvais temps ou l'orage. Mais la verité est, comme nous avons déja dit, quelles ne volent bas qu'à cause que les insectes se trouvent d'ordinaire dans, un air épais & agité du vent. Nous remarquons aussi que les hirondelles suivent d'ordinaire le cours du soleil & qu'elles cherchent toujours quelque climat ou le printemps & l'automne sont temperez, & ou l'été est fertile ; parceque c'est là quelles peuvent trouver l'aliment, qui leur est convenable.

Nous trouvons encore que les Insectes demeurent en forme de *vers* non seulement dessus & dessous la terre, dans des arbres creux, entre les fueilles, qui sont attachées ensemble & dans les fruits ; mais même dans l'eau, sous laquelle on les trouve fort souvent gelez & sans aucun mouvement. Mais ce qu'il y a ici de remarquable est que la plufpart des Insectes sont d'une constitution bien plus forte, lorsqu'ils n'ont que la forme de vers, qu'apres qu'ils se sont changez, & qu'ils sont devenus propres à la generation. C'est ainsi que nous voyons que le *ver aquatique,* dont la mouche *a ephemere* s'engendre, est si vigoureux,

a *Meme-*
robius,
musca e-
phemera,
ou diaria.

reux, qu'apres avoir été transpercé d'une épingle, il ne
laisse pas de rester encore en vie quelque jours ; au lieu
qu'apres son changement, sans avoir receu aucune blessûre,
il ne peut pas vivre seulement quatre heures. Nous remarquons aussi que lorsque les Insectes ne peuvent pas trouver
de lieu, qui s'accommode à leur constitution naturelle ,
quelque force qu'ils ayent, ils ne laissent pas de mourir facilement : c'est ceque nous voyons arriver aux *vers* , qui se
trouvent dans les noisettes ; car à moins que de les garder
dans du sable humide , où ils se cachent pendant l'hyver, ils
meurent non seulement peu de temps apres , mais dans
une seule nuit ils se durcissent & se sechent tellement dans
l'air , qu'on les peut facilement reduire en poussiere. Il arrive la même chose aux *vers* qu'on trouve sur les fueilles:
mais ils ne font point de trous ni de cavitez dans la terre ,
ils filent seulement un certain tissu , qui leur sert d'envelope , & qui les met à couvert de la rigueur de l'hiver.

Nous remarquons aussi que ces petits animaux subsistent encore apres avoir pris la forme de *a nymphes* : nous
les trouvons non seulement dessus & dessous la terre , mais
aussi dans l'eau même , ou ils subsistent des mois entiers
sans prendre aucun aliment.   Mais s'ils ne sont pas capables de prendre de la nourriture cela vient où de ce que
leurs membres sont trop foibles ou bien de l'humidité superfluë dans laquelle ils nagent pour lors. C'est pour cette
raison que la pluspart des Insectes, qui restent pendant l'hiver, peuvent subsister sans aliment : Et cela vient sans doute de ce que l'humidité qui les environne n'est pas assez
agitée , ou bien de ce que la froideur de l air les congele :
C'est ce qui fait aussi qu'à la moindre chaleur ils recom-
mencent à se mouvoir & à reprendre le sentiment ,
qu'ils avoient auparavant perdu avec leur mouvement : Et
on ne doit pas trouver étrange si ces petis animaux ne re-

jettent

a Nym-
pha.

jettent aucuns excremens, puisque ne prenant point de nourriture il ne leur peut rester aucune superfluité.

Enfin ces petits animaux demeurent renfermez dans leurs œufs, dans lesquels ils retiennent la forme de *nymphe*, comme nous avons déja dit plusieurs fois.

Or nous dirons dans la suite l'utilité qu'on peut tirer des remarques que nous avons faites sur les insectes, qui restent tout l'hiver, lorsque nous viendrons à parler de la maniere dont ils renferment leurs œufs au printemps dans les rejettons des plantes, & dans les fueilles des arbres : ce que nous souhaiterons & que nous esperons en même temps pouvoir rendre palpable & sensible.

Nous parlerons ici de quelques Insectes que nous ne pouvons pas ranger sous aucune espece des changemens dont nous avons parlé.

APres avoir fait le dénombrement des Insectes, qui sont compris sous la quatriéme espece des changemens ; nous proposerons encore avant que de finir, quelques petits animaux, que nous n'oserions pas ranger sous aucune des quatre especes, à cause que nous n'avons pas encore fait d'experiences suffisantes pour en pouvoir juger sûrement. Nous trouvons premierement les *a vers luisans*, mais nous ne les avons jamais vûs.

Nous mettons encore dans le même rang le *ver* ou la chenille, que les Grecs appellent *scolopendra*, & les latins *millepeda*, c'est à dire un *ver* à mille pieds ; nous en avons de deux sortes, l'une grande, & l'autre petite.

l'Insecte, à qui les Latins donnent le nom de *Curculio*, nous est inconnu, aussi bien que plusieurs sortes d'escarbots, comme entr'autre celui, que les philosophes nomment *scarabæus pilularius*. Nous ne pouvons pas non

a Cicindula, ou πυρολαμπίς.

a *Hydro-*
cantha-
rus.

b *Hydro-*
cantha-
rus mini-
mus.

plus ranger fous aucune efpéce des changemens les *a Efcar-*
bots d'eau fur lefquels nous avons fait plufieurs experiences tres curieufes. Nous en avons de cinq fortes, ehtre
lefquelles fe trouve celle, qu'on peut appeller b *Puce aqua-*
tique. Cet animal venant à fe plonger dans l'eau, peut
renfermer de l'air dans fa queüe d'une maniere fort plai-
fante.

Il y a encore un'Infinité d'infectes, que nous ne con-
noiffons pas, & il nous eft abfolument impoffible des les
connoître tous, puifque plufieurs fiecles même n'y pourroient pas fuffire, non plus qu'à découvrir tous les changemens, qui leur arrivent : Et nous fommes fort perfua-
dez, qu'il n'y a perfonne, qui nous puiffe prouver le contraire, comme on pourra voir avec le temps. Et nous
prions les Lecteurs de ne rien croire de tout ce que
nous avons avancé, à moins que les experiences,
que nous avons faites ne leur paroiffent claires & diftinctes.

Nous ne pouvons pas non plus raporter les fcorpions
à aucune des quatre efpéces des changemens, qui arrivent aux Infectes. Mais à caufe que perfonne jufques
ici nous les a jamais bien dépeints, nous les reprefenterons au naturel, & ferons en peu de mots une defcription de leurs parties : Et pour cet effet nous les diviferons
en trois parties à fçavoir la tête, la poitrine & le ventre.
Nous avons remarqué dans tous les fcorpions que leur

c *Tab.* v.
A.

tête, que nous avons reprefentée dans nos c figures à la
lettre A., paroit jointe & continuë avec la poitrine. En
fuite nous faifons voir environ au milieu de la tête ou de
poitrine deux yeux, avec encore deux autres, que nous
trouvons fituez *vers* l'extremité de la tête, entre lefquels nous voyons fortir comme deux bras, qui fe divifent en deux comme les peinces ou les ferres des écre-
viffes

TAB V
B
A

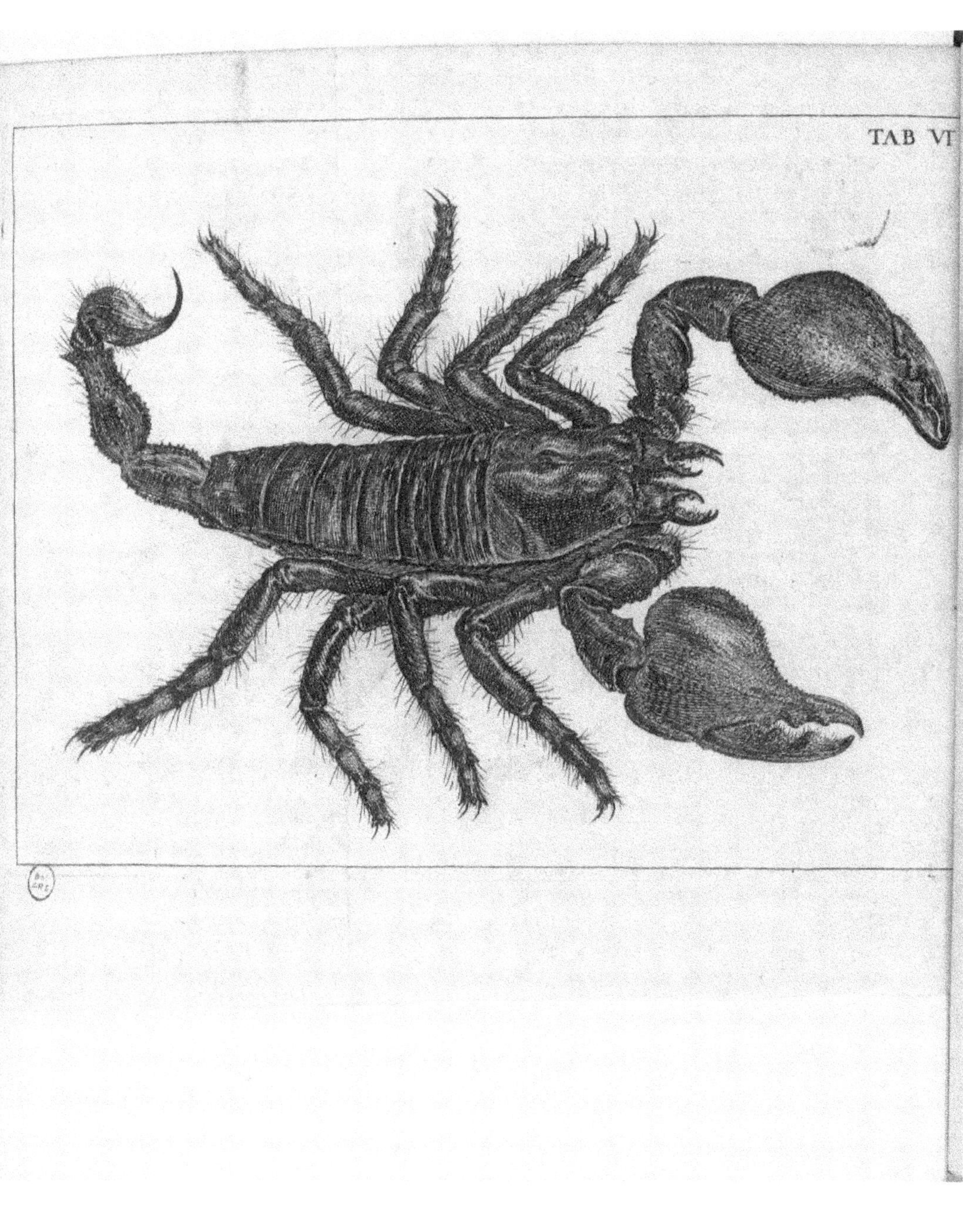

viſſez. Or Nous ne croyons pas que ces bras ou ces pinces
auſſi bien que les yeux de devant ayent jamais été remarquez ni décrits par perſonne : & cela vient peut être de ce
que le ſcorpion peut retirer tellement ces bras en dedans ,
qu'ils ſont entierement imperceptibles. En ſuite nous faiſons voir huit jambes, qui ſortent de ſa poitrrine, dont chacune ſe diviſe derechef en ſix parties , dont les extremitez
ſont pourvûës de petits ongles ou de petites ſerres : ces
jambes ſont auſſi parſemées de poil. Nous repreſentons
encore au devant de la poitrine deux autres bras ou deux
pinces , qui ſont compoſées chacune de quatre autres
membres. Le ventre ſe diviſe en ſept anneaux , du dernier deſquels on voit ſortir la quëie de l'animal , qui
ſe diviſe encore en ſept petits boutons dont le dernier eſt armé d'un aiguillon : cette quëue eſt revêtuë de poil.

Le ſcorpion, qu'on voit repreſenté à la lettre B. reſſemble aſſez bien à celui , dont nous venons de par- B.
ler : Il y a ſeulement cette difference que les deux pinces de devant ſont d'une toute autre ſtructure & ex-
trement pointuës, & qu'outre ces pinces, qu'il cache
& retire en dedans, nous y trouvons encore deux yeux
plus que dans l'autre ſi bien que dans le ſcorpion, qui eſt
dépeint à la lettre A. nous ne voyons que ſix yeux, au
lieu que dans celui ci nous en découvrons huit fort viſi- A.
blement.

Mais parceque tant plus les animaux ſont grands ,
nous pouvons auſſi d'autant mieux en connoître les par- a Tab.
ties ; auſſi eſt il certain que dans ce ſcorpion, que l'on VI.
voit dépeint dans la a ſixiéme table on peut bien plus diſtinctement diſcerner tous les membres, que dans les
deux autres, dont nous venons de parler. Car nous y
découvrons bien plus clairement les bras ou les pinces ,
qui ſortent de deſſous les yeux de devant, auſſi bien que

V 2

les

les yeux mêmes, que cet animal a situez de chaque côté, & dont les uns sont plus gros que les autres : ses yeux
sont au nombre de six. Qui plus est, la tête, la poitrine,
& le ventre de ce scorpion, aussi bien que les jambes, ses
pinces ou les serres & tout le reste de ses parties se découvrent bien plus visiblement, que dans les autres, dont
nous avons parlé. Nous remarquons encore que les six
petits membres, dont ses jambes sont composées, aussi
bien que ses bras, qui se divisent en quatre, ressemblent
fort bien à ces mêmes parties quand on les considere dans
les petits scorpions : Au reste leurs pinces ou leurs serres,
qui se ferment & s'ouvrent avec beaucoup de justesse, sont
revêtuës de petits poils : Mais nous remarquons une plus
grande difference entre la queüe des grands scorpions, &
celle des petits, à cause que dans les premiers elle n'est
divisée qu'en trois parties, au lieu que dans ceux-cy elle est
composée de six.

Nous pouvons encore faire voir un autre sorte de scorpions à peu pres aussi grande que celle dont nous venons
de parler, dont la queüe est divisée en six parties. Cette
espéce nous est venue de l'Amerique, & l'autre, que nous
avons dépeinte incontinent nous a été apportée des Indes
Orientales.

Or nous pourrions prouver par le témoignage de plusieurs personnes considerables que nous gardons encore
non seulement tous les Insectes, dont nous avons parlé,
qui sont au nombre de douze cents pour le moins, mais
que nous avons mêmes les *a nymphes*, les *b nymphes do-*
rées & les *vers* en forme de *nymphe*, d'ou ces animaux
se forment : mais nous n'apporterons ici seulement pour
témoins de ce que nous avançons Monsieur l'Abbe *Bou-*
caud. Et Monsieur *Olaus Borri* Professeur en Medecine
à Copenhague ; tous deux fort celebres pour leur profond.

fond sçavoir, qui nous ont fait l'honneur de nous rendre quelquefois visite, & de considerer souvent avec application les merveilles, que nous avons découvertes dans la nature. Nous sommes encore obligez de celebrer la gloire & les loüanges de l'illustre & du tres docte *Paul Falconieri*, qui nous a fait l'honneur depuis peu de nous venir voir, & d'examiner nos travaux & nos experiences.

F I N.

Ou on a exposé les veritables changemeus, qui arrivent aux Insectes.

V 3 SUR-

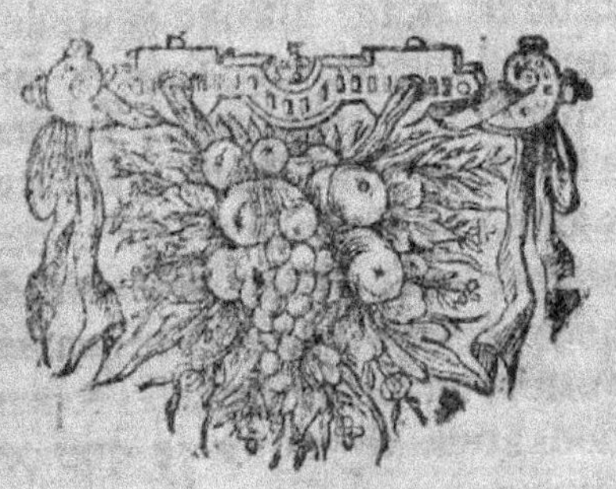

SUPPLEMENT

Pour les Lecteurs, qui s'appliquent serieu-
sement à la recherche de la verité.

CHer lecteur, apres avoir exposé (comme nous croyons) tous les changemens, qui arrivent aux Insectes, nous avions resolu ensuite, suivant le Zéle, que nous avons pour la verité, de parler particuliérement des *œufs*, des *vers* & des *nymphes*, dont ces animaux se forment. Mais comme cette matiére demande, qu'on la traite à fond, & que des experiences suffisantes nous manquent pour cet effet, nous attendrons que nous en ayons fait davantage, avant que d'assembler & de mettre en ordre les remarques, que nous avons faites & de composer ce traité, que nous ferons passer pour la seconde partie de nôtre histoire generale des Insectes. Cependant nous tâcherons au plûtôt de faire part au public de nos expérientes particulieres, si le temps & la commodité nous le permettent. Mais nous avons dessein de ne mettre au jour ce grand ouvrage qu'en partie, tant pour satisfaire d'autant plûtôt à l'empressement de plusieurs de nos amis, que parce qu'il y a encore quantité de nos remarques, qui sont encore Imparfaites & peu certaines: Et si nous voulions attendre jusqu'a ce que cet ouvrage fût accompli, & que nous eussions découvert distinctement toutes choses, nous aurions besoin non seulement de plusieurs années mais nous croyons assûrement que tout le cours de nôtre vie n'y suffiroit pas. C'st pour cette raison

que

que nous jugeons plus à propos de n'exposer nos experiences qu'en partie & les unes apres les autres : ce qu'a-
yant montré par deux ou trois exemples, on trouvera par
ce moïen un chemin frayé pour poursuivre facilement plusieurs autres expériences.

Cependant, à cause que nous avons remarqué, que
plusieurs personnes tres doctes & de grande consideration
sont de ce sentiment qu'il y a certains animaux, qui s'engendrent des plantes & des fruits, de même que ces mêmes plantes produisent leurs fruits & leurs semences ;
nous Insererons ici une lettre, que nous avons écrite sur ce
sujet à un de nos meilleurs amis en l'an soixante & six. En
voici le contenu.

„ Nous croyons absolument qu'il n'est pas possible de
„ prouver par expérience que les Insectes s'engendrent des
„ plantes ; Mais au contraire nous sommes tres bien In-
„ formez que ces petits animaux ne s'y renferment que
„ pour en tirer leur nourriture, & il y a même bien de l'ap-
„ parence que ces mêmes plantes ou on les trouve ne sont
„ créés que pour cet effet. Il est bien vrai que par un ordre
„ constant & immuable de la nature, nous voyons réglé-
„ ment tous les plusieurs sortes d'Insectes de certaines plan-
„ tes, & certains fruits, aux quel ils s'attachent particu-
„ liérement comme par un Instinct de la nature ; mais il
„ faut sçavoir qu'ils proviennent de la semence des ani-
„ maux de leur espéce, qui s'y étoient mis auparavant. Ces
„ Insectes Insinuent leur semence ou leurs œufs si avant
„ dans les plantes, qu'ils s'unissent en suite avec elles &
„ que l'ouverture venant à se refermer. Ces œufs se nour-
„ rissent dessous. Or il en est ici à peu pres de même com-
„ me des citroüilles & des autres fruits sur les-
„ quels on imprime des caractéres ; car ces incisions ou ces
„ entailleures viennent ensuite à s'enfler si extraordinaire-
„ ment

,, ment par le moïen de l'humidité, qu'elles s'elevent extre-
,, mement au dessus de la superficie de l'écorce. Nous a-
,, vons aussi trouvé fort souvent œufs d'Insectes enfoncez
,, si avant dans les tendres rejettons des arbres, qu'à moins
,, que de les blesser, il n'étoit pas possible de les en tirer.
,, Nous remarquons aussi qu'il y a de certains Insectes,
,, qui ayant jetté leurs œufs sur le bout des saules, d'ou on
,, voit pousser des rejettons comme des artichaux, nous
,, en voyons sortir six ou sept mois apres comme un'espe-
,, ce de mouche. Nous sçavons encore par expérience que
,, les plus gros de ces papillons de nuit, qui se forment des
,, vers, qu'on trouve dans le bois, laissent leurs œufs sur
,, les saules, d'ou sortent ensuite des vers, qui ont des
,, dents si fortes & si perçantes, que par leur moïen ils s'ou-
,, vrent un passage dans l'écorce. Nous avons aussi décou-
,, vert l'hyver passé sur des naveaux comme des especes de
,, verües de differente grosseur : dans les plus petites nous
,, n'avons trouvé qu'un œuf, & dans les plus grosses nous
,, avons apperceu un ver sans jambes d'une substance ten-
,, dre & molle, mais dont les dents étoient extremement
,, fortes. De plus ce qui nous paroît rare dans les vers sans
,, pieds, qui se trouvent dans les écroissances ou dans ces
,, sortes de verües, que nous voyons sur les fruits est, que
,, si on les ôte des cavitez, qu'ils se sont creusées à propor-
,, tion de la grandeur de leur corps & ou ils prenoient leur
,, nourriture: Car ils faut bien remarquer ici, que tous ces
,, petits animaux prennent leur aliment par la bouche) il
,, ne peuvent plus rester en vie. Nous voyons que la ca-
,, vité, ou se renferme le ver, qui se trouve dans ce petit
,, fruit, qui croît à l'extrémité des branches des saules, est
,, fort bien proportionnée à la grandeur de son corps. La
,, cavité, ou se renferme le ver, qui se trouve dans les na-
,, veaux, est plus grande & plus étenduë que son corps.
,, Nous

„ Nous trouvons encore que la cavité, que les vers, qui
„ se trouvent dans le bois, y creusent d'une maniere fort
„ plaisante, est de la grandeur de leur corps, nous les vo-
„ yons cependant s'y mouvoir facilement en resserrant
„ leurs parties de derriére & en étendant celles de devant.
„ Mais si on chasse ces petits animaux des lieux ou ils éto-
„ ient renfermez, & ou ils prenoient leur nourriture, ils
„ perdent non seulement leur mouvement & se séchent à
„ la chaleur de l'air & du soleil, mais ils meurent outre ce-
„ la d'une infinité de maniéres. De même nous remar-
„ quons qu'il y a quantité de ces petits animaux sans pieds,
„ qui vivent tout de même dans l'eau & sous la terre : ceux
„ qui vivent dans l'eau, & qui n'ont point de pieds, se meu-
„ vent d'un lieu en un autre par le moïen de leur queüe
„ pour aller chercher leur aliments. Or il y a quelques uns
„ de ces vers sans pieds, qui vivent sous la terre & qui cher-
„ chent leur aliment d'une maniére fort étrange. Nous
„ vous allons aussi faire part de quelques observations, que
„ nous avons faites sur les œufs des fourmis, qui font effe-
„ ctivement l'animal même.

„ Les œufs des fourmis dans les premiers jours font fort
„ unis & fort luisans. Mais lorsqu'ils font dépoüillez de la
„ membrane, dont ils étoient revêtus, ils paroissent tout
„ vivans comme des vers sans pieds, & leur corps est alors
„ divisé par anneaux & par incisions, qui font assez visi-
„ bles; si bien que c'est à tort que les physiciens leur ont
„ donné le nom d'œufs. Nous remarquons que les four-
„ mis ont un amour incroyable pour leurs petits, ce qu'ils
„ font paroître par les soins, qu'ils ont de leurs porter,
„ à manger & de les transporter dans les lieux, ou ils
„ peuvent trouver l'aliment propre pour leur subsistance.
„ Si bien qu'ils n'oublient rien de tout ce qui peut servir a
„ les nourrir & à les élever. J'ai dans mon cabinet plusieurs

X

fo rtes

„ ſortes de ces fourmis avec leurs vers que j'avois en fermé
„ dans un verre avec de la terre , que j'avois miſe dedans :
„ & j'ai remarqué que lorſque la terre devenoit trop ſéche,
„ elles portoient incontinent leurs petits plus bas pour y
„ trouver de l'humidité : Mais quand nous venions à verſer
„ de l'eau dans ce verre en trop grande quantité ; alors c'é-
„ toit un plaiſir de voir avec quel zéle & avec quelle dili-
„ gence elles les tranſportoient derechef ſur la terre ſeche ,
„ pour empêcher qu'ils ne ſe noyaſſent. J'ai conſideré
„ auſſi pluſieurs fois , que ſi lorſque la terre étoit trop ſeche
„ nous venions a l'arroſer , elles y portoient au même in-
„ ſtant leurs petits , dont nous avons non ſeulement dé-
„ couvert le mouvement , mais que même nous avons vû
„ fort diſtinctement ſucer l'humidité. J'ai tâché pluſieurs
„ fois de les élever moi même , mais cela ne m'a jamais
„ reuſſi. Je n'ai pas jamais pû non plus faire éclorre les *nym-*
„ *phes* des fourmis , que par le moïen des fourmis mê-
„ mes.

„ Or les chenilles & pluſieurs autres petits animaux ,
„ qui ont des pieds ne ſe trouvent pas renfermez dans les
„ fruits ou dans les plantes de même que ceux dont nous
„ avons parlé cy-deſſus. Nous ſouhaiterions bien de pou-
„ voir expoſer la maniere dont ces petits animaux , vivent,
„ quel aliment ils prennent avec encore pluſieurs autres
„ particularitez , mais nous n'avons pas juſques ici d'expé-
„ riences ſuffiſantes pour en pouvoir juger ſûrement. Ce-
„ pendant nous ne croyons pas que cela choque nôtre ſen-
„ timent de ceque nous avons vû même apres quelques
„ années pluſieurs Inſectes ſortir du bois vermoulu : car
„ outre que leurs œufs ſe conſervent longtemps avant que
„ déclorre, le *vers* même reſtent bien ſouvent quelques
„ années dans un même état avantque de ſouffrir aucun
„ changement.

Pour

Pour ce qui regarde la pluspart des Insectes, qui se trouvent dans les entrailles des animaux, qui sont douez de sentiment, nous croyons, que pour les bien connoître, il faut observer les mêmes régles, dont nous avons parlé cy-dessus. Outre qu'ils semble que le hazard ait quelque part en ceci ; cequi se doit entendre de sémences ou des Insectes, qu'on avalle quelque-fois : mais nous exposerons toutes ces choses plus bas avec toute la netteté & toute l'exactitude possible. Or ce seroit assurément un'affaire considerable, si on pouvoit prouver qu'un animal ou un ver pourroit rester en vie, apresqu'on l'auroit privé de l'aliment, qui lui est propre, & qu'on l'auroit transporté dans un qui fust contraire à sa constitution naturelle, & qui lui fournît un'autre nourriture. Cependant nous remarquons que le Createur est si uniforme dans ses ouvrages, que le hazard n'y a pas la moindre part.

Or il est certain que les ouvrages de Dieu sont fondez sur des régles constantes & uniformes, & que nous ne sçavons nullement les veritables causes des effets que nous voyons. Et puisque nous ne connoissons que l'ombre de ses merveilles ; nous croyons assurément que la vraye connoissance des Philosophes ne consiste que dans l'idée distincte, qu'ils peuvent avoir des effets, qui leur frappent les yeux. C'est pourquoi pour les bien connoître, & pour former des régles certaines & tirer de consequences, justes, nous avons besoin d'employer tous les soins & toute la diligence Imaginable. Car autrement, comme nous avons dit dans nôtre preface, la nature étant in'epuisable, si nous n'avons pas fait d'expériences suffisantes ; nôtre propre raison ne nous servira qu'à nous jetter dans les tenebres & dans l'obscurité. Et certes nous sommes cause nous mêmes que les choses naturelles nous sont non seulement difficiles à connoître, mais que même elles nous sont entiére-

X 2

ment

ment impenetrables: Et il n'est pas besoin d'autre **exemple**, que de celui de *Goudart* pour prouver cette verité : car cet homme , manque d'experiences , s'est allé faussement imaginer que les chenilles se changeoient d'abord qu'elles cessoient de prendre de l'aliment avant leur temps ordinaire , & qu' ensuite elles ne produisoient que des animaux imparfaits & d'un autre nature : mais cette fausse proposition a rendu non seulement ses autres experiences inutiles & confuses , mais il s'est même rendu par là incapable de faire des observations fort curieuses sur des choses , qu'il voyoit devant ses yeux. Or il est certain que , sans parler de cet Auteur , nous aurions honte de citer un'infinité de Philosophes , qui negligeans les experiences & suivant leur raison aveugle & les productions vaines de leur cerveau , ont jugé des changemens, qui arrivent aux Insectes , comme un Aveugle fait des couleurs. Et comment peuvent ils s'excuser d'avoir été si hardis , que de raisonner sur les principes de ces choses , dont ils ne connoissoient pas seulement ni les effets , ni l'exterieur. Mais , pour parler franchement, si nôtre raison est foible & sujette à se méprendre , lorsque l'experience nous manque ; il nous semble qu'on ne peut pas trouver de raisons ni d'arguments plus forts , que ceux qui sont tirez des expériences mêmes. Et il est indubitable qu'on doit à tout le moins tenir pour suspectes toutes les conclusions , qui ne sont pas tirées de ce principe , & qu'on les doit rejetter absolument , lorsqu'elles ne s'accordent pas avec l'experience : c'est aussi le sentiment du Celebre Monsieur *des Cartes* , qui parle ainsi dans sa *Methode. Car* (dit il) *je croyois rencontrer beaucoup plus de verité dans les raisonnemens que les hommes font pour leurs affaires particuliéres , & dont le mauvais succez leur cause du déplaisir , lorsqu'ils se sont trompez , que non pas dans ceux , que forme quelque docteur oisif dans*

son

son étude sur des êtres de raison, ou sur de semblables bagatelles, qui ne concernent point du tout l'usage de la vie, & dont il ne peut esperer autre avantage, si ce n'est que plus ses speculations sont éloignées de la verité & du sens commun; d'autant plus enremportera t'il de vaine gloire, à cause qu'il aura aussi dû emploier d'autant plus de subtilité pour les rendre vraisemblables.

Lorsque nous pesons ces raisons avec Mr. Descartes & que nous considerons avec lui l'importance & la necessité des experiences, il nous semble qu'on pourroit donner le nom de *raison* à cette faculté de nôtre esprit, qui nous sert à former des idées distinctes des choses, apres que nos sens lui ont fait un fidelée raport des experiences, qu'ils ont faites. Enfin il est certain que les expériences sont la lumiere, qui éclaire nôtre esprit, & que sans elles nous ne pouvons pas être assurez des veritez que nous prétendons connoître.

Il est bien vrai qu'il peut y avoir des choses dans nôtre esprit, que les sens n'ont jamais apperceües auparavant : mais il est certain aussi que nous ne les pouvons pas concevoir distinctement, à moins qu'elles ne se terminent aux mesmes sens : quoique cependant apres avoir fait quantité d'experiences, nôtre esprit se puisse rendre capable de determiner ensuite quelque chose de certain d'autres choses, sur lesquelles il n'en a jamais fait. Et c'est apparemment cequi a fait dire à a Aristote. *Qu'il faut aussi croire la raison, si ce qu'elle nous démontre s'accorde avec les choses qu'on apperçoit par les sens.*

C'est pour cette raison, qu'en considerant bien toutes choses, il nous semble, que si nous avions une parfaite connoissance tant de la structure du corps de l'homme, que de ses humeurs & du reste ; nous pourrions non seulement le rétablir en santé, mais que même surpassant la

X 3

nature

nature nous le pourrions rebâtir entierement, apres ſa totale deſtruction : Car il eſt conſtant qu'a proportion que les idées, que nous avons des choſes ſont plus ou moins diſtinctes, auſſi nos operations ſont plus ou moins hûreuſes.

Mais comme il ne nous eſt pas poſſible de faire des expériences certaines ſur toutes choſes, & qu'ainſi nous ne pouvons pas en avoir connoiſſance diſtincte (comme par exemple il y à des choſes, qui à cauſe de leur petiteſſe ſont imperceptibles a nos yeux, d'autres à cauſe de leur éloignement) auſſi ſeroit ce une grande folie de nous aller imaginer que nous pourrions penetrer les veritables cauſes de ces choſes, je ne dis rien de leurs operations. Car nôtre plus grande ſageſſe ne conſiſte pas à connoître les cauſes des choſes, mais ſeulement dans l'idée diſtincte qu'on à de leurs veritables effets, qui nous ſervent enfin comme d'échelle pour monter à la cauſe prémiere, & nous font découvrir un'infinité d'autres cauſes qui ſont d'une grande utilité pour nôtre vie. Mais cela n'arrive qu'entant que toutes ces choſes ſont conceües par nos ſens, lorſque nous nous en ſervons avec circonſpection.

Nous trouvons que Harvé parle raiſonnablement dans la preface, qui eſt audevant du livre de la generation des animaux, en parlant de la maniere dont on doit de chercher la verite voici ſes propres termes : *quare* (inquit) *inepta prorſus & erronea eſt uſita hodiè veritatis Indagendæ methodus : dum plurimi ſedulò inquirunt, non quid res ſint, ſed quid ab aliis dicatur : deductaque ex ſingularibus præmiſſis univerſali concluſione, factoque inde ſæpè perperam analogiſmo, veriſimilia plerumque ad nos pro veris tranſmittunt : hinc factum, ut ſcioli multi, & ſophiſtæ, aliorum inventa expilantes, eadem paſſim (ordine ſolummodo, verbiſque immutatis, pauciſque nullius*

lius

lius momenti adjectis) pro suis audacter venditent, phi-
losophiamque (quam certam, & perspicuam esse opor-
tuit) obscuram, intricatam & confusam reddant: qui
enim autorem verba legentes, rerum ipsarum imagines
(eorum verbis comprehensas) sensibus propriis non ab-
strahunt, hi non veras ideas, sed falsa idola, & phan-
tasmata inania mente concipiunt: unde umbras quas-
dam & chimeras sibi fingant; totaque ipsorum Theoria
sive contemplatio (quam tamen scientiam arbitrantur)
vigilantium insomnia, aut ægrotantis animi diliria re-
presentat & un peu plus haut. *Nempe* (inquit) *ex sensu*
permauet sensatum: ex permanentia sensati, fit me-
moria: ex multiplici memoria, experientia: ab experi-
entia, ratio universalis, definitiones, & maxima, sive
axiomata communia, cognitionis certissima principia.
Et ensuite dans un autre lieu. *Quare haud mirum est,*
(inquit) *plurimos errores ab ultima antiquitate, unani-*
mi consensu traditos, ad nostra usque tempora descendis-
se: virosque, alias ingeniosos, egregiè hallucinatos esse;
dum sibi abundè satisfactum arbitrantur, si ex aliorum,
si ex aliorum libris sapiant, & doctorum virorum sen-
tentias in memoria habeant. Æquidem, qui hoc pacto,
veluti ex traduce, (ut sic dicam) Philosophantur; haud
melius sapiunt, quam eorum libri, quos penes se servant.

Nous remarquons encore que le grand *Descartes* avoit
fait dessein d'employer toute sa vie à reduire en pratique
les speculations de la Philosophie, afin par ce moïen de découvrir plusieurs arts & particuliérement ceux qui sont necessaires pour la conservation de la vie & de la santé; mais
que considerant que la vie & les experiences lui pourroient
manquer, il exhorte pour ce sujet tous les grands hommes à faire tout autant d'experiences qu'ils pourroient:
voici comme il parle dans sa methode. *Or, dit il, m'étant*
proposé

proposé d'employer toute ma vie à la recherche d'un
science si necessaire , & ayant rencontré un chemin , qui
me sembloit tel , que si quelqu'un le suivoit , il arriveroit
sans doute au but , ou il vouloit tendre ; à moins qu'il
n'eu fût empêché par la brieveté de sa vie , ou bien par
faute d'expériences : je ne trouvois point de meilleur re-
mede contre ces Inconveniens , que de faire part au pu-
blic de ce peu , que j'avois découvert , & d'exhorter les
bons esprits à tâcher d'aller plus loin : afin qu'un chacun
s'appliquât de toutes ses forces à faire des experiences,
& qu'il communiquât ses découvertes au public : & que
les derniers commenceans , où les premiers avoient fini,
& joignans la vie & les travaux de plusieurs , nous pus-
sions par ce moïen aller plus loin tous ensemble , qu'un
chacun en particulier. De plus J'observois que d'autant
plus on est avancé en connoissance, d'autant plus aussi les
experiences sont elles necessaires.

Nous voyons aussi que Monsieur *Boyle* (qui n'est pas
moins illustre par son sçavoir , que par sa naissance) a non
seulement employé tous ses travaux & tous ses soins à
faire des experiences , d'ou il tire ensuite des conclusions
certaines ; mais que même il en établit la necessité par des
raisons convainquantes : voici ses propres termes. *Et pro-*
fecto (inquit) *si homines se se exorari paterentur , ut na-*
turalis Philosopiæ instaurationi impensius , quam nomi-
nis claritati studerent , opinor eos facilè intellecturos , se
de humano genere præclarius mereri non posse , quam si
experimentis moliendis , & observationibus accumulan-
dis, operam serio & sedulò impenderent ; neque principia
& axiomata sancirent tam intempestiva libidine ; te-
merarium rati tales theorias stabilire , quæ ad omnium
naturalium phænomenon explicationem accommodentur,
priusquam, vel decimam eorum partem , quæ explicanda
sunt,

*sunt, observatione assequuti fuerint. Non quod Intereà
de experimentis ratiocinari, aut rerum fœdera, diffe-
rentias, & schematismos quam maturrimè indagari,
ullomodo prohibeam. Quippe tam religiosè à rationis
usu abstinere molestum admodum foret, si non prorsus
Impossibile.*

Mais afin de poursuivre nôtre discours nous vous dirons, que nous ne sçaurions assez nous étonner, que des
choses, que nous avons découvertes par nos expériences
ayant été ignorées plus de de deux mille ans & cela non
par des gens mediocres, mais par des esprits des plus subtils & des plus pénétrans, & qui nous surpassent infiniment en sçavoir. Et certes il nous semble, que c'est une
preuve bien convainquante, que, ceque nous avons avancé cy dessus, est entierement incontestable. Aussi n'a-
vons nous point besoin d'Orateurs, pour exalter avec des
termes choisis & des expressions elégantes, la necessité de
rechercher la verité par des expériences : Car puisque c'est
en elles que les raisonnements les plus justes se doivent ter-
miner, & que c'est sur elles qu'ils doivent être fondez ;
pourquoi ne nous serviroient elles pas plûtot de Guide,
que les imaginations chimeriques de nôtre cerveau, ou
que nôtre raison même, qui est toujours chancellante &
sujette à se méprendre. J'avoüe certes qu'il faut être extremement enflé d'orgueil, de vouloir soûtenir que nos raisonnemens nous puissent fournir toutes les veritez du
monde : puisque nous voyons au contraire qu'en nous
servant à propos de nos sens, nous pouvons, par la connoissance que nous avons des choses visibles, comprendre la verité des choses qu'on ne voit pas.

V

EXPLICATION

Des quatre especes des changemens par des figures.

APres avoir suffisamment décrit dans le livre precedent les quatre especes des changemens, qui arrivent aux Insectes; nous donnerons un exemple de chaque espéce, que nous representerons dans nos figures: & suivant cet exemple, on pourra juger de même des Insectes, qui seront compris sous la même espéce: quoique cependant on remarque quelque peu de difference dans la maniere, dont ils se changent: comme on pourra voir par les experiences particulieres, que nous avons faites sur les changemens de la quatriéme espéce, & sur les *a nymphes dorées*, dont se forment les chenilles, que *Goudart* nous represente dans les figures.

Dans la premiere espece des changemens, nous prendrons seulement le *poux*: dans la seconde, nous prendrons cet Insecte, que les latins appellent *Mordella parla*, ou *libella*: à qui le peuple donne le nom de demoiselle: dans la troiziéme espece, qui en contient encore deux autres, nous ferons voir la *fourmi* se changeant de la premiere maniere, & le *papillon de nuit*, qui se change de la seconde. Enfin dans la quatrieme espece, nous representerons une mouche. Or dans la suite nous ferons comparaison de ces changemens avec l'accroissement des membres dans une grenoüille, & avec la maniere, dont les fleurs poussent dans leurs boutons.

Mais afin de representer plus distinctement tous ces changemens, & comment ils conviennent ensemble; nous garderons toujours le même nombre, & observerons continuellement la même régle: quoique cependant cela ne

soit

foit pas abfolument neceffaire dans toutes les Tables, comme par exemple dans celle ou le poux eft reprefenté , car nous ne remarquons aucuns changemens dans cet animal, fi ce n'eft qu'il devient plus gros. Or nous appercevons fort diftinctement cinq ou fix fortes de changemens dans ces animaux, que nous allons reprefenter, avant qu'ils perviennent a leur perfection, & qu'ils deviennent propres a la propagation de leur efpéce. C'eft ce que nous voyons auffi dans les fleurs & dans les grenoüilles , afin de rendre la comparaifon plus jufte. Tout ce que l'on trouve dans nos Tables marqué de chiffre, eft reprefenté au naturel ; & les infectes, qui font defignez par des lettres font dépeints en grand de la même maniere que nous les avons vûs avec le microfcope, excepté quelques animaux, qui, quoique reprefentez au vif, ne laiffent pas d'être marquez par des lettres. Or nous en avons ufé de cette maniére, à caufe qu'entre ces Infectes, il s'en trouvoit de fi gros, que nous n'avions pas befoin de microfcope pour les voir diftinctement.

Or afin de reprefenter mieux au naturel toutes ces fortes d'animaux, nous avons mis les blancs fur un fond noir , & les autres fur le blanc ou fur d'autres couleurs : ceque nous faifons pour eviter l'inconvenient ou eft tombé le Sieur *Goudart* , qui dépeint fans poils les chenilles velües , que nous reprefentons dans la troiziéme Table ; cequi vient fans doute deceque ne les ayant pas mis fur un fond noir, il n'a pas pû decouvrir les petits poils blancs, dont elles font couvertes.

Il y a encore quelques Infectes, que nous n'avons point peints avec des couleurs : mais nous croyons que nos figures font fi juftes , qu'on les rendoit plus confufes en leur donnant des couleurs.

Y 2

EXPLI-

EXPLICATION

De la Table VII. ou on décrit les change-
mens de la premiere Espéce

Dans cette Table nous faisons voir (1) le poux en forme
de lente avec la membrane, dont il est revêtu pour
lors. (2.) la même peau, ou la même membrane, dont il
s'est depoüille. (3.) Le poux étant sorti de la membra-
ne. (4.) Le même poux, lorsqu'il est devenu plus
gros. (5. Le même poux, lorsqu'il a la forme de
nymphe. Enfin nous le representons dans ce état, lors-
qu'il est propre à la generation.

1. CE premier nombre I. nous represente au naturel
une *lente*, ou bien le poux même revêtu de sa premiere peau. Tout proche de là, nous avons dépeint la même *lente* en grand, à la lettre A. de la même maniere, que nous l'avons vûë avec le microscope. En faisant
voir la structure étrange du corps de la *lente*, nous representons en même temps proche de sa tête comme un cercle ovale, qui contient de petites écailles, qui ont quelque
ressemblance avec des raisins, mais dont la figure n'est pas
fort reguliere. Nous dépeignons ces écailles comme étans
en quelque façon courbée en dedans; & dans le milieu
nous faisons voir un petit point blanc, qui paroît un peu
élevé. Nous trouvons aussi que ces écailles ne remplissent
pas tout l'espace que ce cercle termine, comme on peut
voir dans la même figure à la lettre A.

A. Un peu au dessous de ce cercle, nous faisons voir des
deux côtez deux petites éminences de couleur blanche,
qui semblent s'avancer un peu, ou les yeux du poux sont

placez,

I 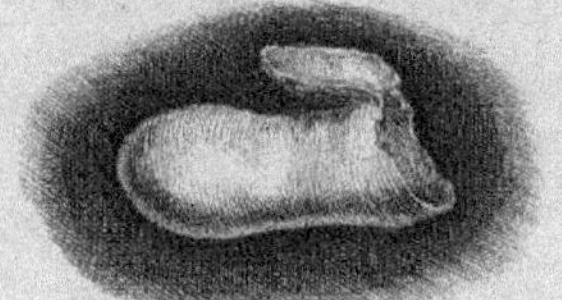 A

II B

III

IV

V

VI 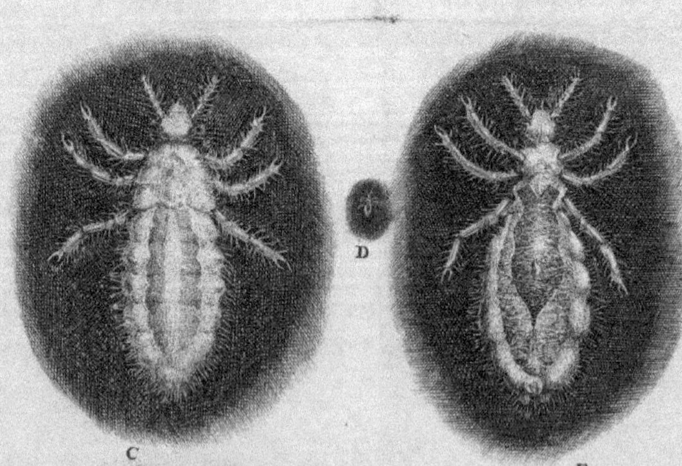 D

C

E

placez, lorsque ses membres étans encore humides, il est revêtu d'une membrane, c'est à dire lorsqu'il a la forme de *lente*. Ces yeux prenans peu à peu la couleur brune, deviennent à la fin tout noirs.

De plus nous representons sur le milieu du corps de *lente* une petite partie transparente, que nous avons souvent vûë battre avec mesure comme le cœur des animaux. C'est peut être la même partie, que nous avons marquée sur le poux à la lettre E.

Au nombre I I. nous dépeignons au naturel la *lente* ou la membrane, dont le poux s'est dépoüillé. C'est la même que nous faisons voir en grand à la lettre B. nous y dépeignons aussi le cercle dont nous avons parlé avec ces écailles, qu'il contient : il est separé de sa peau & paroit comme un pot découvert, dont le couvercle pend à l'envers.

Ensuite nous representons le poux même comme un animal parfait, avec la maniere dont il est sorti de sa peau. Apres il ne lui arrive plus aucun changement si ce n'est qu'en croissant il renouvelle encore quelque-fois sa peau. C'est aussi pour cette raison que nous lui donnons le nom de *nymph'-animal-oviformis*, à cause qu'il sort tout parfait hors de l'œf ou de la membrane dont il avoit été revêtu.

Nous faisons voir en suite au nombre IV. ce même poux apresqu'il est devenu un peu plus gros, & dans le temps qu'il doit quitter sa peau pour la troiziéme ou quatriéme fois.

Nous le representons encore au nombre V. lorsqu'il est parvenu à sa juste grandenr. Or à cause qu'alors il se doit dépoüiller de sa peau pour la derniere fois, nous lui donnons dans cet état le nom de *nymph'-animal*, c'est à dire un animal sous la formé d'une *nymphe*. Nous remarquons qu'il y a plusieurs Insectes de la premiere sorte des change-

I I.

B.

IV.

V.

mens

mens , qui fouffrent encore quelque changement , lorfqu'il font fur le point de quitter leur derniere peau : apref-
quoi ils ne croiffent plus , mais ils reftent dans le même
état. C'eft ce qu'on pourra voir facilement dans les tables
fuivantes , ou nous reprefenterons les animaux , qui font
compris fous les autres efpéces des changemens.

VI.		Nous dépeignons enfin au nombre VI. le même poux ,
		lorfqu'il a atteint fon âge parfait , & qu'il eft devenu pro-
		pre à la generation : tout vis à vis nous le faifons voir en
		grand à la lettre C.	Et pour rendre la figure plus Intelligi-
C.		ble , nous le divifons non feulement en trois , à fçavoir la
		tête la poîtrine & le ventre , mais nous y décrivons même
en particulier tout ce qu'on y peut découvrir.

Premierément dans la tête (dont la peau nous paroit
luifante & fur la quelle nous voyons comme de petits
trous , & quelques feparations) nous faifons voïr les yeux,
avec les cornes , qui fe divifent en cinq membres , & qui
font environnées de poil. A l'extremité de fon bec , nous
reprefentons une petite éminence , qui pourroit bien lui fervir d'étui pour cacher fon aiguillon , à caufe qu'il n'a point
de bouche, qui s'ouvre.

En fecond lieu nous dépeignons les feparations de fa
poîtrine , dont le nombre convient avec celui des pieds , &
dont le milieu eft forts plaifamment marqueté : le peau en
eft auffi luifante , & remplie de petites foffes. Du deffous
de la poîtrine nous voyons fortir fix jambes affez étenduës,
qui fe divifent chacune en fix parties fort diftinctes , dont la
peau reffemble affez a du cuir de chagrain , horfmis vers
l'extremité des pieds , ou elle devient plus unie : mais les
arteres blanches , qui paroiffent au travers de la peau des
pieds, nous empêche en quelque façon de bien difcerner
toutes ces chofes Or la derniere partie de fes pieds eft armée
comme de deux ongles ou de pinces d'inegale grandeur ,
						dont

dont il se fait à peu pres comme nous faisons du pouce &
d'une autre de nos doigts : nous remarquons qu'il y a du
poil entre ces pinces , & que les jambes sont veües par
tout

En troiziéme lieu nous appercevons sur le dos du *poux*
des incisions en forme d'anneaux, des poils & de certaines
marques, qui ressemblent assez à ces traces , qui laissent
les verges sur le corps de quelqu'un , qui a été foüetté.
Nous remarquons encore au travers du dos quelques entrailles qui sont transparentes. & nous voyons que la peau,
qui couvre le ventre est inégale comme du cuir de chagrain,
& que vers le bas elle est luisante & parsemée de petits
trous. Enfin tout le corps du poux est tellement transparent, qu'on peut distinguer facilement toutes ses parties in-
terieutes.

Apres avoir representé le dessus du poux , nous en faisons voir ensuite le dessous à la lettre D. Mais afin d'en faire mieux discerner toutes les parties , nous le dépeignons
en grand à la lettre E. Entre ce poux & celui qu'on voit à
la lettre C. on découvre bien plus distinctement dans le
premier non seulement la maniere dont les jambes sont attachées à la poîtrine mais aussi les arteres blanches du ventre . & la noirceur des excremens tant des Intestins que de
l'Estomach. Nous representons encore sur le milieu du
ventre un petit point blanc, qui se meut continuellement de
haut en bas & de bas en haut, & qu'on pourroit bien prendre pour le cœur, s'il étoit placé un peu plus haut, & si son
mouvement s'accordoit mieux avec le battement du cœur.
Enfin le dessus & le dessous du corps est également transparent, & la peau, dont il est revêtu, est par tout semblable
& couverte de poils, aussi bien que les cornes , les jambes
& les environs des yeux. Au reste nous découvrons vers
l'extremité du ventre deux petites parties de la figure de
deux.

deux demi lunes, qui sont velües en dedans, & qui servent à couvrir l'ouverture des intestins.

Nous raportons à cette premiere espéce des changemens, tous les Insectes, qui renouvellent leur peau de la même maniere, & qui sont compris depuis la soixantieme page jusqu'a la soixante & dix neuviéme.

TABLE VIII.

Où on represente les changemens de la seconde Espéce.

Dans cette Table nous faisons voir les divers états, où se trouve cet Insecte, que les latins appellent perla ou libella, avant qu'il soit parvenu à sa juste grandeur, & qu'il soit propre à la generation. (1.) Nous en representons le ver, lorsqu'il est encore renfermé dans l'œuf ou revétu de sa premiere peau. (2.) Cette même peau ou cette membrane dont il s'est dépoüille. (3.) Le même ver, lorsqu'il n'a pas encore de boutons sur le dos. (4.) Ensuite ce ver, lorsque ces boutons commencent à pousser. (5.) Encore le même ver avec ses quatre boutons tout formez, dans lequel temps on lui donne le nom de nympha-vermiculus *c'est à dire un ver sous la forme de nymphe. (6.) Enfin nous le faisons voir lorsqu'il a ses quatr'ailes & qu'il est devenu propre à la generation.*

1.   D Ans cette premiere figure nous faisons voir les œufs de cet insecte de la même maniere, que nous les avons tirez hors de son corps : ces œufs ressemblent

Nympha vermiculus

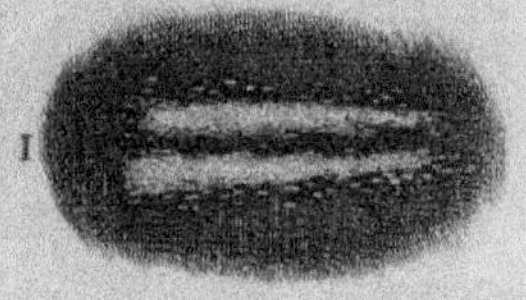 

 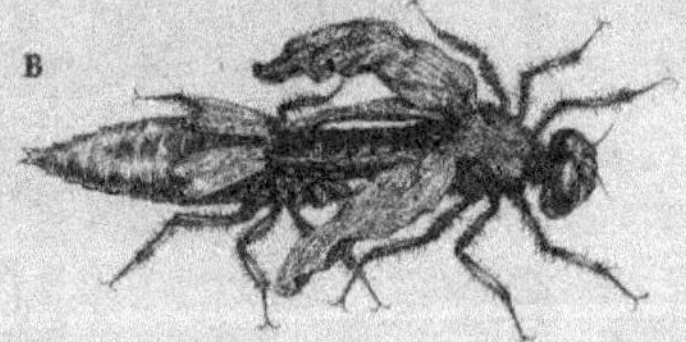

blent fort bien à ceux des poissons ; & sont composez aussi
d'infinité de petits grains de semence d'une figure un
peu longue, comme on les voit ici épars çà & là , & representez au naturel. Nous faisons voir encore un de ces
œufs en grand à la lettre A. de même qu'il nous à paru   A.
avec le microscope : mais nous n'y découvrons rien de considerable, si ce n'est ces petits points , qu'on voit sur l'extremité la plus aigüe , & cette ressemblance que sa peau
semble avoir avec ces petites écailles, & que nous avons representée sur le corps de la lente.

Cet animal jette ses œufs ou sa sémence dans l'eau, d'ou
l'on voit ensuite se former un' infinité de petits vers à six
pieds , qui étans parvenus à leur juste grandeur deviennent enfin des insectes de la même espéce.

Et pour suivre l'ordre, que nous nous sommes proposez,   I I.
nous representons ici au naturel l'œuf ou la membrane,
d'où le ver de cet insecte est sorti.

En troiziéme lieu nous faisons voir le ver d'ou cet insecte   III.
se forme mais un peu plus grand, que lorsqu'il étoit a   *Parla,*
immediatement sorti de son œuf. Nous montrons dans sa   *ou libella.*
tête deux yeux avec deux cornes assez étenduës : dans la
poîtrine nous faisons voir six jambes , dont chacune est
composée de six parties , & dont l'extremité est encore
armée de deux ongles ou de deux serres : ces jambes sont
veliies par tout : le ventre se divise en dix anneaux, & celui
de derriere est pourvû de deux petites pointes qui s'avancent.

Nous avons remarqué que ce *ver* ne sort pas de son
œuf où de sa membrane avec tous ses membres parfaits ,
cequi est commun aussi aux vers , dont nous parlerons
dans les chapîtres suivans : c'est pour cette raison que nous
donnons à l'insecte le nom de *nympha vermiculus ovifor-*
mis lorsqu'il est encore renfermé dans son œuf ou revêtu

Z

de

de sa membrane ; comme nous avons dit cy dessus ; ce qui
suffira pour la suite.

I V. En quatriéme lieu nous representons ce même insecte,
lorsqu'il est devenu un peu plus grand , du lieu où la poîtrine s'nit avec le ventre , nous voyons sortir quatre boutons, qui s'enflent & s'etendent d'une maniere fort plaisante , & qui couvrent ses ailes.   Ces boutons renferment
ces ailes de même que les boutons des plantes en contiennent les fleurs : mais si on ouvre ces boutons dans ce même temps, on n'y découvre rien qu'une humidité superfluë : & c'est ce qu'on trouve aussi dans les boutons des
fleurs , qui commencent à pousser , qui ne renferment
qu'une humeur visqueuse.

V. En cinquiéme lieu , lorsque cet animal est parvenu à sa
juste grandeur, nous le dépeignons de même , & nous faisons voir sur son dos les quatre boutons tout formez , aussi
bien que ses ailes, qui sont pliées & entortillées ensemble
dans ces mêmes boutons.   On découvre facilement autravers de la peau de cet Insecte les couleurs & les marques
de ses entrailles : Or puisque le *ver*, dont il se forme, a quelques uns de ses membres renfermez à la maniere des
a Nym- *a nymphes*, nous lui donnerons, lorsqu'il est dans cet état,
pha. le nom de *nympha-vermiculus*, c'est à dire un *ver* sous la
forme de *nymphe*.

B. Nous faisons voir encore à la lettre B. la maniere , dont
ce *ver* en forme de nymphe, apres être sorti de l'eau , ou il
avoit vêcu jusques alors, rampe sur la terre , & vient enfin
à se dépoüiller de sa derniere peau , & à déployer ses ailes
hors des boutons, où elles étoient renfermées : quoique
ces ailes tout proche des épaules commencent déja à s'é-
tendre & à paroître plus unies , nous remarquons pourtant
qu'a leur extremité elles sont encore pliées & entortillées
emsemble.

Enfin

Nympha.

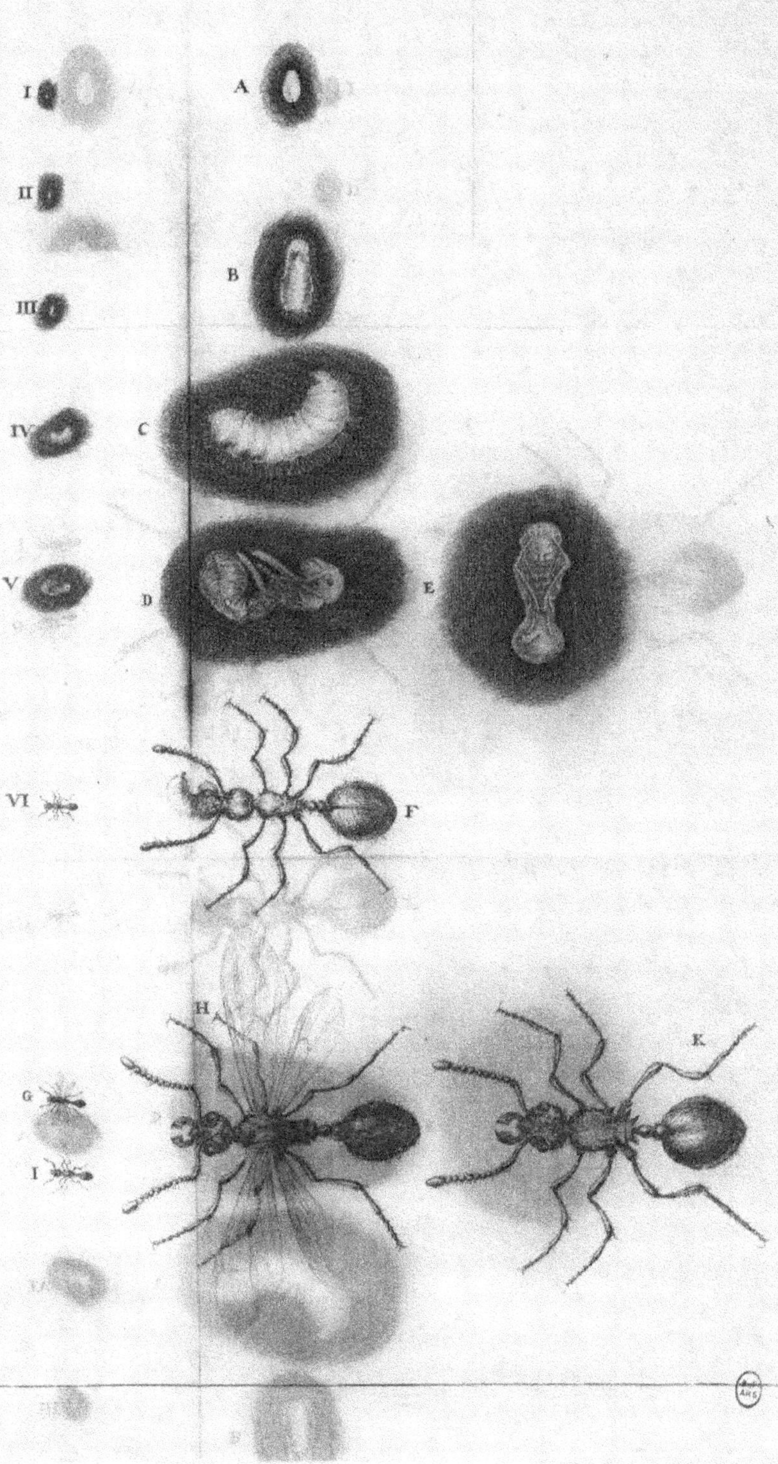

Enfin nous réprefentons au nombre **VI.** cet Infecte felon fa jufte grandeur & dans l'état auquel il eft propre à la generation : fi bien que d'un *ver* rampant , ou qui nage il devient un ver volant. Or il faut remarquer que le changement, qui fe fait aux environs des yeux , de la quëue & des ailes , eft fort confiderable ; il n'y a que les jambes qui demeurent toujours de même : mais nous traitterons ailleurs cette matiere plus à fond ; nôtre deffein n'étant ici que de donner une explication claire & diftincte de nos Tables.

Tous les Infectes , que nous avons depuis la page quatre vingtun , jufqu'a la page quatrevingtonze font compris fous cette feconde efpéce des changemens & renouvellent tous leur peau d'une même maniere.

Explication de la IX. Table.

Dans cette Table nous faifons voir (1.) *le ver d'une fourmi dans fon œuf, c'eft à dire dans la peau, ou dans la membrane, dont il eft revêtu.* (2.) *La peau dont il s'eft dépoüillé.* (3.) *Le même ver lorfqu'il eft forti de fa premiere peau.* (4.) *Nous le reprefentons encore avec tous fes membres, de la maniere, dont ils commencent à pouffer aux environs de la poïtrine, & à prendre leur accroiffement.* (5.) *Enfuite nous le dépeignons comme étant dépoüillé de fa peau avec tous fes membres, qui paroiffent au dehors, dans lequel état nous lui donnons le nom de* Nymphe. (6.) *Nous le faifons voir lorfqu'il a tout à fait la forme d'une fourmi, & que fes membres fe font rendus plus forts par la tranfpiration des humiditez fuperfluës.*

Z 2

Dans

I. DAns cette *premiere* figure nous representons au
naturel *l'œuf* d'une *fourmi* : Et nous le faisons
voir en grand à la lettre A. demême qu'il nous à paru avec le microscope , il est fort étendu & fort uni sans
qu'on puisse y découvrir aucunes incisions , ni rien de raboteux.

I I. Ensuite nous faisons voir une membrane fort délicate ,
dont le *ver* de la *fourmi* se dépoüille facilement, quand
il vient à quitter la forme d'œuf , & laquelle il roule tellement ensemble, qu'elle ne paroît plus que comme un point
presqu'invisible.

I I I. En *troizieme* lieu , nous representons le *ver* de la
fourmi sortant de son *œuf* imparfait en plusieurs parties :
nous le dépeignons encore comme ayant la tête courbée
vers la poîtrine : mais pour en faire mieux distinguer toutes

B. les parties nous l'avons peint en grand à la lettre B. ce qui
nous donne occasion de découvrir plus distinctement ces
douze petites Incisions , ou ces petits anneaux dont son
corps est composé , aussi bien que la manière dont la tête
est courbée vers la poîtrine. Mais on peut encore bien
mieux discerner toutes ces choses par la figure de la lettre

C. C. Enfin nous faisons voir comment ce *ver* est couvert de
poils, qui paroissent assez roides.

I V. En *quatriéme* lieu nous representons cé ver comme
étant parvenu à sa juste grandeur , ce qu'on peut voir en-

C. core plus clairement à la lettre C. où nous l'avons peint en
grand : c'est dans ce temps là que nous remarquons que
tous les membres du ver ont receu leur entiere accroissement sous sa peau , & qu'ils sont encore un peu enflez
d'une humidité superfluë. Ce qui lui fait aussi en quelque
façon perdre le mouvement, qu'il avoit.

V. De plus nous faisons voir ce *ver* comme s'étant depoüillé
de sa peau, sous laquelle ses membres avoient pris leur entier
accroisse-

accroissement, sibien que ses membres, qui étoient auparavant cachez, nous paroissent alors à decouvert, & qu'il
prend la veritable forme de *a nymphe*, qui nous represente
fort distinctement toutes les parties de l'animal même.
Mais il faut remarquer qu'il devient derechef aussi fluide
que l'eau même (ainsi qu'il étoit autrefois dans son œuf) &
qu'il paroît aussi blanc que du lait caillé. Nous trouvons
encore que cette *nymphe* est revêtuë d'une membrane
également épaisse par tout, & que ses petits membres ne
sont pas collez ensemble comme ceux des *b nymphes
dorées*.

*a Nym-
phe.*

Mais afin de faire encore mieux discerner toutes les parties de cette *nymphe*, nous la representons en grand à la
lettre D. ou on la voit peinte de côté : là nous faisons voir
dans sa tête un œil, des dents & une de ses cornes : dans sa
poitrine nous representons ses jambes, qui sont pliées &
entrelacées ensemble ; & aux environs du ventre nous depeignons les petits boutons de ses reins ; aussi bien que les
incisions en forme d'anneaux & les jointures de la partie
inferieure de son corps.

D

Nous faisons voir encore à la lettre E. cette même *nymphe* renversée sur le dos. Nous y representons fort plaisamment la tête, la poitrine & le ventre, aussi bien que les
parties, qui y sont situées, comme les yeux, les cornes &
les dents dans la tête, & dans la poitrine les jambes, qui
sont, comme nous avons dit, pliées & entortillées ensemble. Et nous ne remarquons point d'autre difference entre
les parties de la *nymphe* & celles de la *fourmi*, si ce n'est que
dans celleci on les découvre un peu plus distinctement que
dans l'autre. C'est cequi a aussi lieu dans le ver dont les
membres sont cachez sous la peau. Et il est constant que
l'œuf, le *ver*, la *nymphe* & la *fourmi* ne sont qu'un même, & que toutes les formes, que nous remarquons dans

E.

ces

ces quatres sortes , ne different qu'accidentellement les unes des autres. Or afin de mieux exprimer la diverfité , qui s'y trouve , nous vous dirons , que la peau de la fourmi eft premierement un peu longue & parfaitement unie ; Enfuite qu'on y remarque des rides & des efpeces d'incifions, & qu'enfin elle fe divife en plufieurs parties   Et lorfque la *fourmi* s'eft dépoüillée de toutes ces peaux dans des temps differents elle prend enfin une forme qu'elle ne perd plus jamais. C'eft ceque nous remarquons auffi dans les autres vers, qui n'ont point de pieds.

Enfin nous reprefentons la fourmi fous la forme qu'elle prend apres avoir quitté fa derniere peau : fi bien que tous les obftacles , qui la déroboient a nos yeux , êtans ôtez , nous la confiderons alors dans fa forme & dans fon état naturel.   C'eft dans ce temps là qu'étant , pour ainfi dire, à la fleur de fon âge , il ne croît plus davantage , ni ne fouffre plus jamais aucun changement : il en eft de même des autres Infectes fuivans , qui apres leur premier changement , ne renouvellent plus jamais leur peau , ni ne croiffent plus davantage.   Et c'eft fans doute la raifon pourquoi nous voyons dans d'autres de femblables Infectes , qui ne deviennent point plus grands, à moins qu'ils ne foient d'un' autre nature , ou bien qu'étans encore fous la forme de *vers* ou de *chenilles* , ils ayent mangé plus long-temps , comme nous avons dit ailleurs. De plus la peau de la fourmi , qui étoit fi fluide , qu'elle ne pouvoit mouvoir aucun de fes membres , devient en peu de jours feche & dure comme de la corne. Et dans les *a nymphes* , qui font plus perceptibles , comme dans celle de la fourmi, ce changement eft bien plus confiderable ; car leur peau qui , incontinent apres leur changement , étoit fluide comme l'eau même , devient enfuite dans peu de jours non feulement comme de la corne ou de l'os , mais elle eft même fi dure , qu'il

a Nym-
pha.

n'eft

n'est presque pas possible de la percer avec une lancette fort aiguë: c'est ce que nous avons aussi éprouvé sur la peau des *a escarbots naficornes*, & de plusieurs autres insectes.

Mais afin de mieux distinguer les parties de la fourmi, nous en representons une en grand à la lettre F., qui porte un ver dans son bec, ou entre ses deux dents avec tant de precaution, qu'elle ne le blesse ni ne l'incommode aucunement. Or ce bec est composé de deux dents, qui s'étendent au dehors, sur chacune desquelles on voit encore sept incisions, qui paroissent comme autant de petites dents, ainsi qu'on peut voir dans la fourmi, que nous avons marquée de la lettre K. De plus les separations, qui divisent la tête d'avec la poitrine, & la poitrine d'avec le ventre, se voyent ici bien plus distinctement que dans la *nymphe*. Les yeux nous paroissent tout à fait noirs: les cornes, qui sortent de dessous les yeux, sont d'un châtain un peu brun, & sont composées chacune de douze petites parties jointes ensemble, dont la premiere, qu'on voit au dessous des yeux, est la plus longue: au reste toutes ces parties sont revêtuës de poils fort déliez. La structure de la tête & de la poitrine est fort plaisamment representée, & leur peau qui est dure comme de la corne & semble avoir quelque peu de ressemblance avec le bois de sapin, dans la maniere, dont les fibres de ce bois sont disposées, lorsqu'il se fend aux endroits ou il y a des nœuds: la superficie inégale de cette peau est plus clairement representée à la lettre K, qu'à la lettre F. De plus les jointures de la poitrine se divisent chacune en six parties aiguës qui s'avancent en dehors, & dont celles, qui sont situées vers les reins, sont beaucoup plus perceptibles que les autres: les reins sont composez de trois boutons, dont la figure approche un peu de celle des vertebres, & qui sont par tout revêtus de poils assez roides: sous la poitrine nous faisons voir ses jambes, qui sont assez

fortes

a Scaraz
baus na-
ficornus.
F.

K.

fortes & aſſez velües : elles ſont compoſées de ſix parties,
dont celle, qui eſt à l'extremité eſt armée de deux ongles
ou de deux pinces : le ventre eſt un peu plus roux, qne le
reſte du corps, qui eſt d'un châtain brun tirant un peu ſur
le pale, il eſt luiſant comme un miroir & parſemé de petits
poils tres deliez.　On peut donner a cette fourmi le nom
de laborieuſe, à cauſe qu'il ſemble que la nature ne l'ait
deſtinée que pour le travail & pour aller chercher de l'aliment pour les petits, & que nous n'y avons jamais pu découvrir aucunes parties, qui puiſſe marquer qu'elle ſoit
mâle & femelle, en quoi elle convient avec les abeilles dont
nous avons parlé cy deſſus.

　　Or afin de vous repreſenter parfaitement les fourmis,
nous en faiſons voir le mâle au naturel avec ſes quatre ailes
à la lettre G. Et pour en faire encore mieux diſcerner toutes
les parties, nous l'avons dépeint en grand à la lettre H. ce
qui fera mieux comprendre en quoi il differe des autres &
en quoi il convient avec elles.　Nous remarquons donc
premierement que les cornes & les dents du mâle de la
fourmi reſſemblent parfaitement bien à ces mêmes parties
dans les autres, ſi ce n'eſt que ſes dents ſont tant ſoit peu
plus petites, cequi a lieu auſſi dans le mâle des abeilles : ſes
yeux ſont beaucoup plus grands que ceux des autres fourmis, & c'eſt ceque nous avons encore remarqué dans le
mâle des abeilles auſſi bien que dans d'autres Inſectes.　De
plus nous faiſons voir ſur la tête du mâle (comme nous
avons trouvé dans les abeilles) trois petites écailles ſemblables a des perles, qui le rendent fort different des autres
fourmis. Mais ſa poitrine le fait encore differer bien d'avantage des autres : car outre ſa ſtructure & ſes jointures, qui
ſont toutes differentes, on y voit encore quatr'ailes, entre
leſquelles nous remarquons que celles de devant ſont preſque deux fois plus grandes & plus fortes que celles de derriere

riere. La forme de son ventre est aussi en quelque façon differente ; outre que tout le reste de son corps est plus grand & d'une couleur plus noire.

Les mâles , dont nous venons de parler , (& dont la *a* *nymphe* differe aussi de celles des fourmis , qui sont repre-sentées à la lettre A Et à la lettre K) ne se trouvent pas en tout temps parmi les autres. Ceque nous fait croire qu'à l'exemple des abeilles ils tuënt d'abord que le chaleur de la generation est passée : & c'est peut être pour cet effet que nous les voyons si souvent maltraitez par les autres. Enfin les mâles des fourmis ne servent qu'a la propagation : Et cette superiorité & ce pretendu gouvernement qu'on leur attribue aussi bien qu'au *Roy* des abeilles ne precedent que des mouvemens puissans , qui les portent à la generation & à perpetuer leur espéce.

a *Nym-phe.*

Enfin au bas de cette Table à la lettre I nous represen-tons au naturel la *b* *fourmi mere* , que nous faisons voir aussi en grand à la lettre K. Nous trouvons que cette four-mi est beaucoup plus grande & plus grosse que le mâle & que les autres fourmis. Nous découvrons facilement les *œufs* de cet insecte par le moïen de L'anatomie. Nous apparcevons encore sur la tête de cette fourmi ces trois pe-tites écailles en forme de perles , que nous avons aussi re-presentées sur la tête du mâle. C'est en quoi elle differe des fourmis ordinaires , & c'est en quoi aussi elle convient avec le mâle. Cette fourmi differe encore des deux autres sortes dans la structure & dans la couleur de la poitrine , qui est plus brune que celle des fourmis ordinaires , & un peu plus claire que celle du mâle. Or nous trouvons plusieurs sortes de fourmis, d'entre lesquelles nous avons representé dans cette Table IX les espéces les plus ordinaires.

I.
b *Formi-ca-ma-ter.*

K.

IX.

Tous les animaux , dont nous avons fait le dénombre-ment en parlant de la troiziéme espéce des changemens ,

A a

re-

IX.   renouvellent leur peau & se changent tout de même que
les fourmis qui sont dépeintes en cette Table IX.

Explication de la Table X.

*Nous représentons dans cette Table (1.) la chenille ou
le ver d'un papillon de nuit dans l'œuf, ou dans la
membrane dont il est revêtu. (2.) la peau, dont ce ver
s'est dépoüillé. (3. Le ver même, dont le papillon se
forme. (4.) Nous le dépeignons avec son envelope &
nous faisons voir comment les membres, qui étoient
cachez, commencent à pousser environ la seconde &
la troiziéme incision de sa peau. (5. Nous le representons dépoüillé de sa peau, avec tous ses membres,
qui paroissent à découvert, dans lequel état, nous lui
donnons le nom de a Nymphe dorée (6.) nous le faisons
voir lorsqu'il a deja pris la forme de papillon.*

a Chrysa-
lis ou Au-
relia.

I.

A.

DAns la *premiére* figure de cette Table nous representons au naturel *l'œuf* d'un papillon de nuit ; &
nous le faisons voir en grand à la lettre A. On voit
sur cet œuf quelques petits anneaux & de petites inegalitez, qui le rendent fort different de tous les autres. Cet *œuf*
nous paroît courbé en dedans vers le milieu. & c'est par
cet endroit comme par un trou, qu'on l'apperçoit vivant.
Nous trouvons cet œuf dans le corps de la mere: il est mol,
flexible & membraneux. Mais lorsqu'il est venu à maturité (je veux dire lorsque, les membres du ver, qu'il renferme se sont suffisamment accrus) il paroît comme l'é-
caille d'un œuf de poule, & il est fragile tout de même.

Ces œufs se trouvent dans ces papillons de nuit, dont le
mâle

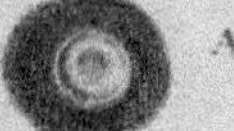

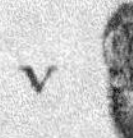

mâle a des ailes, mais dont la femelle n'en a point : comme nous faisons au nombre six & à la lettre A. Nous avons déja fait la description de ces papillons dans la premiere partie de ce livre, où nous avons fait remarquer que le mâle avoit des ailes & que la femelle n'en avoit point, c'est dans ce même temps que nous avons dit que *Goedart* dans la *cinquante neuviéme* experience de la premiere partie de son livre, & dans la *trentiéme* experience de la seconde nous a représenté (sans pourtant le sçavoir) le mâle & la femelle de semblables papillons.

Secondement nous faisons voir cet œuf crevé & ouvert avec son écaille dure, nous le representons en grand à la lettre B. pour faire mieux remarquer la difference entre cet œuf ouvert & la maniere, dont les autres insectes se dépouillent de leur premiere peau. Nous representons encore au même endroit à la lettre B. ce même œuf, afin de faire voir combien il est fragile & aisé a casser, & pour montrer comment il est fendu en deux. Cependant ceci n'est pas commun à tous les *œufs* de ces papillons : car selon que l'écaille en est plus ou moins dure, aussi s'éloignent ils plus ou moins de la figure que l'on voit tracée à la lettre B.

En *troiziéme* lieu nous representons la *chenille*, comme elle est en effet lorsqu'ell' est parvenuë à sa juste grandeur ; elle merite bien d'être remarquée, à cause de sa figure extraordinaire. Car nous voyons sur son corps quatre parties, blanches, mais qui tirent un peu sur le jaune, & qui ressemblent assez à ces vergettes, dont on nettoye les habits ; & aux environs de la tête nous découvrons comme deux especes de bouquets de plumes noires, dont la longueur n'est pas égale, & dont les extremitez sont encore diverses dans la maniere dont elles sont divisées. De châque côté nous voyons comme deux petits avirons :

V I.
A.

I I.
B.

B.

B.
I I I.

A a 2

ceux

ceux de derriere font noirs & leurs filets reffemblent affez
a ceux des plumes : mais ils furpaffent infiniment en beauté ceux de devant , qui ne font compofez que de petits
poils blancs qui tirent un peu fur le jaune. De plus la peau
de cette *chenille* eft parfemée de poils bruns un peu longs
& feparez les uns des autres qui entre lefquels on découvre
de petites plumes , dont les couleurs font fort agreables.
Outre cela nous remarquons que la partie inferieure de fon
corps eft couverte vers l'extremité de petits poils , qui reffemblent affez à des plumes : fes pieds font au nombre de
feyze , elle en a fix au devant , huit au milieu , & deux
derriere.

IV.   En *quatriéme* lieu nous faifons voir la maniére dont
cette chenille eft envelopée du tiffu qu'ell' a filé , & comment elle s'y repofe comme dans un nid , fans qu'il lui refte
le moindre mouvement.	Nous reprefentons encore dans
cette même figure comment, à force de tourner dans cette envelope , elle s'eft dépouillée de tous ces poils en forme de plume, qui ne lui fervent plus à lors que d'un duvet
ou d'un lit fort mol. Or ces poils , dont cet animal s'eft défait , fuivant facilément le mouvement de fa peau , qui eft
velüe , femblent en quelque façon contribuer à l'en faire
dépoüiller. Ce ver perd tout à fait fon mouvement avantque de quitter fa peau , & vers la feconde , ou troiziéme
incifion que l'on voit fur fon corps , les membres qui commencent à pouffer , font enfler en quelque façon ces endroits la , comme nous avons affez bein reprefenté dans
cette figure.

Il y a une fort grande difference entre les tiffus dont les
chenilles font environnées : Car s'en fervans comme d'un
nid , chacune en fait un fuivant la maniere , qui s'accommode le mieux à fa nature. Or fi on voit quelque chofe
de curieux dans les envelopes des chenilles , la maniere ,

dont

dont celles, qui n'en ont point, se mettent en sûreté, est encore plus admirable & plus Ingenieuse. Car il y en a qui se cachent dans la terre, ou elles sont des trous, qui leur servent d'une retraitte bien plus assûrée, qne ne feroiént des envelopes: d'autres sçavent filer autour de l'extremité de leur corps un tissu avec tant d'adresse, que demeurans suspenduës dans l'air, elles dépoüillent ensuite de leur peau sans aucun empêchemeñt: Et nous remarquons que ces petits animaux environnent cette partie de leur corps si étroitement, que lorsqu'elles changent de peau, elle leur en reste toujours: autrement si ce tissu & ces filets étoient attachez à quelque partie de la peau qu'elles quittent, il faudroit necessairement qu'elles tombassent à terre en même temps.

En *cinquiéme* lieu nous faisons voir la même *chenille* dépoüillée de sa peau, lorsqu'elle a déja pris la forme de *a nymphe dorée*; dans lequel temps nous decouvrons assez bien tous les membres du papillon, quoique ce soit pourtant d'une maniere moins distincte, que dans la *b nymphe* même. Or nous appercevons fort clairement dans cette *nymphe dorée*, (qui est celle du mâle) non seulement les yeux, la petite *c trompe* & les cornes mais aussi les jambes & les ailes avec encore les petits poils dont son corps est couvert.

Mais pour mieux nous faire entendre, nous representons encore à la lettre C. Ces memes parties hors de leur situation naturelle,& courbées en dehors.Nous faisons voir encore, en considerant cette *nymphe dorée* de haut en bas, une corne de chaque côté, & trois pieds, entre lesquels nous dépeignons quatr'ailes, qui s'étendent tout plat sur son corps. Deplus nous faisons voir dans sa tête ses yeux & sa petite *d trompe*.

Apres avoir fait la description des parties de la *e nymphe dorée*

V.
a *Chrysalis ou Aurelia.*
b *Nympha.*
c. *Proboscis.*

C.

d *Proboscis.*
e *Chrysalis ou Aurelia.*

dorée du mâle ; nous representons ensuite ces mêmes parties dans la *nymphe dorée* de la femelle , comme on peut voir à la lettre D. Elle differe de celle du mâle en trois manieres. *Premiérement* dans les cornes ; *secondement* dans les ailes , & en troiziéme lieu dans la grandeur de son corps. Mais , comme nous avons déja dit dans la premiere partie de ce livre , la nymphe de ce papillon ne differe du papillon même , que dans la maniere, dont les membres sont disposez.

   Tous les membres de ces *nymphes dorées* , dans le temps qu'elle commencent à renouveller leur peau , sont mols , tendres & humides; outre qu'ils se joignent & s'unissent tellement ensemble , qu'ils ne forment plus qu'une peau fort unie. Mais cela n'a pas lieu dans les *nymphes* , comme nous avons déja dit : la nature à revêtu ces *nymphes dorées* d'une peau qui n'est pas égale par tout, car elle est bien plus épaisse aux endroits qui sont exposez à l'air , qu'elle n'est par dessous , où on la trouve extremement mince; si bien que si elle étoit exposée à l'air, il faudroit necessairement que les membres qui en sont revêtus se séchassent , comme il arrive quelquefois lorsqu'ils ne sont pas bien unis & bien collez ensemble, Or nous expliquerons ailleurs fort distinctement la maniere , dont toutes ces choses se font.

   De plus il faut remarquer que ces membres qui sont collez ensemble, ne se desunissent presque jamais, si ce n'est dans trois ou quatre endroits : ce qui vient de ceque cette peau delicate , dont ils sont immediatement revêtus , se créve facilement : Et c'est ce qui nous fait croire, que ceux qui se sont appliquez à rechercher ces mysteres , étans abusez, faute d'avoir fait ces remarques; se sont imaginez *que la peau des nymphes dorées n'étoit composée que des parties , qui s'unissent & se collent ensemble , & que l'animal*

étoit

D.

étoit renfermé dans cette peau égale & unie , comme un poussin dans son écaille. Mais cela est fort éloigné de la verité. Car chaque membre des *nymphes dorées*, aussi bien que des *nymphes* sont environnez de la peau d'une maniere particuliere. Nous trouvons que la peau des nymphes dorées est déja parfaite dans le *ver*. Si bien qu'un animal est effectivement renfermé dans l'autre , comme nous expliquerons plus amplement dans la suite.

Il faut remarquer aussi que les poils de la *nymphe dorée* tombent en même temps qu'elle se dépoüille de sa peau : & il est constant qu'elle n'est pas un animal nouveau , mais l'insecte même dépoüillé de la membrane , dont il étoit revêtu & que tout ce changement ne consiste , qu'en ceque les membranes , qui comme autant de rideaux , nous déroboient la vûë de ses parties , étant ôtées , nous pouvons voir à découvert tous les mysteres , qui nous étoient cachez. Or nous ne trouvons rien de plus admirable en tout ceci que ce mouvement , qui est l'unique cause & le seul principe de tous ces changemens. Et il est certain , que tant plus nous nous appliquons à la recherche de la nature , tant plus aussi reconnoissons nous mieux nôtre ignorance & nôtre aveuglement : car nous ne proposons ici que les ombres de ses mysteres impenetrables.

En *sixiéme* lieu nous representons la *chenille* d'une *nymphe* lorsqu'elle a déja pris la forme du *papillon* mâle. **V I.**

Et à la lettre E nous faisons voir la femelle sans ailes. **E.**

Ceque nous trouvons de remarquable dans ces insectes, est la difference , que la nature a mise entre le mâle & la femelle , & les avantages , qu'elle a données à l'un au dessus de l'autre. Car le mâle a des ailes extremement vîtes , des cornes fort belles & le corps bien fait ; au lieu que la femelle , à qui toutes ces parties manquent , à le corps gros & mal fait , & semble n'être destinée de la nature , que pour

garder

garder la maison.   C'est aussi pourquoi, comme une mere tres sage elle n'abandonne jamais son fruit ou ses œufs , mais suivant l'ordre immuable de la nature , elle les attache toujours au tissu, dont elle est revêtuë.

Or pour conclurre cette explication ; nous faisons voir à la lettre F. la peau exterieûre de cet animal, que nous avons ouverte : nous representons encore les œufs dont le corps est tout rempli , qui paroissent autravers de la peau , Comme le Celebre *Goedaert* a fort bien remarqué.

Ceque nous trouvons d'admirable dans cet insecte , est que nous y découvrons déja quelque principe *d'œuf* , lorsqu'il est même encore sous la forme de *chenille* : mais ces œufs paroissent bien plus distinctement lorsqu'il a pris la forme de *nymphe*, Or nous trouvons que l'œuf est l'animal même , qu'on voit croître à vûë d'œil : cequi montre clairement quel avantage on peut tirer de nos experiences.

Tous les Insectes , dont nous avons fait le dénombrement en parlant de la troiziéme espéce des changemens, renouvellent leur peau & se changent tout de même comme les papillons , qui sont dépeints en cette table.

Explica-

Nympha vermiformis.

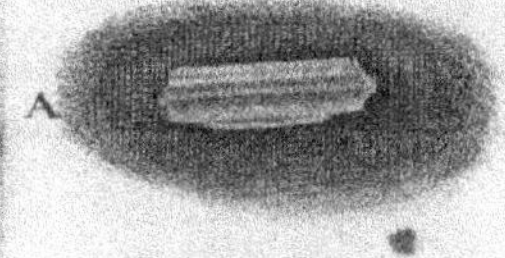

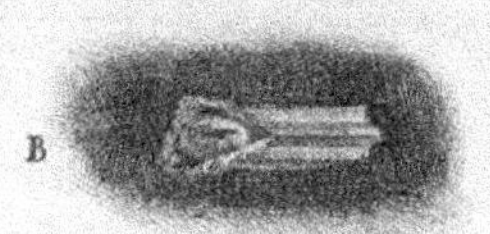

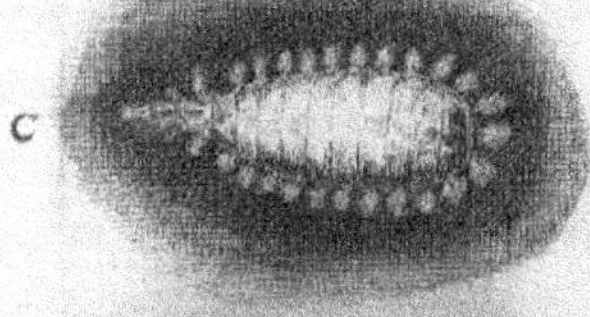

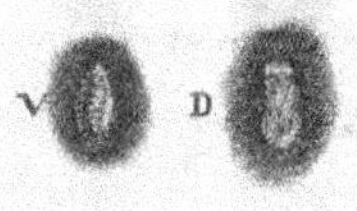

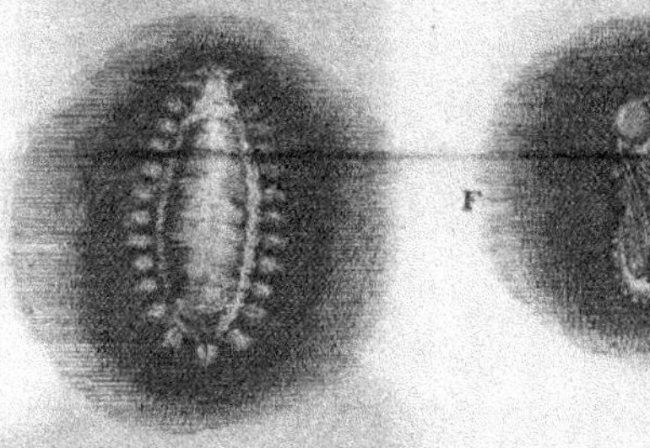

Explication de l'onziéme Table XI.

*Dans cette Table nous faisons voir (1.) le ver d'une de
ces mouches, qu'on trouve ordinairement dans les latrines, & nous le representons dans son œuf, ou dans
la membrane, dont il est revêtu : (2.) cette même
membrane, lorsqu'il s'en est dépoüillé : (3.) le ver
même tout à découvert. 4.) Encore le même ver,
lorsqu'il est parvenu à sa juste grandeur : (5.) nous
le representons encore de la maniere, dont il prend
la forme de nymphe, sous la peau, qui l'environne,
dans lequel état nous lui donnons le nom de nympha-
vermi-formis. (6.) Enfin nous le faisons voir sous la
forme d'un animal parfait, qui est déja propre à la
generation.*

DAns cette *premiere* figure nous representons au naturel, un des œufs, dont se forment ces mouches,
qu'on trouve d'ordinaire dans les latrines; & nous le faisons
voir en grand à la lettre A. outre sa figure angulaire, nous
voyons que le dessus de sa peau est traversé de lignes qui
forment des espaces de la figure de lozanges. Ces petits
œufs sont fort blancs & sont revêtus de deux peaux assez
perceptibles, dont l'exterieure a quelque ressemblance
avec l'écaile des œufs de poule, & se casse tout de même.
Nous pouvons fort aisément separer la peau exterieure de
celle de dessous, dont le *ver* est immediatement revêtu.
Ces œufs sont assez humides au commencement, mais
lorsqu'étans exposez à l'air, ils viennent à se secher, ils
s'attachent facilement. Et si on les détache les uns des autres, il arrive d'ordinaire, que les côtez, qui se touchoi-
ent, se rompent également : ce qui rend la figure de ces

I.

A.

œufs

œufs plus angulaire. C'eſt ainſi que nous faiſons voir en grand à la lettre A. un de ces œufs dont les deux côtez ſont caſſez, & qui s'étendent en forme d'angles.   Nous repreſentons encore le même à la lettre B. mais d'une couleur un peu plus blanche.

En *ſecond* lieu nous repreſentons au naturel, la peau double de ce *ver*, apreſqu'il s'en eſt depouillé : c'eſt la même que nous faiſons voir en grand à la lettre B. où nous dépeignons la maniere dont la membrane Interieure (qui eſt blanche & fort mince) eſt environnée de la peau exterieure, dans ſa ſtructure, & ſa couleur reſſemble aſſez à l'écaille d'un œuf de poule, & qui ſe caſſe tout de même auſſi facilement. Il faut remarquer que la nature ſelon toute apparence a revêtu ces œufs d'une écaille dure, pour défendre le *ver* tendre & delicat contre la corruption du dehors. C'eſt pour cela, que nous avons obſervé que l'acrimonie de l'urine ou de l'eau ſalée ne l'offenſe aucunement. Nous trouvons ces *œufs* non ſeulement dans les latrines, mais encore en beaucoup d'autres lieux : Et nous les découvrons même aſſez facilement dans les mouches en les diſſequant. Et il eſt conſtant que l'anatomie eſt le moien le plus ſeur pour trouver les œufs des Inſectes, & que ſans elle, on n'en peut rien aſſurer avec fondement.

En *troiziéme* lieu, nous dépeignons le *ver* un peu plus grand, qu'il n'étoit lorſquil étoit immediatement ſorti des peaux ou des membranes dont il étoit revêtu.

En *quatriéme* lieu, nous repreſentons le *ver*, lorſqu'il eſt parvenu à ſa juſte grandeur, & ſelon la maniere dont il marche & ſe remue. Et comme cet animal ſemble avoir les jambes tres courtes & fort reſſerrées, il eſt obligé de ſe ſervir toujours de ſon bec, pour lui aider à marcher. C'eſt pourquoi, ſi on le met ſur un miroir fort uni, il a beaucoup de peine à marcher, au lieu qu'étant ſur de la toile

un

un peu grosse, il se meut facilement : à cause que son bec s'insinuant entre les filets , lui sert à attirer & à faire suivre le reste de son corps. Nous remarquons la même chose dans les *vers*, d'où se forment ces mouches, dont les vaches sont ordinairement attaquées. Ces mouches se raportent aussi à cette quatriéme espéce de changemens.

Nous faisons voir en grand ce même *ver* à la lettre C , où nous representons fort plaisamment tous les anneaux qui forment la tête & le reste du corps, qui est environné tout autour de petites parties qui ressemblent assez à des plumes. Ce ver est de la nature de ceux qni sont revêtus comme lui, d'une peau dure ; cequi fait aussi que l'acrimonie de la matiere corrompuë ne l'offense nullement. Et il quitte sa peau d'une maniere qu'elle conserve encore dans la suite la forme exterieure du *ver*.

En *cincquiéme* lieu nous dépeignons ce ver lorsqu'il s'est changé en *a nymphe* dans la peau , dont il est revêtu (car il faut remarquer qu'il ne se dépoüille pas de sa peau , comme les autres vers, qui se changent en *nymphes*) c'est pourquoi aussi nous lui donnons en latin le nom de *nympha vermi-formis*. Nous faisons voir encore à la lettre D. la *nymphe* même , apres l'avoir tirée hors de cette peau dure où elle étoit renfermée.

Or il faut bien remarquer ici, que lorsque ces *vers*, qui souffrent ce changement ont la peau fort delicate , ils perdent en quelque façon leur forme exterieure. Car la peau exterieure qui s'accommode à la figure de la *nymphe*, qui se change interieurement & qui est ovale, comme on peut voir à la lettre D. fait que le ver prend aussi la même forme. Mais c'est sans raison qu'on lui donne le nom d'œuf, comme on peut voir dans *Moufet*, dans *Redi* & dans *Goedaert*.

Mais pour faire mieux comprendre le changement du

ver,

ver, & la difference, qui se trouve entre lui & sa *nymphe,*
nous la representons en grand à la lettre E. Et cette difference ne consiste qu'en ce que la tête & le bec du *ver* marqué à la lettre C. s'avance & s'étend au dehors, au lieu que
dans la *nymphe* marquée à la lettre E. ces mêmes parties
sont retirées ou reserrées en dedans : outre que l'animal
tout entier n'a pas le moindre mouvement. Nous dépeignons encore la nymphe de la lettre E un peu plus blanche dans le devant de son corps, que vers le milieu, ainsi
que nous avons remarqué en la considerant en vie : ce qui
vient apparemment, de ce que les humiditez superfluës
se dissipant par une insensible transpiration, elle en devient
plus petite, & d'une couleur plus brune. Et si on coupe avec
des ciseaux cette partie creuse de la peau, dont elle est re-
vêtue, on remarque visiblement que ses yeux, qui sont
situez tout au devant changent de blancs qu'ils étoient en
une couleur de pourpre. Nous avons observé dans ce ver,
aussi bien que dans tous les autres, que la poitrine ne souffre aucun changement, non plus que les pieds des autres
vers, qui ne se déplacent aussi jamais : & il se trouve même
un grand nombre d'insectes dans les pieds desquels on ne
remarque pas le moindre changement.

De plus nous representons en grand à la lettre F. la
nymphe, qui étoit peinte en petit à la lettre D. premierement dans la tête nous découvrons deux yeux dont la peau
est distinguée par mailles comme celles des filets. Nous y
faisons voir encore les cornes, qui sont entrelacées ensemble, & la petite *trompe.* Sur la poitrine, nous dépeignons
les jambes, qui s'étendent le long du corps sans s'eloigner
les unes des autres, & on y decouvre encore les ailes, qui
sont pliées ensemble : Et sur le ventre nous representons de
petits anneaux, & d'autres petites parties, qui semblent
n'être que des traces des petites plumes, que la *nymphe*
a eüs

a ailes auparavant, mais qui s'effacent avec le temps à cause de la transpiration insensible des humeurs. Il est extremement difficile de separer la membrane delicate & interieure de la *nymphe* de la peau de dehors, à moins que de
la rompre ou de la plier.

En *sixiéme* lieu nous faisons voir la mouche même dans V I.
l'état ou elle est, apres qu'elle s'est dépoüillée des deux peaux, dont elle étoit revêtuë, & qu'étant ornée d'un appareil
maignifique, elle est devenuë propre à la generation. Et
pour mieux faire discerner tous ses ornemens & la structure
de son corps, nous le representons en grand à la lettre G. G.
ou on peut bien mieux en distinguer toutes les parties. Premierement dans la tête nous découvrons des yeux, dont les
tuniques paroissent distinguées par mailles, comme un
filé : ils sont de couleur de pourpre, & entre deux on voit
deux petites lignes, qui en font la separation : d'entre l'extremité de ces deux signes nous voyons sortir les deux cornes. Nous representons dans sa poîtrine ses ailes membra-
neuses & ses jambes, qui sont veluës & distinguées chacune
en quatre membres, dont celui de l'extremité, qu se divise
encore en plusieurs parties, est armé de deux ongles ou de
deux pinces entre lesquelles nous appercevons de petits
poils : sur le ventre nous faisons voir quelque petites incisions en forme d'anneaux, & vers la queuë ou vers l'extremité du ventre nous representons des poils, qui paroissent
assez roides, quoique pourtant fort déliez. Au reste tout
le corps est velu d'un gris, qui tire un peu sur le noir.

Tout les animaux, dont nous avons fait le dénombrement, en parlant de la quatriéme espéce des changemens,
renouvellent leur peau, & se changent de même que cette mouche, qui est representée dans cette Table XI. sui- X I.
vant les divers degrez de sa formation.

B b 3

Expli-

Explication de la Table douziéme

Ou on fait comparaison des changemens de la Grenoüille avec ceux, qui arrivent aux Inséctes.

Dans cette Table nous representons (1.) le ver d'une grenoüille dans son œuf ou dans la premiere peau, dont il est revêtu. (2.) Cette même peau un peu l'âché, aprés qu'il s'en est depoüillé. (3. Le même ver un peu plus grand, que lorsqu'il venoit de quitter sa peau. (4.) Le même ver encore, lorsquil est devenu plus grand. (5.) Nous le representons encore comme ayaut la forme de nymphe. *Enfin nous faisons voir la grenoüille même dans sa force & dans* un état où elle est propre à la generation.

APres avoir décrit dans nôtre premiere partie la conformité, qui se trouve entre les Inséctes, & les animaux, qui ont du sang : nous l'allons representer ici par des figures afin d'en donner une idée plus distincte.

  1. *Premierement* nous representons l'œuf d'une grenoüille dans son principe ; ou nous ne voyons pour lors que comme un petit point noir revêtu d'une membrane fort delicate, qui renferme avec lui un aliment fort visqueux.

  II. *Secondement* nous faisons voir la maniere dont les petits des grenoüilles se dépoüillent de cette membrane, ou ils étoient renfermez à la maniere des Inséctes, que nous avons compris sous la quatriéme espéce des changemens: ce petit animal, qui à la forme d'un ver noir, dont la tête semble fort grosse, est placé au milieu de son aliment, qui paroît gonflé ou dilaté à cause de l'eau, qui s'y est insinuée

TAB. XII.
I
II
III
IV
V
VI
A
C
I
II
B
III
IV
V
VI

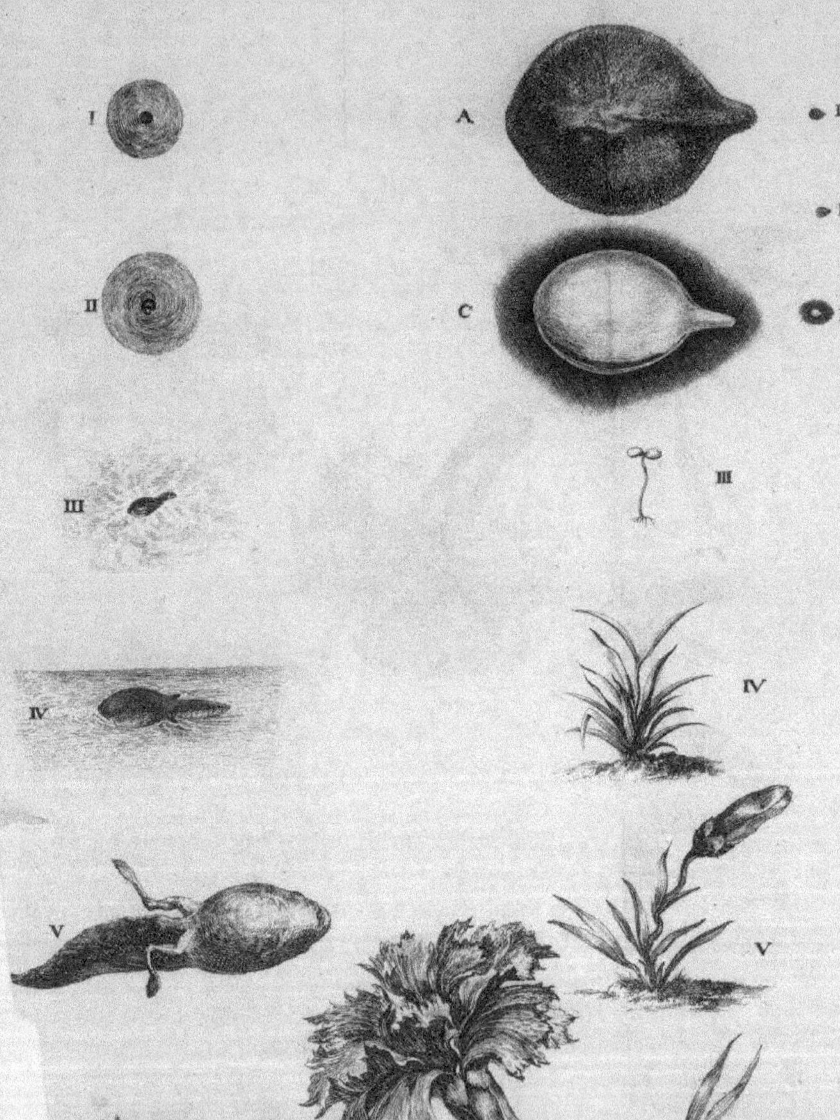

nuée : mais il faut remarquer ici que ce qu'on prend d'ordinaire pour la tête, est le corps tout entier , comme *Harvé*
a tres bien observé.

En *troiziéme* lieu nous representons au naturel , la
maniere , dont les petits des grenoüilles nagent avec leur
queüe au milieu de leur aliment, qui paroît dans l'eau comme un nuage fort rarefié.

III.

Et il faut bien remarquer ici que les petits des grenoüilles
ne consument jamais tout leur aliment : mais lorsque les
parties sont separées les unes des autres par le moien de
l'eau , qui s'y est insinuée , & que cet aliment n'a plus que
la forme d'un nuage , qui flotte sur l'eau , il ne s'en sert
plus que pour se reposer. Aussi nous voyons que lorsqu'il
est las de nager , il se renferme incontinent dans ce nuage
pour se reposer doucement.

De plus on doit observer que , de même que les Insectes,
qu'on trouve renfermez dans les fruits , dans le fromage
& dans la chair qui se gâte , prennent leur aliment par la
bouche, & jamais par quelque veine *umbilicale* : de même
aussi les petits des grenoüilles ne sont point joints ni unis à
leur aliment par aucune sorte de veine ; mais ils prennent
de même leur nourriture par la bouche: & à la maniere des
autres Insectes, ils ne commencent à manger , qu'apres
qu'ils se sont dépoüillez de la membrane , dont ils étoient
revêtus.

En *quatriéme* lieu nous faisons voir comment les jambes commencent à croître & à pousser au dehors de même
que les boutons des fleurs hors de leurs tiges, ou comme
les ailes des Insectes, que nous avons compris sous la seconde espéce des changemens.

I V.

C'est en ce temps là, que nous remarquons que les pieds
de devant de la jeune grenoüille croissent fort lentement
sous leur membrane ; comme il arrive aussi aux vers & aux
chenilles.

chenilles, que nous avons proposées en parlant de la troiziéme espéce des changemens : lorsqu'on ouvre la peau de
ce petit animal, on découvre facilement le principe de ses
pieds, de même que dans les chenilles : mais tout cela se
comprendra mieux par la *treiziéme* Table.

V.

En *cincquiéme* lieu nous faisons voir au naturel la jeune
grenoüille , lorsqu'elle est parvenuë à sa juste grandeur ,
dans lequel temps nous trouvons quelques uns de ses
membres tout parfaits sous la peau , & d'autres , qui en
sont déja sortis. Mais les doigts des pieds de derriere sont
encore revêtus d'une membrane fort mince ; si bien qu'à
proprement parler , on ne peut pas dire , qu'ils soient hors
de la peau. Et c'est ceque nous avons aussi remarqué dans
plusieurs Insectes.

Or puisque quelques uns des membres des grenoüilles
poussent & s'étendent hors de la peau , & que d'autres
croissent dessous à la maniere des Insectes : nous jugeons à
propos de leur donner le nom de *nymphe* , lors qu'elle a la

V.

forme que nous avons dépeinte au nombre V. & que s'é-
tant dépoüillées de leur peau , elles nous font voir tous
leurs membres.

V I.

En *sixiéme* lieu nous faisons voir comment cette grenoüille , apres avoir quitté la forme *d'œuf* de *ver* & de
nymphe , devient enfin un animal parfait , & capable de
produire de la semence , aussi bien que les insectes , les
plantes & les fleurs.

Mais avant que de finir nous avertirons ici le lecteur
que les naturalistes se sont trompez touchant la difference,
qui se trouve entre le mâle & la femelle des grenoüilles.
Car ces petites vessies , qui paroissent proche de la tête
de la grenoüille , que nous avons representée ici un peu
plus grande qu'apres qu'elle s'est immediatement dépoüillée de sa peau, sont particulieres au mâle & le distin-
guent

guent Infailliblement de la femelle. Outre que cette partie
interieure des pieds de devant, qui repond au muscle du
pouce d'une de nos mains, est bien quatre fois plus grosse
dans le mâle, que dans la femelle : tellement que voila les
deux marques, qui nous font connoître le mâle de la femelle. Or nous ferons voir dans nos experiences particulieres, la raison pourquoi cette partie interieure des pieds
de devant est plus grosse dans le mâle, que dans la femelle.

Explication de la douziéme Table.

*Où on expose la conformité , qui se trouve entre les
nymphes des Insectes, & les oeillets dans la maniere
dont ces fleurs croißent & poußent leurs boutons.*

AU côté droit de cette Table, nous representons *premierement l'oeillet* dans sa prémiere peau , dans
lequel temps on lui donne le nom de semence. *Secondement* nous dépeignons cette peau ou cette membrane, dont on l'a dépoüillé. En *troiziéme* lieu nous le dépeignons dans l'état où il est, lorsqu'il commence à pousser. En *quatriéme* lieu nous foisons voir le bouton
entre quelques fueilles. En *cincquiéme* lieu nous dépeignons le même bouton tout formé , comme les *Nymphes*
des Insectes. En *sixiéme* & dernier lieu , nous le faisons
tout ouvert & tout prêt à jetter sa semence.

Apres avoir montré dans la prémiere partie de ce livre,
la conformité , qui se trouve entre les changemens des
plantes , & ceux, qui arrivent aux Insectes: nous ferons
voir ici dans cette Table toutes les formes , que prennent
les œillets selon les divers dégrez de leur accroissement ,
afin de donner par la plus de lumiere au lecteur.

C e

Pre-

I.   *Premierement* nous representons au naturel la semence
de l'œillet ; que nous dépeignons en suite en grand à la
lettre A. Nous découvrons dans le milieu une bosse ou une
eminence blanche, au dedans de laquelle il croît & se nourrit de même que font les semences ou les œufs des insectes
dans le corps de leur mere. Nous pouvons, bien prendre
cette partie pour le nombril de l'œillet, detaché & qui se
relâche. De plus on découvre sur cette semence, des points
& de petites inegalitez noires, qui en rendent la superficie
raboteuse, comme du cuir de chagrin.

En second lieu nous faisons voir comment cette semence venant à bourgonner & à pousser ses boutons fait crever
cette membrane, de même que les insectes.

B.   Aptes avoir representé la forme exterieure de l'œillet à la
C.   lettre I. & à la lettre A. & la membrane, dont il s'est dé-
potillé au nombre I I. Nous faisons voir ensuite au naturel
à la lettre B. la vraye forme interieure de la semence , laquelle nous avons encore dépeinte en grand à la lettre C.
afin d'en donner une idée plus distincte. Ceque nous trouvons ici de plus remarquable , est cette pointe qui s'avance
en dehors, & cette separation, qu'on découvre sur le corps
de la semence : C'est pourquoi lorsqu'on la jette en terre ,
cette pointe , dont nous parlons se courbant en bas & pous-
sant ses boutons forme cette racine, qu'on voit au nombre
III. Et le reste du corps de la semence se fendant & s'ouvrant de plus en plus & se depotillant de la membrane exterieure, que nous avons marquée au nombre II. produit
ces fueilles que nous representons au nombre III.

III.   Ainsi nous faisons voir au naturel au nombre III. les
deux fueilles que la semence à poussée avec les fibres de la
racine & nous representons assez distinctement l'œillet
tout entier lorsqu'il commence a se former , & qu'il se dépouille de sa premiere peau, comme sont les insectes.

En

En *quatriéme* lieu nous representons l'oeillet lorsqu'il IV.
est devenu un peu plus grand. Et nous faisons des fueilles
qui poussent tout autour, qu'on pourroit en quelque façon
comparer avec ces especes de bouquets de plume, qu'on
remarque sur le corps des *chenilles*.

En *cincquiéme* lieu nous representons le rejetton de V.
l'oeillet apres qu'il a déja pris la forme d'un bouton, qui
contient la fleur même imparfaite & pliée ensemble : cequi
convient assez bien avec la maniere, dont les *nymphes*, ou
les *Nymphes dorées* renferment l'animal même. Il y a seulement cette difference que l'œillet est environné d'une
peau par tout égale, comme un poussin de son écaille, au
lieu que dans les *nymphes* & dans les *nymphes dorées* chaque membre est particulierement revêtu de sa peau, mais
jamais d'une écaille fort unie ; si ce n'est, lorsqu'elles se dépouillent de leur peau pour la derniere fois.

Enfin nous faisons voir l'oeillet même, qui apres avoir V I.
poussé peu à peu hors de son bouton (comme font les papillons hors de leurs *nymphes*, ou de leurs *nymphes dorées*)
s'ouvre ensuite tout à fait & devient capable de jetter sa semence, aussi bien que les Insectes. Et comme l'Auteur de
la nature ne leur a pas donné la faculté de se mouvoir loca-
lement, ni celle de l'accouplement ; ils terminent leur vie
en rendant des odeurs tres agreables, qui sont comme leurs
soupirs, & ne montrent leur secondité, que par leur mort &
leur destruction.

Or si la nature leur a dénié l'accouplement, il y a bien
des Insectes à qui elle a refusé la même grace ; car nous en
voyons, (comme par exemple la *mouche ephemere*) a ἐφήμε-
qui, quoiquils participent des deux natures, manquent ρον, ou
pourtant du même privilége. Enfin il y a même des ani- *musca e-*
maux, qui ont du sang, (comme les poissons) à qui la co- *phe-*
pulation a été refusée. *mexa, o-*
diaria.

C c 2

C'est

C'est pourquoi , si nous considerons avec attention l'ordre des changemens des Insectes & l'accroissement de leurs membres , aussi bien que celui des plantes & des animaux, qui ont du sang ; nous recomoîtrons sans doute que tous les ouvrages du Createur sont fondez sur de mêmes loix, & qu'il observe toujours les mêmes régles.   C'est pourquoi aussi nous remarquons une tres grande conformité entre toutes les creatures : Et lorsque nous faisons là dessus une reflêxion serieuse, nous croyons assûrément qu'il ne se trouvera personne , qui ose soûtenir , qu'il y ait sous le ciel , ou qn'il s'y fasse quelque chose par hazard ou par accident.

Or puisque la Generation , l'accroissement , & les changemens des Insectes (qne nous venons de representer dans nos Tables) se font toujours regulierement ; qui est ce qui pourroît nier que toutes les parties de l'univers ne soient gouvernées de même ? Qui est ce qui ne se reposera pas en toute sûreté sous la garde du Tout puissant ? Et qui est ce enfin , qui ne sera pas satisfait de l'état ou il se trouve , qui ne regardera pas ses œuvres merveilleuses avec tout le respect & toute la soumission imaginable.

Explica-

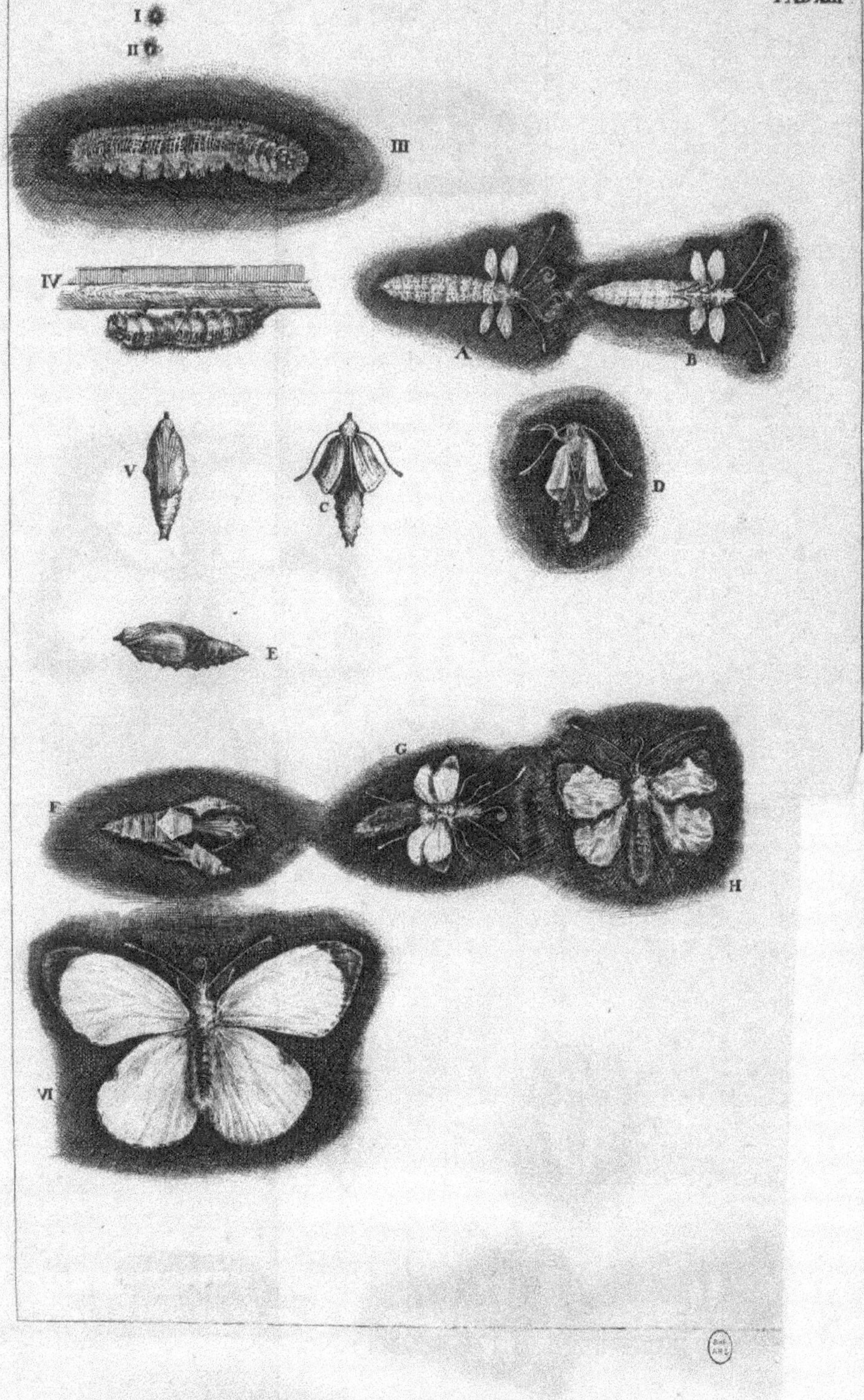

Explication de la treziéme Table

Où on represente le *papillon* renfermé
dans la *chenille*.

Nous representons dans cette Tabe: (1.) le papillon dans son œuf, ou dans sa premiere membrane, dans laquelle il a la forme d'une chenille *: (2.) cette membrane apres qu'il en est dépoüillé: (3.) le papillon même sous la forme d'une* chenille *: (4.) la même* chenille *dans l'état où ell'est apres avoir quitté sa peau, qui renfermoit le papillon marqué à la lettre* A. *ou* B. *(5.) nous faisons voir ce papillon en forme de chenille apres qu'il s'est dépoüillé de sa peau, & qu'il a pris la forme de* **b** *nymphe dorée, qui nous represente tous les membres du papillon un peu moins distinctement, qu'il ne sont dépeints à la lettre* A. *ou à la lettre* B. *On peut voir aussi à la lettre* C. *toutes les parties du papillon dans la* nymphe, *mais on le voit un peu plus distinctement à la lettre* B. *lorsqu'il est dépouillé de toutes les membranes, dont il étoit revêtu: (6.) nous representons le papillon même avec ses ailes étenduës, qu'on découvre assez bien au travers de la peau transparente. A la lettre* F *nous faisons voir la maniere, dont le papillon marqué à la lettre* A. *ou* B. *se depoüille de sa peau. Et la lettre* G. *nous represente le papillon sorti de sa derniere peau; & à la lettre* H. *on peut voir plus distinctement comment les petites ailes du papillon, qui sont marquées à la lettre* D. & G. *croissent & s'étendent peu à peu, jusqu'a ce qu'enfin elles soient parvenuës à leur juste grandeur, comme on les voit representées au nombre* VI.

b Chrysa-
ris ou Au-
relia.

C c 3

Apres

APres avoir expliqué suffisamment les changemens
des Insectes & la conformité qui s'y rencontre ,
(comme on peut voir dans la douziéme Table , où nous faisons comparaison d'une grenoüille avec un œillet dans la
maniere , dont ses membres croissent , & poussent leurs
boutons) nous representerons encore ici le papillon caché
dans la chenille , comme nous avons fait voir autrefois à
Monsieur *Thevenot* & à Monsieur *Magalotti* : & c'est
aussi ceque nous avions promis d'exposer au public il y a
deux ans.

XIII.
Or avant que d'entrer en matiere , il est necessaire de
sçavoir , que la *chenille* la *nymphe* & le papillon même ;
qu'on voit representez dans la *treziéme* Table , sont les
mêmes, que *Goedaert* nous a dépeints dans l'onziéme Table de la premiere partie de son livre , & que ces Messieurs
Anglois, qui nous ont donné la description des plantes ,
qui croissent aux environs de *Camblige* , nous ont dépeints
dans la cent trente & quatriéme fueille de leur livre.

I.
Mais afin de poursuivre nôtre explication , nous faisons
voir ici *premierement* l'œuf d'un de ces papillons , qui volent de jour : mais nous n'en ferons pas ici un' explication
fort ample à cause que nous avons déja dit en divers lieux
que cet œuf est l'animal même , & que nous voulons montrer que la *chenille* est le papillon même.

I I.
Au nombre *second* nous representons la peau , qui renfermoit , comme nous avons dit l'animal même , ou la chenille, dont il se forme.

III.
En *troiziéme* lieu nous depeignons le papillon même ,
lorsqu'il a encore la forme de *chenille*. Mais afin d'agir
avec circonspection ; nous representerons ici la figure exterieure de la *chenille*, qui renferme le papillon : Et parceque ces Messieurs Anglois, dont nous venons de parler ,
nous en ont fait la description , nous traduirons ici leurs
propres

propres termes: *si on considere*, (disent ils) *la grandeur
de ces chenilles, qui mangent les choux, on trouvera
qu'elles sont de moïenne taille; & qu'elle sont couvertes
de petits poils courts & blancs assez éloignez les uns des
autres*, & disposez dans un ordre regulier sans se confon-
dre ni se mêler ensemble. On découvre sur leur corps, du
noir, du jaune & du bleu mêlez ensemble; & on voit trois
lignes jaunes, qui s'étendent tout le long de leur corps,
l'une sur le milieu du dos & les deux autres de chaque côté,
vis avis l'une de l'autre: le bleu & le noir paroissent entre
ces lignes jaunes; on voit le bleu sans aucun mêlange,
mais le noir est distingué en plusieurs points, qui sont assez
élevez & assez perceptibles. Du centre de chacun de ces
points, qui est plus noir, que le reste, on voit sortir un de
ces poils, dont nous avons parlé: la tête à toutes les mêmes couleurs mêlées ensemble assez distinctement, & est
couverte de semblables poils: ses pieds sont au nombre de
seize distinguez en trois rangs assez distinctement: dans le
premier rang, qui est situé proche de la tête, on en voit six;
vers le milieu du corps, on en découvre huit, & les deux derniers sont placez tout proche de la queüe: voila tout ce que
nous pouvons dire de la figure exterieure de la *chenille*.

Quand on plonge de temps en temps cette *chenille*
dans de l'eau boüillante & qu'on la retire incontinent, la
peau de dessus se separe de l'interieure; à cause que l'humidité, qui étoit entre deux venant à se dilater, rompt la liai-
son, qui étoit entr'elles, & les empêche de se coller ensemble. Et on peut facilement voir la forme interieure de
la chenille, en ôtant cette peau exterieure, dont elle étoit
revêtuë, & alors on apperçoit distinctement le papillon
tout formé. C'est pourquoi cette peau est comme un habit de dessus sous lequel tous les membres du papillon sont
cachez, & croissent lentement de même que les plantes &
animaux, qui sont douéz de sentiment. Mais

Mais parceque les menbres du papillon , qui sont cachez sous la peau , ne se découvrent qu'avec beaucoup de
difficulté , (à moins qu'on ne soit consomimé dans ces sortes d'experiences) à cause qu'ils sont encore tres petits &
fort tendres , & qu'ils sont entrelacez ensemble ; il faut necessairement attendre que les parties croissent par l'humidité qui s'y insinuë,& qu'elles deviennent plus perceptibles.
Et c'est ce qu'on peut sçavoir infailliblement , lorsque les
membres venans à croitre, sont crever la peau , qu'ils avoient fait enfler.

IV.   Or pour montrer en quel temps cela se fait ; nous allons
passer à l'explication de la *quatriéme* Table ; où nous voyons, environ la seconde ou la troiziéme incision du corps
de la *chenille* , que les membres s'enflent & poussent leurs
boutons : au lieu que son corps même devient plus petit &
plus resserré. Car il faut remarquer que ce corps diminuë,
& se retire à proportion qu'il fait enfler & croître les membres du papillon , par l'humeur, qu'il leur communique.

Mais afin de faire voir avec plus d'ordre le papillon caché dans la *chenille* , ou plûtôt afin de montrer qu'elle est
le papillon même ; nous faisons remarquer que, lorsque
les membres de la *chenille* se font suffisamment accrûs
sous la peau exterieure , alors elle cherche une retraite ou
se transporte dans un lieu de sûreté , pour s'y changer &
pour s'y dépoüiller de sa peau de dessus.

Apres que la chenille à fait cela , elle environne d'un tissu cette partie de son corps, où la peau est restée, lorsqu'elle s'est dépoüillée Ensuite elle à l'adresse de se filer un lien
ou une bande autour de son corps ; & elle fait cela avec tant
de precaution , que lorsqu'elle se dépoüille de sa peau ; ce
lien ou cette bande reste justement vers le milieu de son
corps, qu'elle environne : apresquoi elle demeure dans un
profond repos ; & principalement vers la deux où troizieme

me incifion de fon corps , fes membres venans à s'enfler
par humidité , qui s'y infinue infenfiblement , & le corps fe
refferrant ils commencent à devenir perceptibles , & font
foulever cette peau luifante , dont ils étoient revêtus.

Enfin les membres venans à s'enfler , & fe divifans
comme par boutons font prendre a l'animal la forme de *a nympe dorée* ; & apres qu'ils ont fait crever la peau prémierement fur le dos, & enfuite fur la tête, en trois endroits
differents, elle fe dépoüille comme en tremblant , & avec
un mouvement , qui fe fait à diverfes reprifes : apres quoi
on voit tous les membres du papillon affez vifiblement :
Et l'animal fuivant l'ordre conftant de la nature , prend la
forme de la *nymphe dorée*, que nous reprefentons au nombre V. Et fes membres perdans alors leur mouvement , à
caufe de l'humidité , qui s'y eft infinuée, nous paroiffent
moins diftinctement , que dans la *b Nymphe.*

Apres qu'on a dépoüillé la chenille de fa peau en la
plongeant dans l'eau boüillante , avant que fes membres
foient enflez d'humiditez , & que fon corps s'étant referré,
prenne la forme de la *nymphe dorée* , qu'on voit dépeinte au nombre V. alors elle prend tout un'autre forme,
que celle , que nous reprefentons à la lettre A. où nous la
faifons voir couchée fur le ventre , ou bien à la lettre B, ou
elle paroît renverfée fur le dos : fi bien que les jambes , les
ailes, les cornes, & cette double *c trompe* , (que nous re-
préfentons courbée en dedans) du papillon A. ou B, que
nous avons tiré hors de la chenille , en la plongeant dans
l'eau boüillante , font tout autrement difpofez , & paroiffent bien plus confus dans la *d nymphe dorée* du nombre V.

C'eft pourquoi toute la difference , qu'il y a entre le papillon A. ou B. & la *nymphe dorée* V. confifte en ce que
les mêmes parties, qui dans cette *nymphe* font autrement

D d

difpofez

a Chryfé-
lis, ou
Aurelia.

b Nym-
pha.

A.

c Pro-
bofcis.

d Chry-
falis ou
aurelia.

disposez & pliez ensemble sur son corps , paroissent dans le papillon A. ou B. comme courbez en dehors , & dans une autre situation , que celle qu'ils avoient sous la peau , dont ils étoient revêtus.

Si bien que le papillon A ou B. ne diffère de la *nymphe* V. qu'en ce que les membres sont autrement disposez dans l'un que dans l'autre.

Il faut bien remarquer ici que les membres du papillon A. ou B. que nous trouvons fort petits dans la chenille III. sont fort visibles dans la chenille quatre , d'où nous les avons tirez ; comme on peut voir aussi à la lettre A. ou B. où le papillon est revêtu de sa peau : les mêmes parties paroissent encore plus grandes & plus distinctes à la lettre V. Or il faut considerer , que ce ne sont que les mêmes membres, & que tout le changement, qui leur arrive, ne consiste qu'en ce qu'ils croissent & s'étendent autant qu'il se peut par le moïene de l'humidité qui s'y insinue , & qu'ainsi ils prennent une forme différente. Enfin le papillon perd le mouvement, qu'il avoit dans la chenille , & ne le reprend qu'aprefque toutes ses humiditez se sont dissipées par une transpiration insensible.

Mais comme il est indubitable , que nous trouvons ici *nonseulement un animal dans l'autre , mais de plus que la chenille est le papillon même revêtu d'une membrane, qui nous cachoit tous ses membres* : il ne nous reste plus rien à present que de faire la description des parties , qui sont renfermées sous la peau.

Si la disposition des membres est admirable dans la *nymphe dorée* V. elle ne l'est pas moins dans le papillon , lorsqu'il est renfermé dans la *chenille* IV. Car premierement les jambes du papillon A. ou B. qui au nombre V. a la forme de *nymphe dorée* : sont situées entre ses cornes , tout
a Pro- proche de sa petite a *trompe* : au lieu que dans la chenille,

besu.   ils

ils sont en quelque façon pliez ensemble , & renfermez
sous la même peau : dont ses pieds de devant sont revêtus.
C'est pourquoi aussi lorsque la peau se détache des pieds ,
& qu'ils se sont enflez par l'humidité , qui s'y est insinuée,
ils se courbent & se plient ensemble jusqu'à ce qu'enfin ,
étans tout à fait dépoüillez de leur peau , ils s'étendent derechef , & deviennent plus secs & plus forts apresque leur
humidité superfluë s'est dissipée par une transpiration insensible.

Les ailes , qui dans le papillon A ou B sont situées pro- A. B.
che des cornes , & sont assez étenduës , se trouvent sous la
peau de la chenille IV. placées tout proche des quatre I V.
pieds de derriere , sous la peau desquels leurs extrémitez
sont renfermées. Et c'est ou on doit bien prendre garde; à
cause que c'est là la raison pourquoi les membres sont disposez de cette maniere dans la *nymphe dorée*, comme nous
exposerons ailleurs.

Les Cornes du papillon A· ou B. (que nous representons A. B.
au nombre V. sous la forme de nymphe dorée) & qui sont
situées dans cette *nymphe*, proche de ses jambes entre les ailes, où elles paroissent fort etenduës & qui touchent la petite *trompe* avec leurs extrémitez: Ces mêmes cornes, dis je,
sont dans la chenille IV. renfermées sous la peau qui couvre cette partie , qui peut passer pour le crane : elles sont à
leur origine, pliées & resserrées ensemble, Ensuite ils s'en-
tortillent ensemble comme des serpens , & se courbent derechef ensemble vers leurs extrémitez.

La petite *b trompe* , qui dans la *nymphe dorée* , sont si- *b. Pro-*
tuées entre les jambes , & étenduës de long : au lieu que *biscis.*
sous la peau de la *chenille* IV· on les trouve quelques petites parties , qui sont étenduës, & placées au dessous du bec, I V.
ou elles sont pliées ensemble d'une maniere admirable.

Enfin la partie Inferieure du corps , qui dans le papillon

A. ou B. qui au nombre V. a la forme de *nymphe dorée*, est refferrée & ramaffee enfemble , paroit toute étenduë fous la peau de la *chenille* IV. Et c'eft là proprement cette partie , qui dans la *chenille* III. femble former tout le corps du papillon.

Or comme il ne fuffit pas d'avoir fait la découverte & la defcriptiõ de tous ces myftéres dela nature, nous nous fentons obligez d'enfeigner ici l'art & la maniere, dont nous nous fommes fervis pour faire nos experiences : car il eft certain que les parties de ces animaux font fi tendres & fi fluides dans le commencement , que lorfqu'on vient à couper la membrane, dont ils font revêtus ils fe confondent & fe deplacent, facilement , à moins que celui qui fait cette incifion, ne foit confummé dans ces fortes d'operations.

Si nous voulons donc confiderer commodément & à la fituation des membres du papillon A. ou B. lorfqu'il eft encore renfermé dans la *chenille* IV. il faut trouver le moïen de les endurcir ; & pour cet effet , lorfque cette *chenille* eft fur le point de fe changer, ou bien de fe dépoüiller , il ne faut que l'enfermer dans une bouteille remplie d'une moitié de lie de vin & de lie de vinaigre. Car alors la chenille meurt incontinent dans cette liqueur, & fes membres fe durciffent en même temps : fi bien que quelques jours apres nous pouvons découvrir font diftinctement dans la chenille la fituation des membres du papillon , & la maniere, dont ils font pliez enfemble.

Mais pour expofer ceci avec plus de netteté, nous faifons voir à la lettre C. toutes les parties du papillon A. ou B. ou de la a *nymphe dorée* V. Et nous les reprefentons là comme courbées en dehors & hors de leur fituation naturelle. Nous faifons voir proche de la tête , deux cornes; un peu plus bas nous dépeignons les deux ailes qui font fituées aux côtez, tout près de la un peu au deffus on voit les qua-

tre

tre pieds du papillon, & entre les jambes & les aîles on découvre la petite trompe, qui paroît fort étenduë.

Nous repreſentons encore à la lettre D. (ou nous faiſons voir la peau exterieure du papillon A. ou B. ou bien de
la nymphe V.) toutes les mêmes parties. Et c'eſt alors que
nous voyons l'animal dépoüillé des membranes, qui ſe
cachoient à nos yeux, & revêtu d'un habit, qu'il ne quitte
qu'avec la vie.

    Il faut remarquer qu'il ne faut pas moins d'art ou d'in-
duſtrie pour dépoüiller le papillon A. ou B. de ſa derniere
membrane, que lorſque ayant quitté la peau de la chenille IV. il a pris la forme de la *nymphe dorée* marquée à la
lettre E. Mais parceque nous avons deſſein de finir au plûtôt nous expoſerons ici en peu de mots l'ordre que la nature obſerve dans tout ces changemens, & la maniére, dont
les membres du papillon croiſſent, & pouſſent, pour ainſi
dire, leurs boutons.

    Pour cet effet nous repreſentons à la lettre E. le papil-
lon A. ou B. immediatement apres qu'il a pris la forme de
la *nymphe dorée* E. ou bien apres qu'il s'eſt dépoüillé de ſa
peau pour la derniere fois. Et nous reconnoiſſons certainement l'inſtant de ce changement, quand nous voyons
paroître au travers de la derniere peau les taches noires,
dans les ailes des papillons G. H. VI. comme nous avons
repreſenté ſur l'aile droite de la nymphe E.

    Lorſque les membres du papillon ſont devenus plus
fermes & plus forts à cauſe des humeurs, qui ſe ſont diſſipées par inſenſible tranſpiration, & qu'au lieu qu'ils étoient auparavant fluides comme de l'eau, ils ſe ſont rendus ſi
roides qu'ils ſont capables, pour lors, de forcer & de faire crever la peau où ils étoient renfermez : alors ſes membres venans à ſe mouvoir, font crever ſa membrane exterieure en
trois ou quatre endroits differants, & décollent ou deſu-

D.

E.

E.

E.

D d 3

niſſent

niſſent les membres qui étoient collez enſemble ; ainſi que
nous faiſons voir fort diſtinctement à la lettre F. ſi bien que
par là les forces du papillon s'étans augmentées , il ſe depoüille de ſa derniere peau F. & prend enfin la forme que
nous avons repreſentée à la lettre G.

Mais avant que de paſſer plus outre , nous ferons remarquer ici , que nous avons fait voir les ailes du papillon ſelon
trois grandeurs differentes. Tellement qu'au *nombre* III.
on les voit fort petites , au *nombre* IV. beaucoup plus
grandes. Et enfin nous les repreſentons au nombre V. lorſqu'elles ſont parvenuës à leur juſte grandeur.

Apres que le papillon s'eſt défait de la peau, qui empêchoit ſes ailes de s'etendre , nous voyons enſuite qu'elles
croiſſent & s'étendent à vuë d'œil par le moïen des humeurs, qui s'y ſont inſinuées , comme nous faiſons voir
fort diſtinctement à la lettre H. juſqu'a ce qu'enfin elles
ſoient toutes formées , comme nous les repreſentons au
nombre VI.

Lorſqu'on coupe une partie de ces ailes dans le temps
qu'elles pouſſent & s'étendent ; alors on voit ſortir des veines l'humidité qui les faiſoit croître : mais d'abord qu'elles ont atteint leur perfection & leur juſte grandeur , il n'en
ſort plus alors la moindre humidité , quand même on les
couperoit en divers endroits.

Les veines des ailes , qui ſont comme autant de canaux,
qui y répand l'humeur qui les fait croître , ſont auſſi perceptibles, dans le papillon A. ou B, comme dans celui du
nombre VI. Et il faut remarquer que même dans la *chenille* du nombre III. ces veines ſont déja viſibles , & qu'elles
croiſſent conjointement avec l'animal ſous la peau , qui les
couvre.

Or

Or si nôtre Dieu, nous donne le temps, nous ferons voir dans nos experiences particulieres, comment ces ailes se déployent : Ensuite comment toutes leurs couleurs s'étendent & se changent par le mouvement ; & nous exposerons encore, outre cela, un' infinité de curiositez. Le tout à l'honneur & à la gloire du Tout puissant.

A Dieu tout bon & tout sage, dont on connoît les vertus invisibles qu'il a employées dans la creation du monde, en considerant ses creatures, qui nous representent clair comme le jour sa puissance eternelle & sa divinité. A ce grand Dieu, disje, soit loüange honneur & gloire aux siecles des siecles.
Amen.

F I N.

La Comparaison Generale, & le Raport qu'il y à entre

Les CHANGEMENTS ou L'ACCROISSEMENT

Des Parties & des Membres.

Tant, des Oeufs, des Vers, des Nymphes & des Insectes en General.
Que, des Animaux qui ont du Sang, & des Plantes en Particulier.

Tab. VII.	Tab. VIII.	Tab. IX.	Tab. X.	Tab. XI.	Tab. XII.	Tab. XIII.
Le Premier Ordre.	*Le Deuxiéme Ordre.*	*Le Troisiéme Ordre. En sa Premiere maniere.*	*Le Troisiéme Ordre. En sa deuxiéme maniere.*	*Le Quatriéme Ordre.*	*La Grenouille.*	*L'Oeillet.*
I. Le Poux qui est en sa premiere peau ou membrane, où il porte le nom de Lente.	I. Le Ver de la Mordelle comme il est en sa premiere Peau, ou il porte le nom d'un Oeuf.	I. Le Ver d'une Fourmy dans sa premiere Peau, ou il porte le nom d'un Oeuf.	I. La Chenille d'un Papillon de Nuit en sa premiere membrane ou Peau, où elle porte le nom d'un Oeuf.	I. Le Ver d'une Mouche en sa premiere Peau, où il porte le nom d'un Oeuf.	I. Le Ver de la Grenouille en sa premiere peau, où il porte le nom d'un Oeuf.	I. Le Jetton de l'Oeillet en sa premiere membrane ou Peau où il porte le nom de semence.
II. Ladite Peau ou membrane dont il s'est dépouillé.	II. Ladite Peau dont elle s'est depouillée.	II. La ditte Peau dont il s'est dépouillé.	II. La ditte membrane ou peau dont elle s'est depouillée.	II. La ditte Peau ou membrane dont il s'est depouill é.	II. La ditte Peau ou membrane dont elle s'est depouillée.	II. La ditte Peau dont il s'est dépouillé.
III. Le Poux sans sa Peau.	III. Le Ver de la Mordelle sans peau.	III. Le Ver de la Fourmy sans Peau.	III. La Chenille d'un Papillon de Nuict sans Peau.	III. Le Ver d'une Mouche sans peau.	III. Le Ver de la Grenoüille sans peau.	III. Le Jetton de l'Oeillet sans la Peau.
IV. Le Poux, qui est accru en grandeur.	IV. Le Ver de la Mordelle, qui est accru en grandeur.	IV. Le Ver de la Fourmy, qui est accru en grandeur.	IV. La Chenille d'un Papillon de nuict qui est accruë en grandeur.	IV. Le Ver d'une Mouche qui est accru en grandeur.	IV. Le Ver de la Grenoüille qui est accru en grandeur.	IV. Le Jetton de L'oeillet qui est accru en grandeur.
V. Le Poux qui a pris la forme de Nymphe-animal.	V. Le Ver de la Mordelle qui a pris la forme d'une Nymphe-Ver.	V. Le Ver de la Fourmy qui a pris la forme d'une Nymphe.	V. La Chenille d'un Papillon de nuict qui a prise la forme d'une Nymphe Dorée.	V. Le Ver d'une Mouche qui a pris la forme d'une Nymphe-Vermiforme.	V. Le Ver d'une Grenoüille qui a pris la forme d'une Nymphe-Grenoüille.	V. Le Jetton de l'Oeillet ayant pris la forme d'un Jotton ou celle d'une Nymphe.
VI. Le Poux comme il est parvenu à sa juste grandeur, & capable pour la Procreation.	VI. La Mordelle étant parvenuë à sa juste grandeur, & capable pour la Procreation.	VI. La Fourmy étant parvenuë à sa juste grandeur, & capable pour la Procreation.	VI. Le Papillon de nuict, parvenu à sa juste grandeur, & capable pour la Procreation.	VI. La Mouche parvenuë à sa juste grandeur, & capable pour la Procreation.	VI. La Grenoüille parvenuë à sa juste grandeur, & capable pour la Procreation.	VI. L'Oeillet parvenu à sa juste grandeur, & devenu capable à former sa semence.